人力资源管理与实务全能一本通

全能一本通系列

孙兆刚 王连海 编著

 化学工业出版社

·北京·

内容简介

《人力资源管理与实务全能一本通》从人力资源管理的42项工作出发，详细介绍了人力资源管理的9大任务和42项具体工作，有体系、有设计、有方法、有工具，对人力资源管理工作的执行具有很强的实用性和可操作性。

《人力资源管理与实务全能一本通》包括组织设计、职能分解、人力资源规划、工作分析、胜任力模型构建、招聘与录用、培训与开发、绩效考核、薪酬管理、素质测评、职业生涯规划、员工关系管理、人力资源服务等13大人力资源工作事项。

本书适合人力资源管理从业人员、企业管理者、管理咨询人员、培训师以及高校相关专业师生使用。

图书在版编目（CIP）数据

人力资源管理与实务全能一本通/孙兆刚，王连海编著. —北京：化学工业出版社，2021.6（2023.4重印）
（全能一本通系列）
ISBN 978-7-122-38989-3

Ⅰ.①人… Ⅱ.①孙… ②王… Ⅲ.①人力资源管理 Ⅳ.①F243

中国版本图书馆CIP数据核字（2021）第072801号

责任编辑：王淑燕　　　　　　　　　　　装帧设计：张　辉
责任校对：刘曦阳

出版发行：化学工业出版社（北京市东城区青年湖南街13号　邮政编码100011）
印　　装：涿州市般润文化传播有限公司
787mm×1092mm　1/16　印张16¼　字数390千字　2023年4月北京第1版第2次印刷

购书咨询：010-64518888　　　　　　　售后服务：010-64518899
网　　址：http://www.cip.com.cn
凡购买本书，如有缺损质量问题，本社销售中心负责调换。

定　价：69.00元　　　　　　　　　　　　　　　版权所有　违者必究

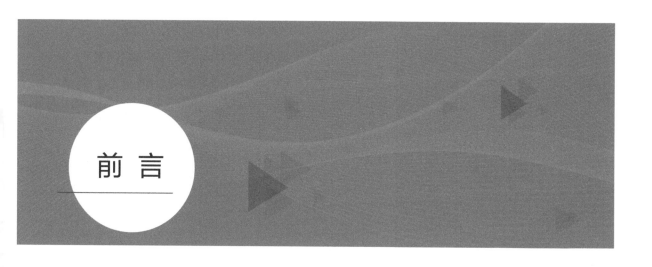

前言

近年来，伴随着大数据和人工智能的发展，人力资源管理工作已经发生了深刻的变化。人力资源数据化、人才资本化、智能招聘、灵活用工，以及包括劳务派遣、培训外包、薪酬外包在内的人力资源服务业的发展，无一不影响着人力资源管理工作的变革，但是传统人力资源管理的具体工作还是要做的。

人力资源管理工作对标准化、制度化、流程化、模板化和方案化的要求很高，对规范化、合规化、精细化、精进化、精益化的操作性要求很强。

本书从人力资源管理具体工作的执行出发，提供了一套从体系设计到方法给予，从工具示范到案例实操，从任务执行到实施方案，基于工作事项和工作任务的解决方案。

对于任何一项人力资源管理工作而言，体系设计、方法工具、标准规范、运营执行都是非常重要的。

本书将人力资源管理的9大任务、13大工作事项、42项具体工作，一一讲解和示范，试图提供一套操作性、示范性和案例性的解决方案。

本书包括组织设计、职能分解、人力资源规划、工作分析、胜任力模型构建、招聘与录用、培训与开发、绩效考核、薪酬管理、素质测评、职业生涯规划、员工关系管理、人力资源服务等13大人力资源工作事项。

本书具有如下3大特点。

1. **有体系、有设计、有任务**

本书从人力资源管理工作出发，从管理体系设计、任务模块、具体工作出发，让人力资源管理者对人力资源管理建立体系、设计模块、明确任务。

2. **有方法、有工具、有案例**

本书对人力资源管理的具体工作给方法、给工具、给案例，让人力资源管理者操作起来有方法可依，有工具可用，有案例可看，从而提高人力资源管理工作的效率、效益和效度，让人力资源管理工作事半功倍。

3. **标准化、模板化、方案化**

本书通过标准设计、模板提供、方案设计对9大任务、13大工作事项、42项具体工作，给出了相应的示范，促使人力资源管理工作标准化、模板化和方案化。

本书适合人力资源管理从业人员、企业管理者、管理咨询人员、培训师以及高校相关专业师生使用。

本书在编写的过程中难免有不妥之处，望广大读者批评指正。

编著者
2021年4月

目 录

第1章 组织结构设计与职能分解实务 1
1.1 现代企业组织结构设计 1
1.1.1 组织结构设计的原则 1
1.1.2 企业组织结构的类型 1
1.1.3 组织结构绘制的图式 2
1.1.4 组织结构绘制的方法 5
1.2 组织结构设计与"四定" 5
1.2.1 "四定"与组织结构图解 5
1.2.2 定岗管理 5
1.2.3 定编管理 6
1.2.4 定员管理 7
1.2.5 定额管理 9
1.3 职能分解 9
1.3.1 职能分解与组织结构设计 9
1.3.2 职能分解范例 11

第2章 人力资源规划实务 13
2.1 人力资源盘点 13
2.1.1 人力资源盘点内容 13
2.1.2 人力资源盘点方法 13
2.1.3 撰写人力资源盘点报告 14
2.2 人力资源供需预测 14
2.2.1 人力资源需求预测 14
2.2.2 人力资源供给预测 19

2.3 人力资源供需平衡 ·· 23
   2.3.1 确定人员净需求 ·· 23
   2.3.2 供不应求的应对措施 ·· 23
   2.3.3 供过于求的应对措施 ·· 24

第3章 工作分析与胜任力模型构建实务 ·· 25

3.1 工作分析与评价 ·· 25
   3.1.1 工作分析 ·· 25
   3.1.2 工作评价 ·· 29
3.2 岗位说明书编制 ·· 34
   3.2.1 岗位说明书的内容 ·· 34
   3.2.2 岗位说明书的编制流程 ·· 35
   3.2.3 岗位说明书编制要点与要求 ·· 36
   3.2.4 岗位说明书的修订 ·· 36
   3.2.5 编写应注意的问题 ·· 37
   3.2.6 岗位说明书的模板 ·· 38
3.3 胜任力模型构建 ·· 40
   3.3.1 胜任力模型构建方法 ·· 40
   3.3.2 胜任力模型构建步骤 ·· 42
   3.3.3 胜任力模型注意事项 ·· 42
   3.3.4 胜任力模型构建示例 ·· 43

第4章 招聘与录用 ·· 46

4.1 招聘计划编制 ··· 46
   4.1.1 确定人员需求 ··· 46
   4.1.2 制订招聘计划 ··· 46
4.2 招聘渠道选择 ··· 47
   4.2.1 网络招聘 ·· 47
   4.2.2 内部推荐 ·· 48
   4.2.3 人才市场 ·· 49
   4.2.4 校园招聘 ·· 50
   4.2.5 猎头招聘 ·· 52
   4.2.6 社交招聘 ·· 54
4.3 信息发布与简历筛选 ·· 58
   4.3.1 信息发布 ·· 58

4.3.2 简历筛选	59

4.4 面试甄选 · 62
- 4.4.1 面试甄选准备 · 62
- 4.4.2 面试试题设计 · 65
- 4.4.3 甄选方法选择 · 68
- 4.4.4 面试过程实施 · 69

4.5 员工录用与入职 · 71
- 4.5.1 员工录用 · 71
- 4.5.2 员工入职 · 72

第5章 员工培训与开发 · 73

5.1 培训需求分析 · 73
- 5.1.1 制订培训需求分析计划 · 73
- 5.1.2 开展培训需求分析 · 73
- 5.1.3 编制培训需求分析报告 · 74

5.2 培训计划的制订与实施 · 76
- 5.2.1 培训计划的制订 · 76
- 5.2.2 培训计划的实施 · 77

5.3 培训课程开发和设计 · 81
- 5.3.1 培训课程开发 · 81
- 5.3.2 培训课程设计 · 83

5.4 在线培训 · 89
- 5.4.1 E-Learning培训 · 89
- 5.4.2 APP培训 · 90
- 5.4.3 微信培训 · 90

5.5 培训效果评估与转化 · 92
- 5.5.1 培训效果评估 · 92
- 5.5.2 培训效果转化 · 93

第6章 绩效考核与改进 · 97

6.1 绩效目标与计划 · 97
- 6.1.1 绩效目标的设计 · 97
- 6.1.2 绩效目标的分解 · 99
- 6.1.3 绩效计划的制订 · 102

6.2 绩效考核指标设计 · 104
- 6.2.1 指标的确定 · 104

6.2.2	指标的选取	105
6.2.3	指标的组合	105
6.2.4	指标库的建设	107

6.3 绩效考核方法选择 107
6.3.1	KPI考核法	107
6.3.2	OKR考核法	108
6.3.3	360度考核法	109
6.3.4	MBO考核法	111
6.3.5	BSC考核法	112

6.4 绩效考核实施 113
6.4.1	明确绩效考核的类型	113
6.4.2	确定绩效考核频率	113
6.4.3	设计绩效考核量表	114
6.4.4	考核者的选择与培训	115
6.4.5	考核结果汇总与分析	115

6.5 绩效沟通与辅导 116
6.5.1	绩效沟通	116
6.5.2	绩效辅导	117

6.6 绩效反馈与改进 118
6.6.1	绩效反馈	118
6.6.2	绩效改进	120

6.7 绩效考核结果应用 122
6.7.1	绩效考核结果在薪酬上的应用	122
6.7.2	绩效考核结果在晋升上的应用	122
6.7.3	绩效考核结果在培训上的应用	122

第7章 薪酬管理实务 123

7.1 薪酬水平设计 123
7.1.1	薪酬水平市场调查	123
7.1.2	薪酬水平内部控制	126
7.1.3	薪酬水平定位	127

7.2 薪酬结构设计 129
7.2.1	横向薪酬结构设计	129
7.2.2	纵向薪酬结构设计	131
7.2.3	宽带薪酬设计	134

7.3 薪酬模式设计 138
7.3.1	基于岗位的薪酬模式设计	138

| 7.3.2 | 基于技能的薪酬模式设计 | 139 |
| 7.3.3 | 基于绩效的薪酬模式设计 | 140 |

7.4 员工福利设计 ... 141
- 7.4.1 员工福利调查 ... 141
- 7.4.2 福利项目设计 ... 143
- 7.4.3 弹性福利计划设计 ... 144

第8章 人员素质测评实务 ... 148

8.1 测评指标与标准设计 ... 148
- 8.1.1 人员测评指标设计 ... 148
- 8.1.2 人员测评指标标准建立 ... 151

8.2 人员素质测评方法 ... 153
- 8.2.1 心理测试法 ... 153
- 8.2.2 笔试法 ... 155
- 8.2.3 面试法 ... 157
- 8.2.4 书面信息分析法 ... 159
- 8.2.5 评价中心技术 ... 160

8.3 测评组织与实施 ... 162
- 8.3.1 人员测评组织 ... 162
- 8.3.2 人员测评实施 ... 163

8.4 测评报告分析与运用 ... 165
- 8.4.1 测评报告分析 ... 165
- 8.4.2 测评报告的运用 ... 166

第9章 职业生涯规划设计实务 ... 167

9.1 员工职业生涯规划 ... 167
- 9.1.1 员工职业生涯规划调查 ... 167
- 9.1.2 员工职业通道设计 ... 167

9.2 组织职业生涯规划 ... 169
- 9.2.1 组织职业生涯规划计划 ... 169
- 9.2.2 组织职业生涯规划实施 ... 172
- 9.2.3 组织职业生涯规划评估 ... 176

第10章 员工关系管理实务 ... 178

10.1 劳动合同管理 ... 178

10.1.1 劳动合同的订立 ····· 178
10.1.2 劳动合同的履行 ····· 180
10.1.3 劳动合同的变更 ····· 180
10.1.4 劳动合同的续订 ····· 181
10.1.5 劳动合同的解除与终止 ····· 181
10.2 劳动权益保护 ····· 183
10.2.1 安全生产 ····· 183
10.2.2 职业健康与卫生 ····· 187
10.2.3 劳动保护 ····· 195
10.3 员工离职管理 ····· 198
10.3.1 员工离职处理 ····· 198
10.3.2 离职风险规避 ····· 200
10.4 沟通与满意度管理 ····· 200
10.4.1 员工沟通管理 ····· 200
10.4.2 员工满意度管理 ····· 201
10.5 劳动争议管理 ····· 203
10.5.1 争议范围与证据 ····· 203
10.5.2 争议协商调解 ····· 203
10.5.3 劳动争议仲裁 ····· 205
10.5.4 劳动争议诉讼 ····· 210

第11章 人力资源服务 ····· 212

11.1 人才招聘服务 ····· 212
11.1.1 招聘服务的含义及作用 ····· 212
11.1.2 招聘服务业务类型 ····· 212
11.1.3 招聘服务商业模式创新 ····· 213

11.2 高级人才寻访服务 ····· 213
11.2.1 高级人才寻访服务的含义及发展 ····· 213
11.2.2 高级人才寻访服务业务类型 ····· 214
11.2.3 高级人才寻访服务商业模式创新 ····· 214

11.3 人才测评服务 ····· 214
11.3.1 人才测评服务的含义及应用 ····· 214
11.3.2 人才测评服务的业务类型 ····· 215
11.3.3 人才测评服务商业模式创新 ····· 219

11.4 培训服务 ····· 220
11.4.1 人力资源培训服务的含义及发展 ····· 220
11.4.2 人力资源培训服务的业务类型 ····· 220

11.4.3	人力资源培训服务商业模式创新	221

11.5 咨询服务 ... 222
- 11.5.1 人力资源咨询服务的含义及发展 ... 222
- 11.5.2 人力资源咨询服务的业务类型 ... 222
- 11.5.3 人力资源咨询服务商业模式创新 ... 222

11.6 劳务派遣服务 ... 223
- 11.6.1 劳务派遣服务的含义及内容 ... 223
- 11.6.2 劳务派遣服务的业务类型 ... 223

11.7 外包服务 ... 225
- 11.7.1 人力资源外包服务的含义及发展 ... 225
- 11.7.2 人力资源外包服务的业务类型 ... 226
- 11.7.3 人力资源外包服务商业模式创新 ... 226

11.8 人力资源信息化服务的含义及发展 ... 227
- 11.8.1 争议范围与证据 ... 227
- 11.8.2 人力资源管理信息化服务的业务类型 ... 227
- 11.8.3 人力资源管理信息化服务商业模式创新 ... 228

第12章 人力资源规范化管理 ... 229

12.1 人力资源规范化管理制度 ... 229
- 12.1.1 组织结构设计管理制度 ... 229
- 12.1.2 微信招聘管理制度 ... 231
- 12.1.3 面试实施管理制度 ... 232
- 12.1.4 员工试用管理制度 ... 234
- 12.1.5 企业福利管理制度 ... 235

12.2 人力资源规范化管理流程 ... 237
- 12.2.1 招聘计划管理流程 ... 237
- 12.2.2 社交网络招聘实施流程 ... 238
- 12.2.3 面试实施工作流程 ... 239
- 12.2.4 员工职业通道设计流程 ... 240
- 12.2.5 绩效考核实施流程 ... 241

12.3 人力资源规范化管理方案 ... 242
- 12.3.1 结构化面试实施方案 ... 242
- 12.3.2 新进人员培训方案 ... 244
- 12.3.3 薪酬福利年度调整方案 ... 246
- 12.3.4 核心员工流失防范方案 ... 248

参考文献 ... 250

第1章 组织结构设计与职能分解实务

1.1 现代企业组织结构设计

1.1.1 组织结构设计的原则

企业在进行组织结构设计时，需先了解组织结构设计的原则，其具体内容如表1-1所示。

表1-1 组织结构设计的原则

原则	内容说明
任务与目标原则	企业组织设计的根本目的，是实现企业的战略任务和经营目标。当企业的任务、目标发生重大变化时，组织结构必须作相应调整，以适应任务、目标变化的需要
专业分工和协作的原则	现代企业的管理，专业性强，分别设置不同的专业部门，有利于提高管理工作的质量与效率。在合理分工的基础上，各专业部门只有加强协作与配合，才能保证各项专业管理的顺利开展，实现组织的整体目标
有效管理幅度原则	这一原则要求在进行组织设计时，领导人的管理幅度应控制在一定水平，以保证管理工作的有效性
集权与分权相结合的原则	企业组织设计时，既要有必要的权力集中，又要有必要的权力分散，两者不可偏废

1.1.2 企业组织结构的类型

组织结构是随着社会的发展而不断变化的，表1-2介绍了其中的6种类型。

表1-2 部门组织结构类型的比较

比较项目 类型名称	含义	适用范围
直线制	组织没有职能机构，从最高管理层到最基层，实现直线垂直领导	适用于小型组织
职能制	在组织内设置若干职能部门，并都有权在各自业务范围内向下级下达命令	适用于中小型、产品品种单一的企业

续表

比较项目 类型名称	含义	适用范围
直线职能制	把直线制与职能制组织结构相结合,既设置纵向的直线指挥系统,又设置横向的职能管理系统	目前很多组织采用这种组织结构
事业部制	事业部制是一种在直线制基础上演变而来的现代企业组织结构形式。它遵循"集中决策,分散经营"的总原则,按产品、地区和顾客等因素将企业划分成若干个相对独立的经营单位,分别组成事业部	适用于经营规模较大、生产经营业务多样化、市场环境差异大、对适应性要求较高的企业
超事业部制	超事业部制是一种在事业部制的基础上演变而来的现代组织机构,即在公司总经理与各个事业部之间增加一级管理机构	适用于规模巨大、产品或服务种类较多的企业
矩阵制	矩阵制是在直线职能制垂直形态组织系统的基础上再增加一种横向的领导系统	适用于临时性工作任务较多或突发事件频繁的企业,尤其是以开发与实验为主的企业

随着社会的发展,又出现许多新型的组织结构,主要包括模拟分权组织结构、多维立体组织结构等。新型组织结构类型的比较如表1-3所示。

表1-3 新型组织结构类型的比较

比较项目 类型名称	含义	特点	适用范围
模拟分权组织结构	模拟分权组织结构指根据大型联合企业内部各组成部分的生产技术特点及其对管理的不同要求,人为地把企业分成许多"组织单位",并赋予其生产经营自主权	模拟事业部具有相对独立经营、独立核算的功能,达到改善经营管理的目的,其缺点是无法使组织中的每一个成员都能够明确自身的任务	适用于大型的化工、原材料生产等工业企业,也适合医药、保险等服务行业
多维立体组织结构	多维立体组织结构又称多维组织、立体组织或多维立体矩阵制,它是矩阵制组织结构的进一步发展,它把矩阵制组织结构形式与事业部制组织结构形式有机地结合在一起,形成了一种全新的管理结构模式	最大特点是有利于形成群策群力、信息共享、共同决策的协作关系	适用于跨国公司或规模巨大的跨地区公司

1.1.3 组织结构绘制的图式

组织结构绘制的基本图式主要有四种,分别是组织结构图、组织职务图、组织职能图和组织功能图。

(1)组织结构图

组织结构图是说明公司各个部门及职能科室、业务部门设置,以及管理层次、相互关系的图,如图1-1所示。

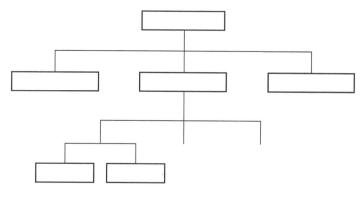

图1-1 组织结构图图例

其中图中的框图代表某一工作岗位、职能和业务部门,横线表示机构之间的横向联系,垂线则表示上下级之间的领导与被领导的监督关系,结构图的上下层次必须要符合组织结构设计的要求。

(2)组织职务图

组织职务图表示机构中所设立的各种职务的名称和种类的图。组织职务图在说明人员编制情况时,也可以标注上现任职务人员的相关情况,如姓名、年龄和学历等,如图1-2所示。

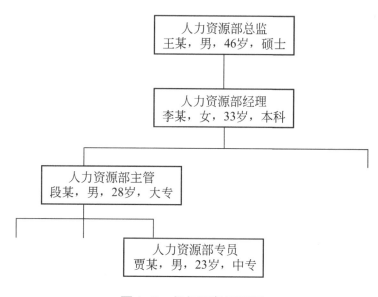

图1-2 组织职务图图例

(3)组织职能图

组织职能图是表示各级行政负责人或员工主要职责范围的图,如图1-3所示。

(4)组织功能图

组织功能图是表示某个机构或岗位主要功能的图,具体又可分为如表1-4所示的几种图式。

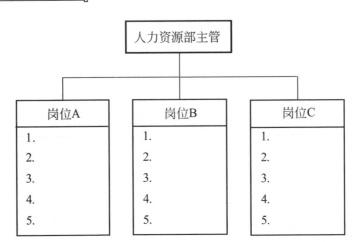

图1-3 组织职能图图例

表1-4 组织功能图图式表

序号	图式	图例
1	具有参谋作用或岗位主要功能的图	
2	反映代理上级整个职能或一部分职能机构、岗位或人员的图	
3	表明不适合发展应降格的机构岗位或人员的图	
4	表明有两个或更多机构、岗位分担上级功能的图	

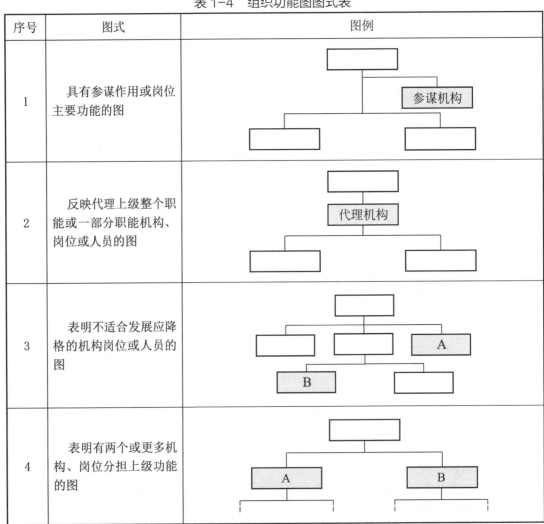

续表

序号	图式	图例
5	表明现存脱离组织系统的或没有任何责任和权限的机构,例如顾问咨询机构	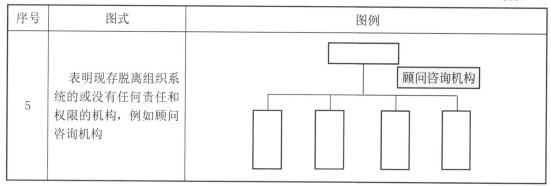

1.1.4 组织结构绘制的方法

在绘制组织结构时应注意采用统一、标准的方法,具体如图1-4所示。

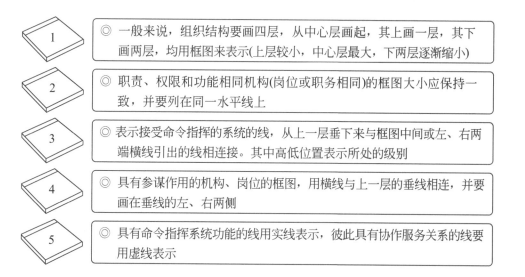

图1-4 组织结构的绘制方法

1.2 组织结构设计与"四定"

1.2.1 "四定"与组织结构图解

科学、合理的定岗管理、定编管理、定员管理与定额管理(简称"四定")有利于组织结构的正常运行,有助于组织结构的设计与变革,而组织结构的设计与变革也决定着"四定"的内容及实施的结果。"四定"与组织结构的图解具体如图1-5所示。

1.2.2 定岗管理

定岗是在生产组织合理设计以及劳动组织科学化的基础上,从空间上和时间上科学地界定各个工作岗位的分工与协作关系,并明确地规定各个岗位的职责范围、人员的素质要

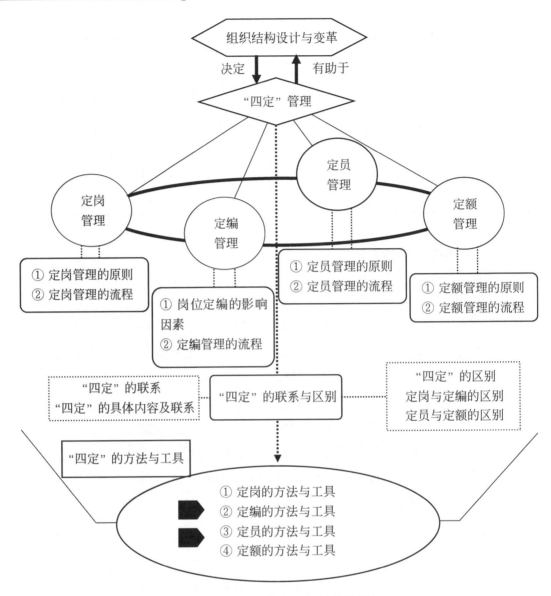

图1-5 "四定"与组织结构的图解

求、工作程序和任务总量。定岗工作包括任务分析、流程分析和工作设计,在定岗工作中要遵循以下原则,具体如图1-6所示。

一般来说,企业开展定岗管理工作应按照以下流程分步进行,具体如图1-7所示。

1.2.3 定编管理

定编就是在定岗的基础上,对各种职能部门和业务机构的合理布局和设置的过程。定编为企业制订生产经营计划和人员调配提供了依据,有利于企业不断优化组织结构,提高劳动效率。

对定编影响因素的分析以及关键动因分析是定编工作的基础。岗位定编管理的影响因素可以归纳为3项,具体如图1-8所示。

企业进行定编管理工作的具体流程如下。

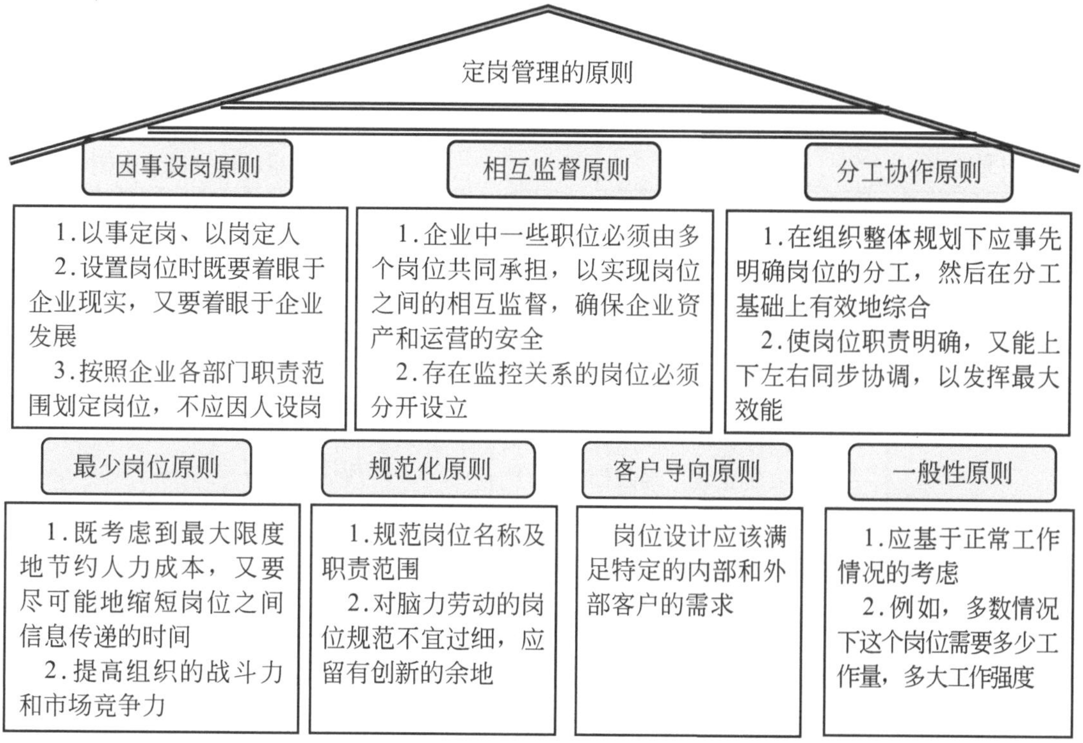

定岗管理的原则

因事设岗原则
1. 以事定岗、以岗定人
2. 设置岗位时既要着眼于企业现实，又要着眼于企业发展
3. 按照企业各部门职责范围划定岗位，不应因人设岗

相互监督原则
1. 企业中一些职位必须由多个岗位共同承担，以实现岗位之间的相互监督，确保企业资产和运营的安全
2. 存在监控关系的岗位必须分开设立

分工协作原则
1. 在组织整体规划下应事先明确岗位的分工，然后在分工基础上有效地综合
2. 使岗位职责明确，又能上下左右同步协调，以发挥最大效能

最少岗位原则
1. 既考虑到最大限度地节约人力成本，又要尽可能地缩短岗位之间信息传递的时间
2. 提高组织的战斗力和市场竞争力

规范化原则
1. 规范岗位名称及职责范围
2. 对脑力劳动的岗位规范不宜过细，应留有创新的余地

客户导向原则
岗位设计应该满足特定的内部和外部客户的需求

一般性原则
1. 应基于正常工作情况的考虑
2. 例如，多数情况下这个岗位需要多少工作量，多大工作强度

图 1-6　定岗管理的原则

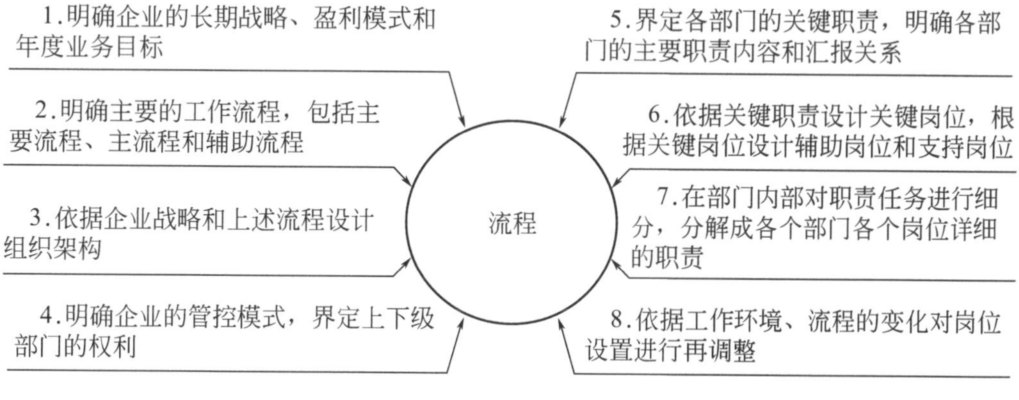

流程

1. 明确企业的长期战略、盈利模式和年度业务目标
2. 明确主要的工作流程，包括主要流程、主流程和辅助流程
3. 依据企业战略和上述流程设计组织架构
4. 明确企业的管控模式，界定上下级部门的权利
5. 界定各部门的关键职责，明确各部门的主要职责内容和汇报关系
6. 依据关键职责设计关键岗位，根据关键岗位设计辅助岗位和支持岗位
7. 在部门内部对职责任务进行细分，分解成各个部门各个岗位详细的职责
8. 依据工作环境、流程的变化对岗位设置进行再调整

图 1-7　定岗管理的流程

① 对影响部门定编的因素进行分析。
② 确定影响部门定编的关键因素。
③ 设计部门和岗位的定编方法。
④ 整体平衡企业人员编制与人工成本。
⑤ 结合企业实际的人员调整编制。

1.2.4　定员管理

定员是在一定生产技术组织的条件下，为保证企业生产经营活动正常进行，按照工作任务所需的一定素质要求，对企业配备各类人员所预先规定的限额。

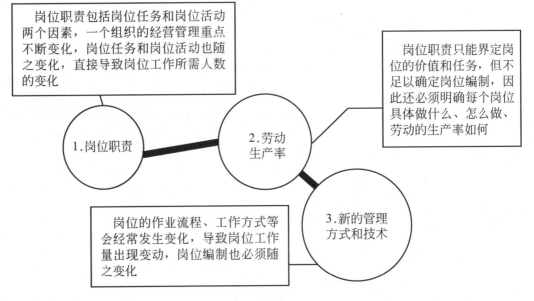

图1-8 岗位定编的影响因素

企业劳动定员的范围是以企业劳动组织常年性生产、工作岗位为对象,具体既包括从事各类活动的一般员工,也包括各类初、中级经营管理人员、专业技术人员,乃至高层领导者。定员范围与用工形式无关,其员工人数应根据企业生产经营活动特点和实际的可能来确定。

定员管理工作应在保证企业生产经营目标的前提下,力求达到精简、高效、节约,企业实施定员管理工作应遵循的原则如图1-9所示。

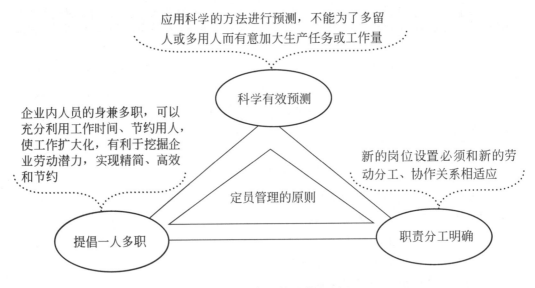

图1-9 定员管理的原则

企业可以采取多种方式进行定员管理,如按照组织结构与职能分工进行定员、按照劳动效率进行定员、按照设备进行定员、按照比例进行定员等,其中按照组织结构与职能分工进行定员管理的操作流程具体如图1-10所示。

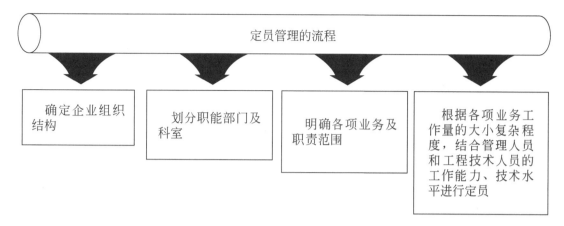

图1-10　定员管理的流程

1.2.5　定额管理

定额是在规范的劳动组织，合理地使用材料、机械、设备的条件下，预先规定完成单位合格产品所消耗的资源数量的标准，它反映的是在一定时期内的社会生产力水平的高低。

定额是企业管理的一项重要的基础性工作，企业实施定额管理应遵循以下原则，具体如图1-11所示。

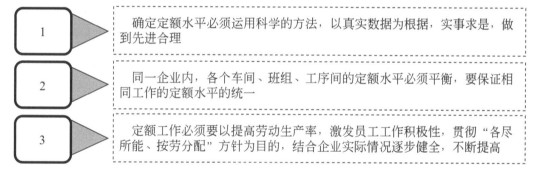

图1-11　定额管理的原则

企业在生产条件正常，产品固定、生产批量大，原始记录、统计制度以及各项基础工作比较健全时，采用统计分析的方法进行定额管理，运用统计分析方法进行定额管理的操作流程具体如图1-12所示。

1.3　职能分解

1.3.1　职能分解与组织结构设计

企业组织结构设计是企业总体设计的重要组成部分，也是企业管理的基本前提。那么，如何通过组织结构设计提升工作效率？这就离不开职能分解这一环节的工作。

（1）职能分解的要求

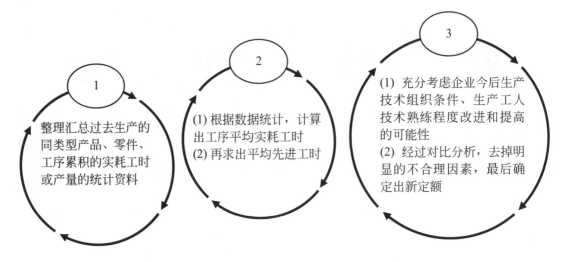

图 1-12 定额管理的流程

① 职能分解具有相对的独立性。
② 职能分解具有较为方便的操作性。
③ 职能分解后各种职能应该相互不交叉。
④ 在企业中不能存在有职能的空白和脱节。

（2）编制职能分解表

职能分解工作是通过编制一张"职能分解表"来完成的。编制职能分解表的程序如下。

① 职能调查与职能识别。为了能够顺利地进行职能分解工作，首先将企业的各项业务和管理作业进行排列，编制成一个"职能、职责调查表"，然后对这些作业进行识别，确认其工作内容由哪个部门或哪个职位去承担最合适。这张表的格式如表1-5所示。

表 1-5 职能、职责调查表

管理职能	业务类别

② 职能分解与组合。对编制完成的"职能、职责调查表"进行汇总和有序排列，然后对这些作业项目进行分解与组合，形成若干项职能。对于内容相近的作业项目，可以组合成一个大的作业项目，这些作业项目就演化成一个职能。对于一个大的作业项目，可能要分解成若干个小的作业项目，这些小的作业项目就形成下一级的职能。

③ 编制职能分解表。在进行作业项目的分解与组合后，即着手编制职能分解表。职能分解表中将职能分为"一级职能""二级职能""三级职能"。

所谓"一级职能"是表述本部门的主要业务和管理职能，通常只用一句话来表示，例如：人力资源部的"一级职能"就是"人力资源开发与管理"。

"二级职能"是在"一级职能"之下分解的若干项职能。例如：人力资源部的"二级职能"包括人力资源规划编制、员工招聘管理、薪酬福利管理、员工培训管理、员工考核管理等。

"三级职能"是"二级职能"作业项目的分解。例如：人力资源部的"二级职能"中的"员工招聘管理"被分解的三级职能为招聘计划制订、招聘渠道选择、人员面试等多项作业项目。

1.3.2 职能分解范例

（1）产品采购部职能分解

产品采购部职能分解如表1-6所示。

表1-6 产品采购部职能分解

一级职能	二级职能	三级职能
产品采购和供应商管理	采购管理	① 负责制订和完善采购、供应商开发评价等方面的管理制度，并落实实施 ② 负责根据销售计划、库存情况编制采购计划和采购方案 ③ 负责采购物资的寻价、比价、谈判 ④ 负责采购合同的拟制，并跟进合同的执行 ⑤ 负责采购合同、订单、资料的分类、编目、归档，建立采购台账 ⑥ 负责公司库存成本的控制
	供应商管理	① 负责建立供应商的管理制度和标准 ② 负责供应商的开发和选择 ③ 负责供应商的日常管理 ④ 负责定期与供应商进行评估

（2）物流仓储部职能分解

物流仓储部职能分解如表1-7所示。

表1-7 物流仓储部职能分解

一级职能	二级职能	三级职能
物资的供应与储运管理	物资运输	① 根据订货合同，确定物资的运送责任 ② 根据合同的需要，决定物资运输保险 ③ 负责安排自行运输物资的货运单位或车辆 ④ 负责自行运输物资的运输
	物资库管理	① 对库存物资进行全面管理，包括台账的建立、储存、保管、办理出入库手续等 ② 对仓库员工进行考勤、培训、工资奖金等管理
	成品库管理	① 办理生产成品的出、入库手续 ② 做好生产成品的储存管理 ③ 合理控制库存

续表

一级职能	二级职能	三级职能
物资的供应与储运管理	运输管理	① 做好生产成品运输业务调度工作 ② 合理确定生产成品的运输方式，采取有效措施降低储运成本
	安全管理	① 制订切实可行的储运安全措施，并严格执行 ② 做好存货仓储和运输的安全管理

（3）培训部职能分解

培训部职能分解如表1-8所示。

表1-8　培训部职能分解

一级职能	二级职能	三级职能
培训实施管理	员工培训需求调研	① 负责员工培训需求的调研方法选择、调研问卷设计等 ② 组织培训部相关人员具体实施员工的培训需求调研 ③ 培训需求调研完毕后，编写培训需求调研报告，并将该报告及时提交企业高层管理人员
	制订培训计划与预算	① 根据企业员工培训需求结果，制订企业培训计划 ② 根据企业培训计划，编制培训预算 ③ 组织实施培训计划和预算，并监督培训计划和预算的执行情况
	培训课程开发与制作	① 根据员工培训需求调研结果，确定企业所需开发的课程 ② 课程开发完毕后，根据培训学员的特点和培训课程自身的特点，设计制作课程
	管理企业内部培训讲师	① 制订企业内部讲师筛选标准 ② 依据标准选择、考核内部培训讲师
	E-learning运营管理	① 负责建立企业的E-learning运营体系 ② 进行E-learning应用管理 ③ 负责选购企业所需的E-learning课程
培训外包管理	培训外包服务商的选择	① 负责筛选培训外包服务商 ② 与优质的培训外包服务商建立良好的关系
	培训外包服务商的实施	① 监督培训外包服务商的培训实施情况 ② 做好培训外包服务商的优胜劣汰工作，以保证企业能够获得高质量的培训服务
培训评估与改进	培训评估	① 培训项目实施后，组织进行培训效果评估 ② 编写培训效果评估报告，并及时提交企业高层管理人员进行审阅
	培训改进	① 总结培训管理过程中出现的问题 ② 针对培训实施过程中的问题，提出相应的措施和改进对策

第2章　人力资源规划实务

2.1　人力资源盘点

人力资源盘点是对现有的人力资源数量、质量、结构等方面，从静态、动态的两个层面去进行统计、分析和汇总。通过盘点，企业能对整个年度的人力资源管理工作的现状有一个总结和梳理，这为企业人力资源部门在制订人力资源规划时提供了参考的依据。

2.1.1　人力资源盘点内容

企业对内部的人力资源进行盘点，其主要内容包括如表2-1所示的三大方面。

表2-1　人力资源盘点的内容

内容	内容说明
企业人力资源基本情况分析	人力资源结构分析（在职员工人数、学历分布、年龄分布、职位结构等）
	人力资源动态数据分析（新入职员工数量、辞职员工数量、辞退员工数量、晋升人员数量等）
企业人力资源能力盘点	主要是对现有人力资源能力进行数据统计分析、企业骨干员工能力盘点等
外部环境分析	人力资源政策、行业和地区人才供给状况、人力资源对标分析等

2.1.2　人力资源盘点方法

企业在对其内部的人员进行人力资源盘点时，可选取的方法包括但不限于如下5种（见表2-2）。

表2-2　人力资源盘点的5种方法

方法	说明
资料查询法	用于了解人力资源的基本信息
问卷调查法	用于了解人力资源的基本信息和人力资源管理的现状
访谈法	用于更深入地了解企业人力资源管理现状和员工的能力状况
绩效考核法	用于评估员工的能力状况
素质测评法	关注的是员工比较稳定的个性和能力特征

2.1.3　撰写人力资源盘点报告

在收集、整理完毕资料后，企业人力资源部对以上数据进行统计分析，撰写"人力资源盘点报告"。作为企业人力资源供给、需求预测的基础，撰写出的"人力资源盘点报告"应根据需要采用表格、图形等形式辅助说明，同时对相关的数据资料或图表进行解释。

表2-3提供了人力资源盘点报告框架，仅供参考。

表2-3　人力资源盘点报告框架

人力资源盘点报告（框架）
一、盘点目的
二、盘点内容
三、盘点情况说明
四、盘点结果说明
1. 人员基本状况分析与说明
2. 企业内部人员流动分析与说明
3. 企业人才梯队建设分析与说明
4. 工作饱和度分析与说明
5. 企业人力资源管理制度分析与说明
五、建议与对策
六、附表

2.2　人力资源供需预测

2.2.1　人力资源需求预测

人力资源需求预测包括显示人力资源预测、未来人力资源需求预测、未来流失人力资源分析。人力资源需求预测的基本程序分为准备阶段、预测阶段以及编制人员需求计划阶段。

（1）准备阶段

① 构建人力资源需求预测系统。人力资源需求预测系统由企业总体经济发展结构性预测系统、企业人力资源总量与结构预测系统和人力资源预测模型与评估系统三个子系统构成，具体如图2-1所示。

② 预测环境与影响因素分析。预测环境与影响因素分析要全面、客观、有针对性，常见的环境分析方法有SWOT分析法和竞争五要素分析法两种。

SWOT分析法是对企业内外部条件各方面内容进行综合概括，分析企业组织的优劣势、面临的机会和威胁的一种方法。SWOT分析法中，S代表优势（strength），W代表劣势（weakness），O代表机会（opportunity），T代表威胁（threat）。

竞争五要素分析法模型中，企业要进行以下五项分析，即对新加入竞争者的分析、对竞争策略的分析、对自己产品替代品的分析、对顾客群的分析、对供应商的分析。

③ 岗位分类。不同岗位的定员、定额情况差别很大，为了便于进行人员资料的搜集和

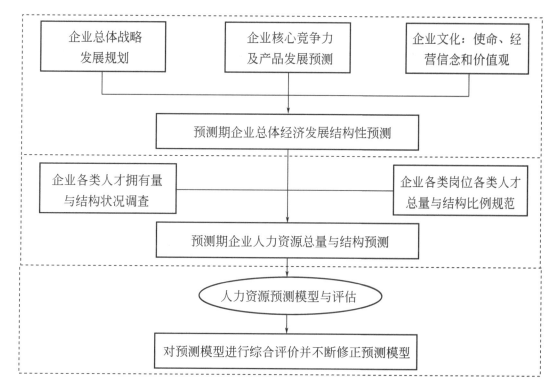

图2-1 人力资源需求预测技术路线图

人员需求的预测，应首先把岗位进行分类。企业岗位的分类应包括经营管理人员的分类、专门技能人员的分类以及专业技术人员的分类。

④ 资料采集与初步处理。资料采集的方法主要有查阅资料、实地调研两种，在资料采集过程中，为了便于数据的处理和分析，必须保证采集数据的真实性、完整性和连续性。在开始分析数据之前要对数据进行初步的处理。

（2）预测阶段

企业人力资源预测阶段的主要操作步骤具体如图2-2所示。

（3）编制人员需求计划阶段

一般来说，计划期内各部门员工人数的主要部分仍停留在原岗位上，所以编制人员需求计划的关键是正确确定计划期内员工的补充需要量，其平衡式如图2-3所示。

核算计划期内企业各部门人员的需要量，应根据各部门的特点，按照各类人员的工作性质，分别采取不同的办法。计划期内人员的需要量核算出来以后，要与原有的人员总数进行比较，其不足部分加上自然减员人数，即为计划期内的人员补充需要量。

（4）人力资源需求预测方法

① 德尔菲法。德尔菲法又称为专家评估法，是指邀请在某领域的一些专家或有经验的管理人员，采用问卷调查或小组面谈的形式，对企业未来人力资源需求量进行分析、评估和预测并最终达成一致意见的方法。这种方法适用于对人力资源需求的长期趋势预测。

运用德尔菲法进行人力资源需求预测的操作流程具体如图2-4所示。

德尔菲法在实施过程中应注意，要向专家说明预测的重要性，并为专家提供足够的信息，包括已经收集的历史资料和有关的统计分析结果，使专家能够做出比较准确的预测。所

人力资源预测阶段的主要操作步骤

1. 根据工作岗位分析的结果确定职务编制和人员配置

2. 进行人力资源盘点，统计出人员的缺失、超编以及是否符合职务资格的要求

3. 将上述统计结果与部门管理者讨论，修正并得出现实人力资源需求量的统计结果

4. 对预测期内退休的人员、未来可能发生的离职人员进行统计，得出未来人员流失状况的统计结果

5. 根据企业发展战略规划以及工作量的增长情况，确定各部门还需要增加的工作岗位与人员数量，得出未来人力资源需求量的统计结果

6. 将现实人力资源需求量、未来的人员流失状况和未来的人力资源需求量进行汇总计算，得出企业整体的人力资源需求预测

图 2-2　人力资源预测阶段主要操作步骤

计划期内员工补充需求量平衡式

计划期内员工补充需求量 ＝ 计划期内员工总需求量 － 报告期期末员工总数 ＋ 计划期内自然减员员工总数

图 2-3　计划期内员工补充需求量平衡式

提出的问题应尽可能简单，以保证所有专家能够从相同的角度理解员工分类和其他相关概念。

② 经验预测法。经验预测法是一种利用现有的情报和资料，结合以往的经验和本企业的实际特点，预测企业未来人员需求的方法。这种方法适合于一定时期内企业的发展状况没有发生方向性变化的情况，适合于较稳定的小型企业，通常用于短期预测。

经验预测法可以采用"自下而上"和"自上而下"两种方式，也可以将两种方式结合起来使用。经验预测法操作方式如图 2-5 所示。

预测的结果受经验的影响较大，且不同的管理人员经验不同，因此，通过保持历史档

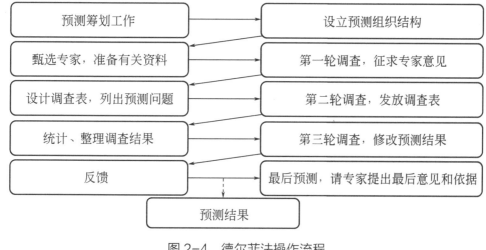

图 2-4 德尔菲法操作流程

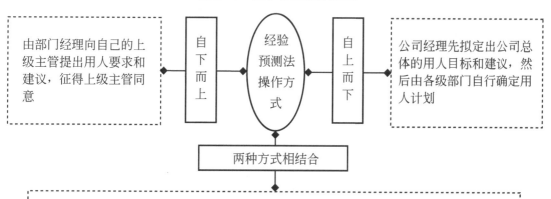

图 2-5 经验预测法操作方式

案，查阅历史资料和多人综合预测等方法可以提高预测的准确度，减少误差。

③ 转换比例法。人力资源需求预测中的转换比例法是指首先根据企业生产任务估计组织所需要的一线生产人员的数量，或根据企业的业务量估计所需要的业务人员的数量，然后根据这一数量来估计行政人员、财务人员、人力资源管理人员等辅助人员数量的方法。

企业经营活动规模的估计方法具体如图2-6所示。

经营活动 = 人力资源的数量×人均生产率
例如，销售收入 = 销售人员的数量×每位销售人员的销售额
产出水平 = 生产的小时数×单位小时产量
运行成本 = 员工的数量×每位员工的人工成本

图 2-6 经营活动规模估计方法

转换比例法的目的是将企业的业务量转换为对人员的需求，是一种适用于短期需求预测的方法。需要指出的是，转换比例法假定组织的劳动生产率是不变的。如果考虑到劳动生产率的变化对员工需求量的影响，可以使用下面的员工总量需求预测方法。

$$计划期末需要的员工数量 = \frac{目前的业务量 + 计划期业务的增长量}{目前人均业务量 \times (1 + 生产率的增长量)}$$

值得注意的是，转换比例法存在着两点不足：一是进行估计时需要对计划期的业务增长量、目前人均业务量和生产率的增长率进行精确的聚集；二是这种预测方法只考虑了员工需求的总量，没有说明其中不同类别员工需求的差异。

④ 人员比例法。人员比例法是根据已确定的各类人员之间、人员与设备之间、人员与产量之间的各种科学的比例关系来预测人力资源需求的一种方法。采用人员比例法时，应首先计算出企业历史上关键业务指标的比例，然后根据可预见的变量计算出所需的各类人员的数量。

在选用了合适的方法对本企业的人力资源需求进行预测后，需编制出一份完善的"人力资源需求预测报告"。表2-4是一则范例，仅供参考。

表2-4　人力资源需求预测报告

一、人力资源现状分析
1. 人员构成情况。通过公司成立以来的发展与积累，目前公司在生产和经营领域初步组建了一支素质较好、层次较高的人才队伍，共有员工__人。公司具体人员构成情况如下表所示。

员工构成情况表

项目	具体分布情况							
职能分布	高层管理者		中层管理者		基层管理者		生产人员	
	人数	比例	人数	比例	人数	比例	人数	比例
学历分布	硕士及以上		本科		专科		专科以下	
	人数	比例	人数	比例	人数	比例	人数	比例
年龄构成	30岁以下		31～40岁		41～50岁		50岁以上	
	人数	比例	人数	比例	人数	比例	人数	比例

2. 人力资源现状分析结果。
（1）__%的员工集中在××学历，具有高级技术职称的人员不多。
（2）年龄在40岁以下的员工占总人数的__%，他们具备进一步学习的能力。
（3）随着公司业务规模的不断扩大，专业技术人才、一线生产人员、市场拓展人员均会有较大的需求。

续表

> 二、未来人力资源流失预测
>
> 1. 未来退休人员预测。公司在__年至__年退休__人。本年度达到退休年龄人员仅有__人，相对于公司人员规模来说，退休人员很少，不会影响公司的人员数量变化，建议不做考虑。
>
> 2. 未来离职人员预测。公司在__年至__年离职__人，其中__人主动离职，__人被开除。总体来看，离职人数较少，基本集中在一线生产工人类别上，在未来离职人员预测中也可以不做考虑。
>
> 三、未来新增人员及主要岗位需求预测
>
> 为满足公司战略发展要求，未来人员需求将集中于投融资管理人才、专业技术人才和经营人才等。
>
> 1. 投融资管理人才需求。公司未来几年内将积累大量财务资源，急需投融资管理方面人才，初步估计投融资管理人才需__人。
>
> 2. 专业技术人才需求。公司预计__年将新增产品品种，新增一条生产线，初步估计需要具有生产专业技术中级及以上职称的人才__人，生产工人__人。
>
> 3. 业务经营人才需求。随着公司业务规模的扩大，将扩展销售领域和市场份额，可引进具有丰富业务管理经验、极具市场开拓精神的高级经营人才，初步估计业务经营人才需__人。
>
> 四、未来人员净需求预测
>
> 公司__年各部门人员需求如下表所示。
>
> ____年各部门人员需求表
>
> | 部门名称 | 新增岗位及人数 | 部门名称 | 新增岗位及人数 |
> | --- | --- | --- | --- |
> | 决策层 | 战略发展部，__人 | 生产部 | 车间主任__人，生产工人__人 |
> | 财务部 | 投融资主管__人，专员__人 | 市场部 | 策划专员__人 |
> | 技术部 | 技术研发人员__人 | 销售部 | 销售区域经理__人，销售专员__人 |
> | 产品部 | 产品设计人员__人 | 质量部 | 检验员__人 |
> | 行政部 | 人员不变 | 采购部 | 采购专员__人 |
> | 人力资源部 | 人员不变 | 仓储部 | 人员不变 |
> | 人员净需求 | ____人 | | |
>
> 五、总结
>
> （略）。

2.2.2 人力资源供给预测

人力供给预测是为了满足企业对员工的需求，而对将来某个时期内，公司从其内部和外部所能得到的职工的数量和质量进行预测，可以从内部人力资源供给预测和外部人力资源供给预测两个方面进行。

（1）内部人力资源供给预测

内部人力资源供给预测是企业根据对内部人力资源状况的分析，预测一段时期内企业内部人力资源的供给情况，以满足未来人事变动需求的过程。企业未来内部人力资源供给一般来说是企业人力资源供给的主要部分。企业人力资源需求的满足，应优先考虑内部人力资源供给。预测企业内部人力资源供给量时必须考虑以下因素，如图2-7所示。

图2-7　内部人力资源供给影响因素

（2）外部人力资源供给预测

企业职位空缺不可能完全通过内部供给满足。企业人员因各种主观和自然原因退出工作岗位是不可抗拒的规律，这必然需要企业从外部不断补充人员。很多因素会影响到外部人力资源供给，比如人口变动、经济发展状况、人员的教育文化水平、对专门技能的要求，等等。

人力资源供给预测是人力资源规划中的核心内容，一般来说，企业进行人力资源供给预测的操作步骤具体如图2-8所示。

（3）人力资源需求预测的方法

企业进行人力资源供给预测的常用方法主要有管理人员接替模型、技能清单法等。

① 管理人员接替模型。对于管理人员供给的预测，简单而又有效的方法是设计管理人员的接替模型，该方法被认为是把人力资源规划和企业战略结合起来的一种有效方法。管理人员接替模型可以更清晰地表示出企业内部的人员流动情况，如图2-9所示。

由图2-9可以看出，一般管理者有23人提升受阻，中层管理者有2人提升受阻。管理人员接替模型的具体操作步骤如图2-10所示。

对于提升受阻的人员，企业应做好相应的工作，如安排直接领导与提升受阻人员进行"一对一"的面谈，鼓励提升受阻人员继续努力工作。为提升受阻人员提供宽松的发展空间，提供更多培训和深造的机会。适当扩大受阻人员的工作范围，让其承担更多重要的任务，在企业财务状况允许的情况下，即使不升职也可以提高他们的薪资等级。

② 技能清单。技能清单的设计是针对一般员工（即非管理人员）的特点，根据企业管理的需要，集中收集每个人员的岗位适合度、技术等级和潜力等方面信息，为人事决策提供可靠信息。

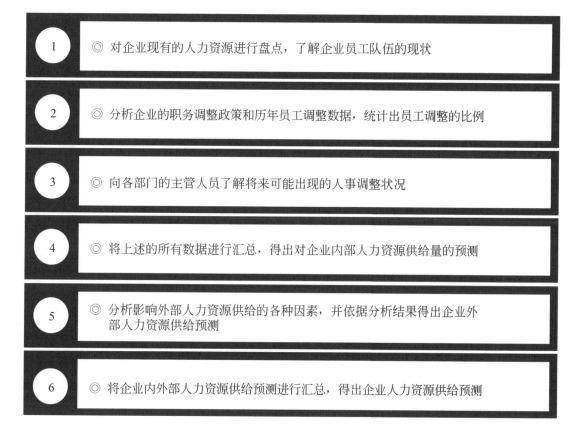

图 2-8 人力资源供给预测操作步骤

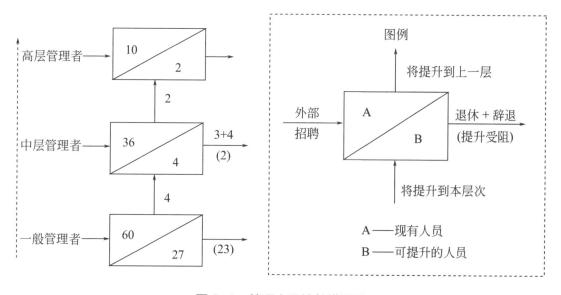

图 2-9 管理人员接替模型图

1. 确定人力资源计划范围，即确定需要制订管理人员接续计划的管理职位

2. 确定每个关键职位上的接替人选，需要注意的是应将所有可能的接替人选都考虑在内

3. 评价接替人选。通过绩效考评方式判断其目前的工作情况是否达到提升的要求，可以根据评价结果将接替人选分为不同的等级，如可分为可以立即接任、尚需进一步培训、淘汰三个级别。为清楚可见，可以将上述管理人员的接续内容在管理人员接替模型图中展现

4. 确定职业发展需要。将接替人员的个人目标与组织目标结合起来，实现人力资源供给与接续，根据评价结果对接替人员进行必要的培训，使之能够快速胜任将来可从事的工作

图2-10 管理人员接替模型操作步骤

表2-5为某企业设计的"人员技能清单"，仅供参考。

表2-5 人员技能清单

姓名		职位		职位编号	
所属部门		直接领导		入职时间	
1. 教育背景					
时间		学校		所获学历	专业
2. 所受培训					
培训时间		培训机构		培训课程	培训内容
3. 工作经验					
工作时间		担任职务		主要工作职责	工作业绩
4. 所掌握的技能					
5. 可能晋升的职位					
6. 职业发展方向					

7. 个人特长	
8. 兴趣爱好	

技能清单的内容需根据员工情况的变化而不断更新,一旦出现职位空缺,人力资源部便可根据技术清单所提供的信息及时挑选合适的人选。

2.3 人力资源供需平衡

企业应具体情况具体分析,制订出相应的人力资源部门或业务规划,使各部门人力资源在数量、质量、结构、层次等方面达到协调平衡。企业应依具体情况制订人力资源供需平衡的规划。

2.3.1 确定人员净需求

根据人员需求预测和供给预测的结果,结合企业现有人力资源状况,通过对比分析得出企业人员的净需求数,如表2-6所示,从而决定是否实行新招聘员工、组织培训,轮岗等计划。

表2-6 人员需求预测表

部门	部门主要职责	人员类别								增员事由	人员类别	合计
		管理人员				技术人员			其他人员			
		高层	中层	基层	小计	高级	中级	初级	小计				
部门1											业务扩展	临时( )人 实习生( )人 兼职( )人 正式( )人	
										人员离职		
										技术发展		
										企业变更		
部门2											业务扩展	临时( )人 实习生( )人 兼职( )人 正式( )人	
										人员离职		
										技术发展		
										企业变更		
部门3											业务发展	临时( )人 实习生( )人 兼职( )人 正式( )人	

2.3.2 供不应求的应对措施

当预测企业的人力资源在未来可能发生短缺时,要根据具体情况选择不同方案以避免短缺现象的发生。企业人力资源供不应求时,可以采取以下应对措施,具体如图2-11所示。

人力资源供不应求的对策

1	◎ 将符合条件，而又处于相对富余状态的人调往空缺职位
2	◎ 如果高技术人员出现短缺，应拟定培训和晋升计划，在企业内部无法满足要求时，应拟定外部招聘计划
3	◎ 如果短缺现象不严重，且本企业的员工又愿延长工作时间，则可以根据《中华人民共和国劳动法》(以下简称《劳动法》)等有关法规，制订延长工时适当增加报酬的计划，这只是一种短期应急措施
4	◎ 提高企业资本技术有机构成，提高工人的劳动生产率，形成机器替代人力资源的格局
5	◎ 制订聘用非全日制临时用工计划，如返聘已退休者，或聘用小时工等
6	◎ 制订聘用全日制临时用工计划，缓解用工需求

图2-11　人力资源供不应求的对策

总之，以上这些措施虽是解决组织人力资源短缺的有效途径，但最为有效的方法是通过科学的激励机制以及培训提高员工生产业务技能、改进工艺设计等方式，来调动员工积极性，提高劳动生产率，减少对人力资源的需求。

2.3.3　供过于求的应对措施

企业人力资源过剩也是企业面临的主要问题，是现有企业人力资源规划的难点问题。解决企业人力资源供过于求的常用方法如图2-12所示。

1	◎ 辞退某些劳动态度差、技术水平低、劳动纪律观念差的员工
2	◎ 合并和关闭某些臃肿的机构
3	◎ 鼓励提前退休或内退，对一些接近而还未达退休年龄者，应制订一些优惠措施，如提前退休者仍按正常退休年龄计算养老保险工龄，鼓励提前退休
4	◎ 提高员工整体素质，如制订全员轮训计划，使员工始终有一部分在接受培训，为企业扩大再生产准备人力资本
5	◎ 加强培训工作，使企业员工掌握多种技能，增强他们的竞争力。鼓励部分员工自谋职业，同时，可拨出部分资金，开办第三产业
6	◎ 减少员工的工作时间，随之降低工资水平，这是西方企业在经济萧条时经常采用的一种解决企业临时性人力资源过剩的有效方式
7	◎ 采用由多个员工分担以前只需一个或少数人就可完成的工作和任务，企业按工作任务完成量来计发工资的办法，这与上一种方法在实质上是一样，都是减少员工工作时间，降低工资水平

图2-12　人力资源供过于求的解决方法

第3章 工作分析与胜任力模型构建实务

3.1 工作分析与评价

3.1.1 工作分析

工作分析又称岗位分析和职务分析,是指通过全面的信息收集,对某特定工作作出明确规定,并确定完成这一工作所需的知识、技能等资格条件的过程,它是人力资源工作的基础。

(1) 工作分析时机

① 新成立或没有进行过工作分析的企业。对于新成立或没有进行过工作分析的企业要进行工作分析,这样可以为后续的人力资源管理工作打下良好的基础。

② 职位有变动。当职位的工作内容等因素有所变动时,应该对该职位的变动部分重新进行工作分析,以保证工作分析成果的有效性和准确性。要注意的是,在职位变动时,往往并不是一个职位发生改变,而是与之相关联的其他职位也会发生相应的变化。

③ 企业发展的关键时期和变革时期。当企业发展处于关键或变革时期,也就是说,在出现以下情况时需要进行系统的工作分析:新的岗位出现,新的工作任务产生,工作再设计或合并、拆分,组织和工作流程发生变更,新的部门成立,战略策略调整等。

(2) 工作分析成果

通过对职位信息的收集、整理、分析和综合,工作分析成果主要包括两种,即职位说明书和职位分析报告,具体如图3-1所示。

(3) 工作分析程序

工作分析包括准备、实施、结果形成和应用与反馈4个阶段,具体实施程序如图3-2所示。

职位说明书	◎ 职位描述,主要是对职位的内容进行概括,包括:职位设置的目的、基本职责、工作权限、业绩标准和职责履行程序等内容 ◎ 职位的任职资格要求,主要是对任职人员标准和规范的概括,包括:该职位的行为标准、胜任职位所需的知识、技能、能力和个性特征以及对人员的培训需求等
职位分析报告	◎ 内容较为自由广泛,主要用于阐述在职位分析过程中所发现的组织与管理上的问题和解决方案等 ◎ 主要包括:组织结构与职位设置、流程设计与运行、组织权责体系、工作方式和方法以及人力资源管理等中的问题与解决方案

图3-1 工作分析的两种成果

| 准备阶段 → | 主要解决的问题：确定工作分析的目标和侧重点；制订总体实施方案；收集和分析有关背景资料；确定所收集的信息；选择收集信息的方法等 |

| 实施阶段 → | 这一阶段完成的工作项目有：
◎ 参与工作分析的有关人员进行沟通
◎ 制订具体的实施计划和时间表
◎ 对收集的工作信息进行分析 |

| 结果形成阶段 → | 结果形成阶段主要解决如何用书面文件的形式表达分析结果的问题，这一阶段主要完成的工作项有：相关人员共同审核和确认有关信息；形成职位说明书；形成任职资格对应的条件说明 |

| 应用与反馈阶段 → | 工作分析的价值在于工作分析结果的应用。在其应用的过程中，可能会发现一些问题，通过反馈，可以为后续的工作分析提供参考。该阶段主要是从工作分析的目标和侧重点中进行校对，以找出需要完善的内容 |

图 3-2 工作分析实施程序

（4）工作分析方法

下文提供了5种工作分析的方法，具体内容如下。

① 方法介绍。对这5种工作分析的基本方法，表3-1进行了基本的介绍。

表 3-1 工作分析方法

方法	含义	具体内容
观察法	观察法是指工作分析人员必须到工作现场实地查看员工的实际操作情况，并通过观察，将有关的工作内容、方法、程序和工作环境等信息记录下来，并将取得的信息归纳整理为适合使用文字资料的方法	◎主要方法：直接观察法（观察员工工作的全过程）、阶段观察法（分阶段对某一职位的工作事项进行观察）和工作表演法（要求被观察者当场表演某一工作事项并对其进行观察） ◎适用于工作周期短、规律性强的职位及流水线工人职位
问卷法	问卷法指根据工作分析的目的和内容等，由分析人员事先设计一套岗位调查问卷，再由被调查者填写，最后将问卷进行汇总，从中找出有代表性的回答，对相关信息进行表述的方法	◎主要形式：开放式问卷（设计的问卷只有问题而没有给出备选答案）、封闭式问卷（被调查者在工作分析人员设计的备选答案中选择合适的答案）和混合式问卷 ◎对于问题设计的次序应注意：将易回答的问题放在前面；按照逻辑顺序排列问题；先问范围广的、一般的甚至是开放的问题，后问职位相关性强的问题

续表

方法	含义	具体内容
访谈法	访谈法又称面谈法，是工作分析人员按事先拟定的访谈提纲，就某一岗位与访谈对象进行面对面交流和讨论，从而收集岗位信息的方法	◎访谈对象包括该职位的任职者、对工作较熟悉的直接主管人员、与该职位工作联系较为密切的工作人员及任职者的下属等 ◎主要形式：个别员工访谈法、集体访谈法和主管人员访谈法（指工作分析人员与某一岗位任职者的直接领导进行面谈）
关键事件法	关键事件法要求分析人员、管理人员或本岗位员工将工作过程中的"关键事件"详细情况加以记录，并在大量收集信息后对岗位的特征和要求进行分析的方法	◎收集关键事件信息的方法主要通过访谈和工作会议进行 ◎关键事件法的操作应注意：调查期限不易过短；关键事件的数量应足够说明问题，事件数目不能太少；正反面的事件都要兼顾，不能偏颇 ◎适用于员工很多或者职位工作内容过于繁杂的工作
工作日志法	工作日志法又称为工作写实法，是让员工在一段时间内依工作日记或工作笔记的形式记录日常工作活动从而从中获得有关岗位工作信息资料的方法	◎优点：如果记录信息详细，会得到其他方法无法获得的细节；对高水平和复杂工作的分析比较经济、有效 ◎缺点：工作日志内容的真实性难以保证

② 方法所需的工具。下文提供了访谈法及问卷调查法所需要用到的工具。

a. 访谈调查方案。做好访谈前的准备工作，是保证访谈成功的重要前提。访谈者要根据调查的目的要求和受访者的特点，事先确定好并充分熟悉访谈的内容和范围，确定调查方案或拟定访谈提纲。

调查方案的内容包括明确访谈的目的、确定访谈步骤、拟定提出的问题、安排提问的顺序、选取访谈对象等。调查方案样本如表3-2所示。

表3-2 访谈调查方案

一、访谈目的			
为了更好地明确各个岗位的工作职责和任务，保证各个岗位之间相互协调、配合，共同实现企业的目标，现企业人力资源部门对企业各个岗位进行一次全面的工作分析活动。			
二、访谈人员的构成			
姓名	职务	所在部门	联系方式
三、访谈对象			
姓名	职务	采访时间	联系方式

续表

四、访谈问题			
1. 请问您的姓名、职务、职务编号是什么？			
2. 您所在的部门是哪个？直接上级主管是谁？部门经理是谁？			
3. 所在岗位的主要工作任务和职责。			
4. 工作权限。			
5. 工作中需要同哪些部门或人员接触？			
6. 其他。			
五、访谈的形式			
□个别访谈法　　　□集体访谈法　　　□主管人员访谈法			
六、访谈注意事项			
1. 访谈人员要创造和谐、良好的访谈氛围。			
2. 访谈人员应注意做好记录。			
3. 保证信息的真实性、准确性。			

b. 问卷调查表。无论采取何种的设计方式，问卷问题的设计都应围绕拟分析的工作岗位为中心进行设计。表3-3是一则范本，供读者参考。

表3-3　问卷调查表

尊敬的员工：

您好！非常感谢您参加本公司工作分析的问卷调查活动，以下信息请您根据所在的岗位如实填写，如发现有遗漏或者不足之处，请您在后面附言或与企业人力资源部联系。

谢谢合作！
××企业人力资源部
年　月　日

基本情况	姓　名		性　别		职位名称	
	职位编号		直接领导		所属部门	
工作时间	1. 正常的工作时间每日（　）时，（　）时开始至（　）时结束。					
	2. 每日午休时间为（　）小时。					
	3. 每周平均加班时间为（　）小时。					
	4. 所从事的工作是否忙闲不均（□是　□否）。					
	5. 若工作忙闲不均，最忙时常发生在哪段时间（　）。					
	6. 是否经常出差（□是　　次/月　　□否）。					

续表

工作设备	1. 为完成本职工作，需要使用的设备或工具是：	
	2. 平均每周使用（　）小时。	
任职资格要求	1. 本岗位所需的学历要求	□硕士及以上　□本科　□大专　□高中及以下
	2. 完成本职工作须具备的能力	评分标准： 1（不需要）；2（较低）；3（一般）；4（较高）；5（高） 能力要求　　　　　得分 领导能力　　　　　（　） 执行力　　　　　　（　） 沟通能力　　　　　（　） 组织协调能力　　　（　） 分析判断能力　　　（　） 创新力　　　　　　（　） 语言表达能力　　　（　）
	3. 是否需要培训	□是　□否　　若需要培训，需要哪方面的培训：
	4. 工作经验要求	
任务综述	简要地描述工作任务，工作中您觉得最困难的事情是什么？您通常是怎样处理的？	
日常工作任务	请您尽可能多地描述日常工作，并根据工作的重要性和每项工作所花费的时间由高到低排列。	
与其他部门的联系	请您列出在公司或公司外所有因工作而发生联系的部门和人员，并依接触频率由高到低排列。	
工作压力	1. 您工作时是否要求精神高度集中？若是，占每天工作时间的比重是多少？ 2. 工作中是否经常遇到棘手的问题且要迅速做出决定？ 3. 是否需要不断地补充新知识才能更好地完成工作？若是，需要学习哪方面的知识？	
工作环境	1. 请描述您的工作环境与条件： 2. 对工作条件及其环境满意状况（□好　□一般　□差），并可提出您的宝贵意见。	
其他	请写出前面各项中没有涉及的，但您认为对本职务很重要的其他信息。	

工作分析方法不同，其利弊也不同。人力资源管理者在进行具体的工作分析时，要结合企业自身的实际、工作分析本身的优缺点、工作分析的目的以及工作分析的对象等来选择不同的方法。

3.1.2　工作评价

工作分析是进行工作评价的前提。工作评价又称职位评价或岗位评价，是在工作分析的基础上，对岗位的责任大小、工作强度、所需资格等条件进行评价，以确定岗位相对价值等的过程。合理的工作评价为建立公平合理的薪资和奖励制度提供科学依据，为招募甄选、职位管理、绩效考评等人力资源决策提供参考。

(1) 工作评价的要素

进行岗位评价，首先要有一套适用于本企业生产经营特点的岗位功能测试指标。工作评价指标一般要围绕工作责任、劳动技能、劳动强度、劳动条件及劳动心理5个方面进行工作评价。在实际工作中，为了便于对5个因素进行评定，可根据企业实际需要将每个因素进行分解，具体事例如图3-3所示。

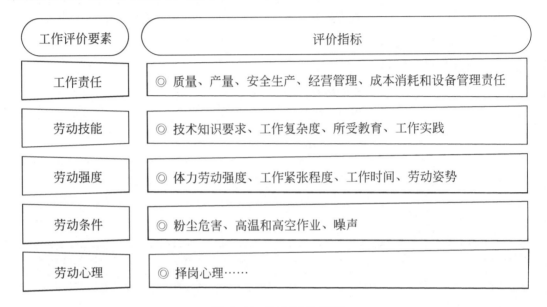

工作评价要素	评价指标
工作责任	◎ 质量、产量、安全生产、经营管理、成本消耗和设备管理责任
劳动技能	◎ 技术知识要求、工作复杂度、所受教育、工作实践
劳动强度	◎ 体力劳动强度、工作紧张程度、工作时间、劳动姿势
劳动条件	◎ 粉尘危害、高温和高空作业、噪声
劳动心理	◎ 择岗心理……

图3-3　工作评价指标

(2) 工作评价的方法

工作评价是进行薪酬设计的前提基础性工作之一，是实现薪酬对内公平的有力保障。如何进行工作评价呢？下文介绍了几种方法。

① 岗位排列法。岗位排列法是根据一些特定的标准例如工作的复杂程度、对组织的贡献大小等对各个岗位的相对价值进行整体的比较，进而将岗位按照相对价值的高低排列出一个次序的岗位评价方法。

岗位排列法基本采用两种做法，具体内容如图3-4所示。

定限排列法	成对排列法
将企业中相对价值最高与最低的岗位选择出来，作为高低界限的标准，然后在此限度内，将所有的岗位按其性质——难易程度逐一排列，显示岗位之间的高低差异	将企业中所有的岗位，成对地加以比较，按分数高低顺序将职务进行排列，即可划定职务等级，分数最高者即等级最高者
方法	

图3-4　岗位排列法的两种操作方式

下面以成对排列法为例对岗位排列法加以说明。

现需对公司其中的4个岗位进行岗位评估,以下是运用成对排列法得出的评估结果,具体如表3-4所示。

表3-4 成对排列法示例

工作岗位	岗位A	岗位B	岗位C	岗位D	分数
岗位A	/	1	1	1	3
岗位B	0	/	1	0	1
岗位C	0	0	/	0	0
岗位D	0	1	1	/	2

评估说明:岗位A与岗位B比较,岗位A优于岗位B,在对应的表格里记1;岗位B同岗位A相比,岗位B劣于岗位A,在对应的表格里记0。其余的同理可得。

岗位排列法是一种简单的岗位评价方法,在工作岗位不多的小型企业中比较适用。此方法简单易行,但评估标准过于宽泛,主观因素强,精确度低。

② 岗位分类法。岗位分类法是指通过制订出一套岗位级别标准,然后将每个岗位与标准进行比较,将其归入合适的等级中。

岗位分类法的关键是建立一个岗位级别体系。具体来说,建立岗位级别体系包括确定等级的数量和给每一个等级进行准确的定义与描述。等级的数量没有什么固定的规定,主要根据需要设定,只要便于操作并能有效地区分岗位即可。

岗位分类法的工作程序如图3-5所示。

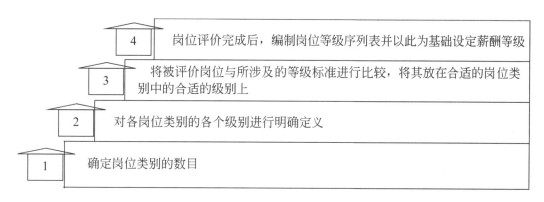

图3-5 岗位分类法的工作程序

在应用岗位分类法时,一般可将企业所有岗位分为管理工作类、事务工作类、技术工作类及营销工作类等类别,然后为每一类确定一个岗位价值的范围,并且对同一类的岗位进行排列,从而确定每个岗位不同的岗位价值。现以事务工作类的办事员为例进行说明,具体如表3-5所示。

表 3-5　某企业的职位级别体系定义表（办事员部分）

一级办事员	工作内容简单、没有监督责任、不需要与公众交流
二级办事员	工作内容简单、没有监督责任、需要与公众交流
三级办事员	工作内容复杂、没有监督责任、需要与公众交流
四级办事员	工作内容复杂、有监督责任、需要与公众交流

此方法需要有详细的职位说明书和岗位等级说明，适用于工作岗位多、岗位之间差别大的企业。此方法较为简单，但等级说明过于一般化，主观性强，容易引起评价岗位的工作者与岗位评价者的争议。

③ 点数评分法。点数评分法是对各种工作评定点数，以取得各工种的相对工作值，并据以定出工资等级的一种技术方法。

运用这种方法需预先选定若干因素，并采用一定点数（分值）表示某一因素。然后按事先规定的衡量标准，对现有岗位的每个因素逐一评比、估价、求得点数，经过加权求和，最后得到各个岗位的总点数。其次，用企业现行的工资总额除以总点数，得到点的工资含量，最后用点值乘以每一个岗位的总点数，就可得到每一个岗位的工资标准。

a. 评价因素的选择。岗位责任、劳动技能、劳动强度、劳动条件、知识技能等是常用的岗位评价因素。本示例中选取了岗位责任、劳动强度、知识技能三项。

b. 界定评价要素并对其进行相应的赋分（点数配置）。清晰界定每个评价要素，对其进行分档、定义、赋分，每个指标一般都分为5档，如最低学历可分为初中（__分）、高中或中专（__分）、大专（__分）、本科（__分）、研究生（__分）。各档之间必须层次分明，清晰可辨，以确保评价人员在应用这些要素时能保持一致。由此形成的岗位评估的因素如表3-6所示。

表 3-6　岗位评估因素

一级指标	权重	二级指标	分值
岗位责任	45%	协调责任	一级，__分
			二级，__分
			三级，__分
			四级，__分
			五级，__分
		决策责任	__分
		安全责任	__分
		监督指导责任	__分
劳动强度	35%	工作复杂性	__分
		工作覆盖范围	__分
		工作压力	__分
		工作均衡性	__分

续表

一级指标	权重	二级指标	分值
知识技能	20%	学历	一级，初中，__分
			二级，高中或中专，__分
			三级，大专，__分
			四级，本科，__分
			五级，研究生，__分
		工作经验	__分
		专业知识技能	__分
		综合能力	__分

c. 岗位评估分值统计。先汇总二级指标分数，再汇总一级指标分数，最后得出每个岗位的总得分；然后进行高低排序，按照一定的归等归级标准（如分10等，以__分为划分为一个等级；每等又分10个级别，每__分为一个级别），分别得出各类别岗位的具体等级。

d. 评估结果调整。将评分及归等归级结果进行反馈，对存在明显偏差的，应通过小组讨论，结合专家评分法，进行重新打分，给予适当调整。

④ 海氏三要素法。海氏三要素法，即将所有职务所包含的最主要的付酬因素分为3种，即技能、解决问题能力和责任，并按照以上3个要素及相应的标准进行评估打分，得出每个岗位评估分，即岗位评估得分＝技能得分＋解决问题能力得分＋责任得分。其中技能得分和责任得分都是绝对分，而解决问题能力得分是评估分，也是相对分（百分比），经过调整后才是绝对分。

海氏三要素法的每一个付酬因素又细分为不同的子因素，具体内容如表3-7所示。

表3-7 海氏三要素法中的付酬因素

付酬因素	因素解释	子因素
技能	工作所需的知识和技能	专业知识技能
		管理技能
		人际技巧
解决问题能力	发现并解决工作中出现的问题的能力	思维环境
		思维难度
责任	任职者的行为给工作带来的结果	行动的自由度
		职务对结果的影响
		职务责任

根据海氏评估系统提出的"职务状态构成"理论，职务的状态取决于技能和解决问题能力两个因素与责任的权重大小，并据此划分出职务的三种状态，具体内容如图3-6所示。

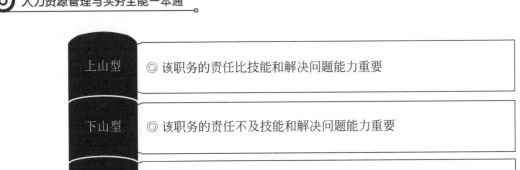

图 3-6　海氏评估系统提出的职务状态

根据职务的状态不同，分别赋予这 3 个付酬因素不同的权重，划分为技能、解决问题能力与责任两部分。其中"上山型"的权重分配为 40%+60%，"下山型"的权重分配为 70%+30%，"平路型"的权重分配为 50%+50%。

3.2　岗位说明书编制

3.2.1　岗位说明书的内容

工作分析的成果文件主要是岗位说明书。岗位说明书是以标准的格式对岗位的职责及任职者的资格条件进行的描述文件，包括两个部分，即工作描述和工作规范。

① 工作描述。工作描述，又称职务描述，是对企业中各类岗位的工作性质、岗位职责、工作任务与工作环境等所作的规定，用来说明任职者应该做什么、怎么做以及在什么条件下去做的一种书面文件。它主要包括两方面的内容：岗位基本信息与工作说明。

岗位基本信息包括岗位名称、部门、汇报关系、岗位编号、职务等级等。如秘书岗位基本信息如表 3-8 所示。

表 3-8　秘书岗位基本信息

岗位名称	秘书	岗位编号	×××	所属部门	行政部
直接上级	行政经理	管辖人数	无	工资标准	××××～××××元
晋升方向	高级秘书、行政经理	工作性质	公务管理	职务等级	二级
分析人员		核准人		填写日期	

工作说明主要包括 6 个方面的内容，具体内容如表 3-9 所示。

表3-9 工作说明的内容

内容	内容说明
职务概述	职务概述又称岗位综述,用于描述岗位的整体性质。如某企业行政部经理的工作概述为:负责公司日常行政事务的管理及后勤保障工作;参与公司规章制度的制订,并监督制度的执行情况,努力提高企业工作效率;负责行政事务文档的编制、处理、管理;协助各业务部门的工作
岗位职责和权限	其说明任职者须完成的工作任务、承担的责任、岗位权限范围等
岗位绩效标准	其说明企业期望该岗位的员工完成工作任务时必须达到的标准
工作联系	工作联系是用于说明任职者与企业内部或外部人员之间因工作关系所发生的联系
机器设备及其他	其指岗位任职者在工作过程中所需用到的必备办公用品及设备
工作条件和环境	其包括工作地点、光照度、有无噪声干扰、工作中有无危险作业,等等

② 工作规范。工作规范描述了岗位对任职者的知识、能力、教育背景和工作经历等方面的要求。

3.2.2 岗位说明书的编制流程

在编制岗位说明书时,编写人员可参照图3-7所示流程开展岗位说明书的编制工作。

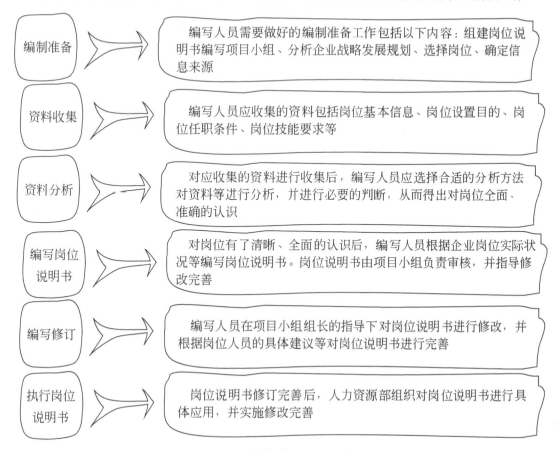

图3-7 岗位说明书编制流程

3.2.3 岗位说明书编制要点与要求

(1) 编制要点

在编制岗位说明书时,编制人员应注意一些编制要点,具体如图3-8所示。

1. 编写语言规范准确、不可模棱两可
2. 根据岗位的要求确定岗位人员的工作内容,且职责中不应包含模糊、不确定的内容
3. 任职填写信息应包括任职者年龄、性别、学历、专业、工作经验等方面
4. 注意区分岗位的任职能力和技能,能力指可预期的潜质,技能指可习得的、熟练掌握的技巧等
5. 工作关系应说明所在岗位的主要内部关系及外部关系,内部关系除包括本部门的关系外,还应包括本部门与其他部门、本部门与其他子公司相关部门的关系等

图3-8 岗位说明书编制要点

(2) 编制要求

岗位说明书的编写需符合图3-9所示的3点要求。

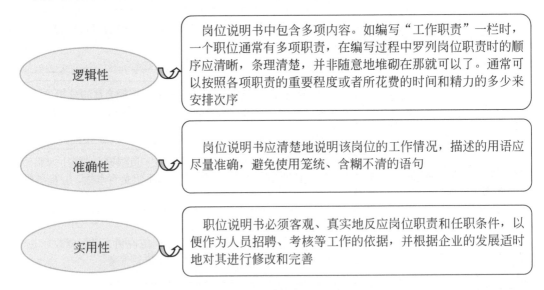

- **逻辑性**：岗位说明书中包含多项内容。如编写"工作职责"一栏时,一个职位通常有多项职责,在编写过程中罗列岗位职责时的顺序应清晰,条理清楚,并非随意地堆砌在那就可以了。通常可以按照各项职责的重要程度或者所花费的时间和精力的多少来安排次序
- **准确性**：岗位说明书应清楚地说明该岗位的工作情况,描述的用语应尽量准确,避免使用笼统、含糊不清的语句
- **实用性**：职位说明书必须客观、真实地反应岗位职责和任职条件,以便作为人员招聘、考核等工作的依据,并根据企业的发展适时地对其进行修改和完善

图3-9 岗位说明书编写要求

3.2.4 岗位说明书的修订

由于企业组织结构、绩效考核体系等的变动,会引起企业岗位设置和职责的变动,因

此,企业要及时地对岗位说明书进行修订,以便招聘的人才符合企业发展的实际情况。

岗位说明书的修订过程主要包括以下5个步骤。

① 确定修订标准。由人力资源部根据岗位管理工作要求,针对现有岗位说明书存在的问题,以及下一步管理工作的需要,按照公司已经制订好的岗位说明书修订标准,提出对各项内容的填写标准。

② 召开讨论会。公司各职能部室召开讨论会对本部门职责进行细化和分解,梳理部门业务流程、明确岗位职责,并按照本部门岗位设置情况,从各岗位工作人员中选出本岗位的岗位说明书拟稿人。

③ 进行沟通面谈。岗位说明书拟稿人与岗位直接上级就岗位工作职责的划分和工作设置进行面谈沟通,并达成一致。

④ 修订岗位说明书。由拟稿人与该岗位的直接上级进行沟通后,依照岗位说明书修订标准完成初稿编制,初稿经本岗位人员共同讨论后,根据岗位人员的意见,再提交岗位直接上级审核和批准,上级审核和批准通过后,报送人力资源部。

⑤ 批准审核修订。人力资源部将各职能部门审核修订岗位说明书进行汇总,交给企业分管副总或总经理进行审批。

3.2.5 编写应注意的问题

企业在编写岗位说明书时应注意以下问题。

(1) 注意职位描述和组织结构设计、职能分解、职位设置的一致性和衔接性

职位描述和组织结构设计、职能分解、职位设置是人力资源管理的几个密切相关的环节。要注意这几项工作的一致性和衔接性。

① 职位描述的根据是组织结构设计、职能分解、职位设置。

② 各个职位的职责应与部门或单位的职能分解相一致。职位的职责不应该超越部门或单位的职能分解表中规定的职责。

③ 部门或单位里各个职位的职责总和应与部门或单位的职能分解表中规定的职责相吻合。

④ 职位描述里的职位名称应和职位设置表中的名称相一致。

(2) 任职条件中的学历、经验等条件要掌握适度

任职条件中的学历、经验等条件要掌握适度,不可过于苛求。

(3) 职责划分要清晰

编制职位说明书时,要将每个职位的职责划分清晰,各个职位间的职责既不能重叠,也不能留有空白。为了便于大家在编制职位说明书时清晰划分职责,特提出以下参考意见。

① 部门或单位负责人的职责原则上和本部门或单位的职能分解表中的二级职能一样。

② 部门或单位里的某项业务主管的职责原则上是本部门或单位的职能分解表中的二级职能中的几项。部门或单位里的几个业务主管的职责原则上是本部门或单位的职能分解表中的二级职能中的全部。

③ 部门或单位里的一般员工的职责原则上是本部门或单位的职能分解表中的三级职能中的几项。

3.2.6 岗位说明书的模板

岗位说明书由固定的内容组成模块，因此岗位说明书的编写有相应的模板。下文提供了3种模板，供大家参考（见表3-10、表3-11、表3-12）。

表3-10 岗位说明书模板（一）

基本信息	职位名称		职位编号	
	所属部门		直接上级	
职位概述				
任职资格	学 历			
	专 业			
	工作经验			
	能力素质			
	业务了解范围			
工作关系	内 部			
	外 部			
职 责 细 化 描 述				
岗位职责	职责一			
	工作任务			
	职责二			
	工作任务			
	职责三			
	工作任务			
	职责四			
	工作任务			
	职责五			
	工作任务			
	职责六			
	工作任务			

表 3-11　岗位说明书模板（二）

基本信息	职位名称		职位编号	
	所属部门		直接上级	

职位概述	

任职资格	学　历		
	专　业		
	工作经验		
	能　力	能力项目	能力标准

职　责　细　化　描　述			
岗位职责	职责一		
	工作任务	1.	
		2.	
	职责二		
	工作任务	1.	
		2.	
	职责三		
	工作任务	1.	
		2.	
	职责四		
	工作任务	1.	
		2.	
	职责五		
	工作任务	1.	
		2.	

表 3-12　岗位说明书模板（三）

基本情况	职位名称		职位编号	
	所属部门		直接上级	
工作概述				

续表

工作内容	绩效标准
工作职责 1.	
2.	
3.	
4.	
5.	
6.	
7.	
8.	
任职资格	教育水平：1. 学历： 2. 专业： 3. 业务知识：
	经验要求：
	能力素质要求：1. 2. 3.

3.3 胜任力模型构建

3.3.1 胜任力模型构建方法

胜任力模型是针对特定职位表现优异要求所必须具备的胜任力总和。

能否显著区分员工的工作绩效差异是判断某项胜任素质的唯一标准，即实际工作业绩卓越和业绩一般的员工在该项胜任素质上的行为表现是有明显差别的。识别员工的能力素质或岗位胜任特征可从以下3个层面进行。

（1）知识

知识层面既包括员工在某一职业领域从事工作所必须具备的专业信息，如财务管理、人力资源管理、市场营销等学科的专业知识，也包括员工在某一组织中工作所必须掌握的相关信息，如公司知识、产品知识和客户信息等。

（2）技能／能力

技能指掌握和运用某项专业知识完成具体工作的技术或能力，如计算机操作技能、财务分析能力等各个岗位的专业技能。能力指员工天生具备或在外部环境影响下不易改变的特质，如人际协调能力、问题分析能力、市场拓展能力、判断推理能力等。

（3）职业素养

职业素养层面指员工从事具体的职务或岗位时所应具备的意识及行为习惯，如主动性、责任心、成就欲、忠诚度、诚信意识、团队意识等。

胜任力模型的构建对于企业的人才岗位匹配有非常重要的作用，而模型构建的方法主要有BEI行为事件访谈法、演绎法、专题小组讨论、标杆法等方法，具体内容如表3-13所示。

表3-13 胜任力模型构建方法

类别	特点	操作步骤	适用范围	注意事项
BEI行为事件访谈法	有充实的行为数据来支撑胜任力模型的有效性、精准性和客观性。但该法对技术要求较高，投入的人力、物力较大	◎对大批人员进行行为事件访谈 ◎收集不同类型人员的行为数据 ◎进行统计分析后得出关键素质，并形成胜任力模型	适用于人员密集、能采集到有代表性样本的岗位	◎人员访谈的样本选择要有代表性 ◎采用此法要考虑企业的规模和精度要求
演绎法	优点：所建立的胜任力模型能体现出未来战略的导向性和牵引性，也能在一定程度上反映岗位要求 缺点：缺乏实际的行为数据来支撑胜任力模型的有效性，具有较强的主观性	◎根据企业的战略进行分解、岗位任务反推 ◎通过小组讨论或者研讨会的方式得出针对某类员工的关键素质 ◎形成每个素质的定义和层级	适用于人员配备较少，难以采集到有代表性样本的岗位。在牺牲部分精准度的条件下不影响企业的运作，可以采用此法	◎选择此法要符合企业的战略目标 ◎采用小组讨论或研讨会方式的参加人员不能涉及相关利益人员
专题小组讨论	优点：通过专题小组讨论可以加深彼此对模型的理解，也在一定程度上提高模型的适用性和有效性 缺点：费用比较高，且主观性比较强	◎企业的领导者、咨询机构的顾问、负责日后模型推广与应用的相关HR人员、目标岗位的部分负责人参加 ◎在建模过程中多次进行专题小组讨论	适用于成长型企业，在发展的过程中，可采用此法	◎小组讨论的人员要有企业外部专家参与 ◎要考虑企业的成本控制

续表

类别	特点	操作步骤	适用范围	注意事项
标杆法	优点：花费的成本比较低，模型构建比较容易 缺点：构建的模型对公司的偏差较大，需要不断去修正	◎收集战略类型、价值创造模式、发展阶段相同或相似的同行的胜任力模型 ◎通过小组讨论或者研讨会的方式，分析标杆模型，从中挑选适合本公司的胜任力，作为演绎法或者归纳法所得到的模型的补充或者验证	适用于刚成立不久、规模不是很大的企业	选择的标杆要符合企业发展实际

3.3.2 胜任力模型构建步骤

构建岗位胜任力模型的具体步骤如下。

（1）定义绩效

即采用工作分析的各种工具与方法明确工作的具体要求，提炼出鉴别工作优秀的员工与工作一般的员工的标准。绩效标准一般采用工作分析和专家小组讨论的方法来确定。

（2）选取分析效标样本

根据岗位要求，在从事岗位工作的员工中，分别从绩效优秀和绩效普通的员工中随机抽取一定数量的员工进行调查。获取效标样本有关胜任力的数据资料可以采用行为事件访谈法、专家小组法、问卷调查法、全方位评价法、专家系统数据库和观察法等方法来获取效标样本有关胜任力数据，但一般以行为事件访谈法为主。

（3）建立胜任力模型

通过行为访谈报告提炼胜任力，对行为事件访谈报告进行内容分析，记录各种胜任力在报告中出现的频次。然后对优秀组和普通组的要素指标发生频次和相关的程度统计指标进行比较，找出两组的共性与差异特征。根据不同的主题进行特征归类，并根据频次的集中程度，估计各类特征组的大致权重。

（4）验证胜任力模型

胜任力模型的有效性验证，一般采用预测效度和同时效度进行检验。胜任力的关键在于保证绩效达成，高素质能预测高绩效。

3.3.3 胜任力模型注意事项

（1）加强对胜任力的宣传和培训工作

胜任力模型的构建过程可采用访谈法、调查法、小组会议法等方法，这些方法操作过程烦琐，对员工的工作形成一定程度的干扰。这在一定程度上影响了胜任力模型构建的真实性和客观性。因此，胜任力模型建立前要进行宣传和培训，让员工明白构建胜任力模型的作用和意义，打消员工不必要的顾虑。

（2）采用从关键职位入手开发的策略

在刚刚开发胜任力模型时，由于对胜任力模型构建的方法和技巧没有熟练掌握，企业可以选择从关键职位入手，而不是全部职位一起进行开发。这样不仅可以节约成本，降低风险，而且可以防止人力资源部门因失误处于被动的地位，待积累了一定的经验后，再由关键职位向其他职位扩散构建胜任力模型。

（3）胜任力描述应该具有层次性和差异性

胜任力是被描述出来的行为表现或标准，在进行胜任力构建时，要依照岗位层次对其进行准确的定义，然后通过胜任力构建方法提炼支持员工取得高绩效应具备的行为特征和标准，使得不同岗位的胜任力具有层次性和差异性。

（4）对胜任力模型进行动态的管理

胜任力模型的构建不是一劳永逸的，因为企业外部的发展环境瞬息万变，内部的组织结构调整、经营模式等因素的变化会对岗位的行为和标准进行调整，因此对胜任力模型进行动态的管理，并根据企业的战略和发展规划、部门职责和岗位职责、往年绩效考评实施过程中体现出的对胜任力模型的反馈，对胜任力模型数据库进行动态的更新管理。

3.3.4 胜任力模型构建示例

（1）生产班长胜任素质模型（图3-10）

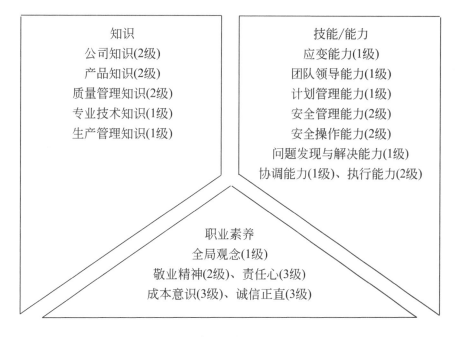

图3-10 生产班长胜任素质模型

（2）车间主任胜任素质模型（图3-11）
（3）软件测试工程师胜任素质模型（图3-12）
（4）研发部经理胜任素质模型（图3-13）
（5）人力资源经理胜任素质模型（图3-14）

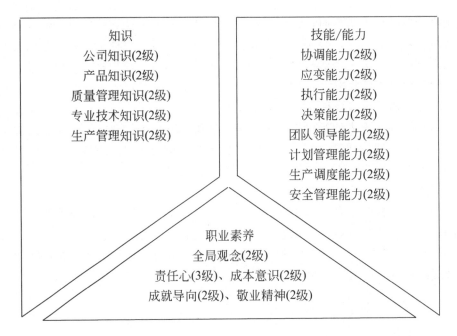

图3-11 车间主任胜任素质模型

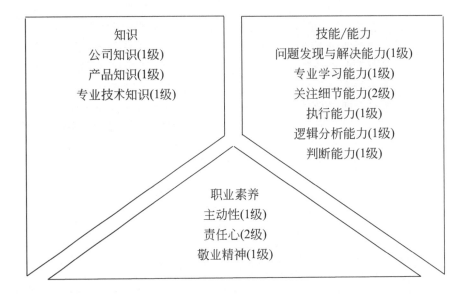

图3-12 软件测试工程师胜任素质模型

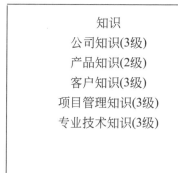

图3-13 研发部经理胜任素质模型

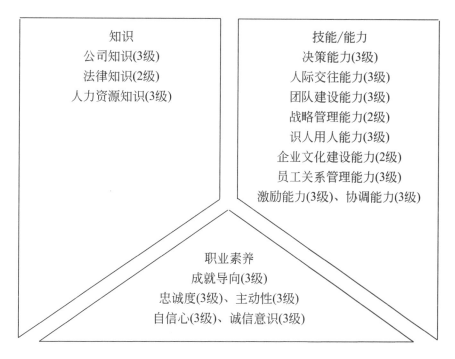

图3-14 人力资源经理胜任素质模型

第4章 招聘与录用

4.1 招聘计划编制

4.1.1 确定人员需求

企业各职能部门经理根据自己所在部门用人需求情况填写"招聘申请表",并报主管经理、总经理批准后交人力资源部,由人力资源部汇总后编制企业人力资源需求计划。

人力资源部收到某一部门的"招聘申请表"后,首先应核查该部门人力资源配置情况,以及企业现有人才储备状况,以决定是否通过内部调动来满足人员需求。

若内部调动不能满足岗位空缺需求,人力资源部应将企业总的人员补充计划上报总经理,经总经理批准后由人力资源部进行外部招聘。

4.1.2 制订招聘计划

(1)确定招聘时间

招聘时间的选择对企业招聘成本有很大的影响,并且也会极大地影响招聘的质量和效果。因此,企业实施招聘前,要做好时间上的具体安排。

对于招聘时间的选择,企业除了要结合实际的人力资源需求状况外,还要注意人才供应的高峰期时机以及招聘所花费的时间。

(2)选择合适的招聘渠道

招聘工作的效果在很大程度上取决于有多少合格的应聘者前来应聘,来应聘的人越多,企业选择到合适人才的可能性就越大,因此招聘渠道的选择就变得非常重要。招聘渠道的选择决定了招聘对象的来源、范围、整体质量、数量等。

从人员的来源分,招聘渠道分为内部招聘和外部招聘,二者各自又可细分为多种招聘方式。人力资源部应根据招聘职位的具体情况(人员的任职资格条件、工作要求和招聘数量等),同时结合人才市场情况,选择合适的招聘渠道。下面给出了3点意见。

① 大规模招聘多岗位时可通过大型的人才市场招聘。

② 招聘人员不多且岗位要求不高时,可通过内部发布招聘信息,或参加一般的人才市场招聘会。

③ 招聘高级人才时,可通过网络招聘或通过猎头公司推荐。

(3)准备招聘需要的材料

人力资源部应根据招聘需求准备以下材料。

① 招聘信息,包括企业的基本情况、招聘岗位、应聘人员的基本条件、企业的联系方式、应聘时间和地点、应聘时需携带的证件和材料,以及其他注意事项。

② 企业宣传资料，如介绍企业的小册子、影像资料、有声资料等。

③ 各种招聘工具表，如"应聘人员登记表""员工应聘表"等。

（4）确定招聘经费

招聘经费是企业招聘工作顺利实施的保障，因此人力资源部要根据企业人员的需求情况，提前做好招聘经费预算，防止因经费不足而影响招聘工作的顺利进行。

（5）编制招聘计划表

确定了招聘时间、招聘经费等事项后，人力资源部就要编制招聘计划表，以作为招聘工作实施的指导，具体示例如表4-1所示。

表4-1 招聘计划表

企业名称				填表日期	年 月 日	
招聘办法	① 通过网络发布招聘信息，发布时间10月15日—12月1日 ② 参加10月15日、11月15和12月1日三场大型人才招聘会					
招聘职位	招聘人数	学历及专业要求	招聘时间	招聘经费预算		备注
高级工程师	1	本科及以上学历，具备产品制造和技术管理相关专业知识	11月10日—12月5日	人工成本费：1 200元 差旅费：200元 招聘广告费：300元 办公费用：200元		
财务经理	1	本科及以上学历，具备财务管理、金融等相关专业知识				
行政经理	1	本科及以上学历，具备行政管理、人力资源管理等相关专业知识	10月15日—11月初			
薪酬福利专员	1	本科及以上学历，具备人力资源相关专业知识				
办公室文员	2	专科及以上学历，具备人力资源管理、企业管理等相关专业知识	10月20日—10月25日			
后勤人员	4	中专及以上学历				
审核人		总经理签字				

4.2 招聘渠道选择

4.2.1 网络招聘

网络招聘是企业通过互联网发布招聘信息，吸引潜在的应聘者发送应聘申请、简历，并对应聘者进行筛选的一系列活动。招聘网站、求职用户、招聘企业构成了网络招聘的三大主体。

通过网络招聘，企业可以定时定向发布招聘信息，发布后也可自行管理，企业通过招聘网站提供的过滤功能可以加快简历处理的速度。

（1）网络招聘的类型

结合目前实际，企业主要采用如下3种方式进行网络招聘：一是企业在自己的网站上发布招聘信息，搭建招聘系统平台；二是与专业网站合作，通过专业网站发布招聘信息；三是通过相关专业论坛、博客、QQ群发布招聘信息。这三种网络招聘方式的适用范围及优缺点如表4-2所示。

表4-2 网络招聘方式分析

方式	适用范围	优点	缺点
企业网站	企业网站访问量较高时效果会更佳	成本低、节省时间与人力	受网站访问量大小的影响
招聘网站	如果招聘职位的专业性较强，如建筑设计等职位，则可以选择一些专业性的网站；一般职位则可以选择一些综合性的网站	受众面广、信息发布后管理方便	简历筛选量大
相关论坛、博客、QQ群	适合一些专业技术人员的招聘，如平面设计人员，可以通过平面设计QQ群来发布招聘信息，也可通过一些专业的论坛来发布招聘信息	人群针对性强	需要拥有较强的信息辨别能力

（2）网络招聘的实施

网络招聘的实施程序与其他招聘方式并没有太大的不同，基本也分为提交招聘需求、制订招聘计划、发布并收集招聘信息、筛选简历并发布面试通知、面试考核及做出录用决策这几个阶段。

其中，在"发布并收集招聘信息"这一环节，需要注意如下两个方面的问题。

① 登录招聘网站发布岗位信息，注意填清岗位的名称、类型、发布时间和截止时间等信息。

② 企业在招聘期间应定期刷新简历，进行简历收集。

4.2.2 内部推荐

内部推荐即由内部员工进行的推荐，一般适用于基础人员或普通操作岗位人员的招聘，也是企业常用的一种有效招聘渠道。

（1）内部推荐的优势

内部推荐主要具有以下两大优势。

① 推荐人员对企业招聘岗位要求和候选人条件具有一定了解，在推荐之前他们会进行一次筛选，能够有效提高录取比率。

② 被推荐者可通过推荐人员对企业及招聘岗位情况有一个基本的了解，以降低被推荐者应聘的盲目性。

（2）内部推荐程序

① 确定人员需求。企业人力资源部要定期对企业内部人员进行分析，确定岗位空缺人数和任职要求。

② 公布招聘信息。企业人力资源部将空缺岗位信息在企业内部进行公示。

③ 设定推荐人资格。明确企业内部哪些员工可向人力资源部推荐候选人，以保证推荐人员质量。

④ 推荐人填写相关表格。推荐人到人力资源部领取"人才推荐表"，并将填好的表格交给人力资源部。

⑤ 完成笔试面试工作，做出录用决策。人力资源部定期汇总"人才推荐表"，完成资格审核、笔试、面试工作，并最终做出录用与否的决定。

4.2.3 人才市场

人才市场招聘会一般分为两类：专场招聘会和非专场招聘会。人才市场招聘会能使企业在短时间内集中掌握众多应聘者的信息，且供需双方直接见面，有利于双方的直接沟通，也有利于企业进行形象宣传，因此这种方法在实际招聘工作中运用较多。

（1）选择合适的人才市场招聘会

当企业需要对外招聘时，面对各种各样的人才市场招聘会，如何选择合适的招聘会为企业招聘到所需的人才呢？可以从以下4个方面来选择参加合适的招聘会。

① 明确企业所需招聘人员的类型。不同类型的招聘会所面对的招聘对象是不同的，企业应事先了解招聘会面对的群体和对象，从而推断这些人员中是否有企业需要招聘人员的类型。

② 了解招聘会的档次。需了解此次招聘会的规模如何、有哪些企业参加、举办地点在哪里、与本企业所需要的档次是否相符等。

③ 了解招聘会的举办单位。可通过了解招聘会的举办单位明确该招聘会的影响力如何、参加招聘会的人员规模和参展企业的整体情况。

④ 了解招聘会的宣传。注意该招聘会是否在媒体上做了宣传、是否和其他的招聘会时间上发生冲突、是否有竞争对手参展等情况，这些将在很大程度上影响招聘的效果。

（2）参会前做好准备工作

① 布置一个较具吸引力的展位。招聘会上参展单位众多，要想吸引众多的应聘者，除了招聘内容外，展位的设计也是很关键的一个环节。如有条件，可以选择较好的位置和较大的空间，并辅以专业人士的设计。

② 相关设备的准备。相关设备主要指招聘会上需要用到的电视、音像、电脑等用于企业宣传的设备。

③ 相关材料的准备。相关材料主要包括企业的宣传资料、应聘人员登记表、纸笔等。

④ 招聘人员的准备。招聘人员要对应聘者在招聘会上可能提出的问题有较充分的准备，且招聘人员回答的口径要一致；招聘人员的数量合理且做到分工明确、着装得体。

⑤ 与有关组织的沟通协调。企业在参加招聘会之前，需事先和有关组织如招聘会的举办单位、相关负责单位等进行前期的沟通，以便于招聘工作顺利有序地进行。

（3）参会中做好参展工作

在招聘会上，招聘人员应提前入场，准备好相关事宜；同时注意自己的形象，保持良好的工作状态、耐心礼貌地回答应聘者的提问。

（4）参会结束后做好招聘善后工作

招聘会结束后，企业应及时筛选简历，快速地通知合格的应聘者参加下一轮的考核环节，对不合适的应聘者也应给予礼貌的回复。

4.2.4 校园招聘

企业的发展离不开优秀人才的加盟，高校是人才培养的集中地，且具有极大的提升潜力。因此，现在许多企业如宝洁、联想等国际知名企业几乎每年都会进行规模庞大的校园招聘为企业网罗人才。

（1）校园招聘计划的确定

各用人部门发出针对年度毕业生的招聘需求，具体由部门负责人提出，需报用人部门分管领导审批。人力资源部在汇总企业各部门的招聘需求后，再根据实际需求及实际情况实施统一招聘。

（2）制订校园招聘方案

校园招聘计划经企业领导审批后，由人力资源部牵头制订校园招聘方案，其内容包括院系选择、落实院校联系人等方面。

年度校园招聘方案范本如表4-3所示。

表4-3 ××企业年度校园招聘方案

目的及意义	招聘一批具有专业知识技术的人才，一方面可以充实企业的专业人才队伍；另一方面也是企业管理者和技术人才的重要后备力量			
校园招聘小组	招聘小组负责人：		招聘小组成员：	
基本要求	优秀的团队合作精神、务实的工作态度、较强的创新能力			
招聘时间安排	任务	进度要求	主责部门（责任人）	
	校园招聘前期准备			
	招聘工作实施			
	招聘工作总结与反馈			
院校	招聘职位	人数	专业、学历要求	备注

续表

费用预算	费用项目	金额	备注
	差旅费		
	资料费		
	……	……	……

（3）校园招聘准备

进行校园招聘时，需做好充分的准备工作。校园招聘前期的准备工作包括以下5个方面的内容，具体内容如表4-4所示。

表4-4 校园招聘前期的准备工作

准备工作	工作事宜
信息了解	了解国家对大学生在就业方面的相关政策
相关资料的准备	包括企业的宣传资料、面试评估表等
选择招聘的学校及专业	选择重点院校、211院校、专业类院校还是综合性大学？院校的哪些专业比较强，学生质量比较好？对此，要做出分析和选择
招聘人员的确定	招聘人员一般由人力资源部人员、用人部门的人员、了解学校的人员三部分组成
互动环节	对学生感兴趣的问题做好相应的准备，并且招聘小组成员回答口径要一致

（4）校园招聘实施

校园招聘现场主要工作事项包括企业宣讲、收集简历等环节，具体内容如表4-5所示。

表4-5 校园招聘现场工作环节

工作环节	工作内容
企业宣讲	◎企业通过播放宣传片、PPT或者企业宣传视频等方式，重点突出企业的核心优势，达到吸引毕业生的目的
收集简历	◎宣讲会结束后，要安排专人现场答疑，并收集简历 ◎若学生资料不齐全，需提醒学生在下一轮笔试或面试时带齐 ◎在时间、场地允许的情况下，可在现场安排学生填写职位申请表，并组织笔试

（5）校园招聘人才甄选

简历收集完毕后，企业需对这些简历进行筛选与考核。

对于初步筛选的符合条件的简历，人力资源部应通知应聘者参加下一轮的考核。考核一般分为笔试与面试两种：笔试，对于技术类及其他相关岗位，可通过笔试的方式筛选专业基础扎实的人员；面试是招聘中一种重要的考核方法，校园招聘中典型的面试题如表4-6所示。

表 4-6　校园招聘面试题

1. 业余时间比较喜欢阅读哪方面的书报杂志？
2. 大学期间你参加过哪些活动？请简要介绍一下。
3. 请谈谈学习、生活当中你印象最深刻的一件事情。
4. 说说你做过的最满意的一件事情。
5. 专业类问题：与求职专业相关的问题。
6. 你希望与什么样的上级共事？
7. 在大学四年中难免与人发生摩擦，请问你是如何解决的？
8. 你的朋友、同学是如何评价你的？
9. 简要介绍你佩服的一个人，他有什么性格特征？
10. 如果你应聘成功，未来 3～5 年的规划是怎样的？

（6）做好校园招聘的后续工作

在进行完校园招聘后，企业还应做好校园招聘的后续工作，具体内容如表 4-7 所示。

表 4-7　校园招聘的后续工作

后续工作	工作事宜
发放录用通知	根据确定的录用名单，向被录用人员发出录用通知
与被录用人员保持联系	由人力资源部指派一名工作人员定期或不定期地与被录用人员保持沟通和联系
评估与总结	对校园招聘工作进行评估与总结，分析其不足与可取之处，为下次的校园招聘工作提出改进建议

4.2.5　猎头招聘

猎头招聘是指通过猎头公司来实施人员招聘。猎头公司是通过专业人士为企业提供招聘服务的机构。它们针对的是企业急需的高级管理人才和高级专业人才，如总经理、市场总监等。

通过猎头公司招聘，可以确保招聘的质量，还可以帮助企业减少招聘的时间。但企业需要向猎头公司支付一定的服务费用。

（1）猎头招聘实施流程

采用这一方法进行人员招聘，也有一套实施程序，具体内容如图 4-1 所示。

（2）选择猎头公司

为提高猎头招聘效率，企业在选择猎头公司时，需要注意以下事项。

① 查看猎头公司是否具备开展人才服务的资质。猎头公司是否具备开展人才服务的资质，只要查看营业执照就可以辨别。

② 查看猎头公司是否具有专业、规范的操作流程。猎头是一项比较辛苦的工作，从人员搜寻到推荐成功有着繁杂的程序，只有猎头公司具备专业、规范的操作流程，才能确保其能自始至终完成整个招聘流程。

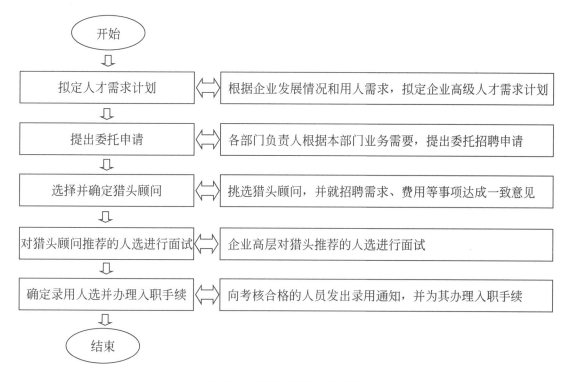

图4-1 猎头招聘实施流程

③ 查看猎头公司是否在行业中具有竞争优势。通常情况下，猎头公司具有的竞争优势包括专注行业优势、拥有人才数量优势等。

④ 考察猎头公司是否能做到诚信和保密。诚信和保守秘密是猎头行业最基本的行业准则，也是猎头从业人员最起码的职业道德。猎头的保密表现主要体现在两个方面：保守企业秘密和保守被猎人才秘密。

⑤ 考察猎头顾问是否有经验和能力。猎头顾问是猎头招聘的实践者，猎头公司的相关情况从整体上影响其人才数量和素质，而猎头顾问的能力和经验则会直接影响招聘的效果。

一名优秀猎头顾问应具有以下特征：能够准确理解职位的需求、能够熟练使用各种网络工具并迅速找到人才线索、善于沟通和表达、有很强的人选甄别能力、有资深的人力资源背景和良好的教育、有过良好的成功案例和工作业绩。

⑥ 查看猎头公司与客户合作条款是否公正。猎头公司与客户合作的条款应该是公平公正的，既要保护客户的利益，也要保护猎头公司自身的利益。合作条款重要的内容就是服务费用问题，企业要慎重选择那些不需要首付、不需要定金的猎头公司。

⑦ 查看猎头公司提供服务是否单项收费。猎头公司是为用人企业提供人才服务的，为体现公平原则，正规的猎头公司是不向人才收费的。如果一家猎头公司同时对企业和人才双向收费，那么该家猎头公司的规范性就值得怀疑，企业招聘人员应慎重选择。

⑧ 查看猎头公司是否存在盲目承诺现象。猎头公司是否会对委托的项目盲目承诺，也是需要考虑的重要因素。即便是最出色的猎头公司也不可能对每个猎头职位有100%的把握。出于对自己和客户负责的考虑，追求高质量的猎头公司不是有单必接，而是只接受成功率较高的单子。

⑨ 查看猎头公司人员是否具有稳定性。猎头公司是典型的人力资本企业，核心竞争优势就是有经验和专业知识的猎头顾问，一家经营稳健、管理规范、客户认可度高的猎头公司的人员稳定性和凝聚力是比较高的。企业可以通过要求猎头公司提供人力资源报告，也可以通过询问他人的方式了解猎头公司的人员稳定性。

(3) 签订招聘协议

企业在与猎头公司合作时，一定要在事前对容易发生争议的问题达成共识，避免争端的发生。因此，企业在与猎头公司签订协议时需注意如下事项。

① 慎重选择优秀的顾问。猎头行业是典型的专业服务行业，其服务的效果最终取决于猎头顾问的专业水平和职业操守。因此，企业在与猎头公司合作前，要对猎头顾问进行详细了解，明确其工作能力和态度，并判断其是否有能力胜任该项委托招聘工作。

② 规范猎头委托招聘协议。企业在与猎头公司签订委托招聘协议前，应在协议中对一些重要事项作出明确的规定，详情如表4-8所示。

表4-8 委托招聘协议明确事项

协议项目	相关说明
确定费用水平、支付方式、支付手段	◎双方要确定是按照年薪比例支付费用还是协商达成固定金额的服务费用 ◎明确支付方式，如预付款、分阶段支付等 ◎明确支付手段，主要是指企业采用现金支付、银行支付还是其他方式支付
明确试用期保证事项	◎需在协议中规定，当试用期候选人离职（包括主动和被动）时，需在多长时间提供几名替代候选人，并且要明确职位关闭日期 ◎企业要与猎头公司约定，试用期候选人离职，如果不能够提供替代候选人的退款事宜
明确雇佣期限保证事项	◎企业应该根据行业及企业业务情况规定时期。在有效期内，该猎头公司不对企业现有员工提供就业信息，不招募或为其他企业招募企业现有员工，并不得搜集或提供企业现有员工的资料给第三方 ◎对于候选人在企业雇佣期间，需要明确规定猎头公司不再将候选人推荐给其他企业，否则将支付一定的赔偿金额

(4) 落实招聘协议

在签订招聘协议后，招聘人员要保持与猎头公司的沟通，同时做好对猎头公司的监控工作，主动、积极地了解招聘工作的进度、人选质量、人才到位的时间。

猎头公司根据企业招聘要求寻找人选，最后出具一份候选人的推荐报告，以便企业对候选人进行考核。猎头推荐报告涵盖的基本内容主要包括客户需求分析、候选人匹配度分析、候选人的教育背景和职业经历调查说明、候选人的优劣势分析、候选人性格分析、候选人工作意向说明、部分测评辅助分析以及猎头推荐评语等。

4.2.6 社交招聘

随着互联网技术的发展，通过社交平台进行招聘已成为一种新的企业招聘方式。在我国，很多社交平台正在积极尝试社交招聘，如微信、社群等。

4.2.6.1 微信招聘

微信是一种社交工具，兼有QQ与短信的功能。微信招聘则是指使用微信平台作为招聘渠道，应用微信的功能属性完成招聘信息发布、对潜在应聘者在线管理等工作，同时，还可以利用微信宣传本企业的品牌和形象。

（1）微信招聘的实施步骤

① 申请企业微信公众号并进行认证。企业通过申请微信公众账号开展招聘工作的具体流程说明如下。

a. 先找到微信公众号的申请地址，网上搜索微信公众账号申请，一定要认准官方地址，可以直接输入"https://mp.weixin.qq.com/"。

b. 打开微信公众平台，先注册一个新账号，单击"立即注册"。这一步要填写注册信息，然后在"我同意并遵守"前打"√"，再单击"注册"。

c. 登录所填写的邮箱去确认邮件，会收到一封激活邮件，单击链接激活即可。

d. 进行信息登记：先选择"企业认证"，再根据要求填写认证信息，上传页面中所罗列的各类企业资料的照片或扫描件。企业微信公众平台申请需要提供两类资料：一是企业资料；二是公众平台运营者资料。信息登记完单击"继续"进入下一步。

e. 根据企业情况选择公众账号类型，然后再次单击"确认"。

f. 填写好公众账号名称和功能介绍后，单击"完成"。整个操作流程就完成了，接下来须等待审核，审核时间大概是7个工作日。

g. 审核通过后，微信公众账号即可正式进行运营。当订阅者超过500人可以申请关联腾讯或新浪认证账号实现公众账号认证。

② 将企业招聘信息与微信公众号绑定对接。招聘人员在微信后台根据需求添加自定义表单，微信公众号支持添加3个一级主表单，每个主表单下面支持添加5个子表单。将企业招聘信息页面链接添加至微信招聘相对应表单栏目中，可先多测试几次，确保页面能正常打开。同时还可以设置添加自动回复，当有应聘者发送信息的时候无须人工操作就可以自动回复预先设置好的内容，内容包括文字、音频、视频、图片、图文消息。

③ 推广招聘信息。将企业微信公众号二维码放在潜在应聘者可能出现的地方，比如微信朋友圈、微博、企业官网、企业宣传册上等，吸引其关注。定期更新发布职位信息、企业文化和福利等信息，吸引潜在应聘者投递职位，增加企业关注度。

（2）微信招聘的实施技巧

上面主要介绍了企业在运用微信招聘时的具体实施步骤，而微信平台的运营与推广还需要掌握一些方法和技巧，下面提供7点建议。

① 微信号的设定+公众账号名称的设定，其关键词，要在搜索结果列表中更容易被找到。

② 需对对方关注的问题给予及时有效的回复。

③ 利用关键词自动回复规则，来引导和输出应聘者想要的内容。

④ 可以在推送的内容里设定用户单击应聘邮箱即启动新建邮件功能，方便应聘者及时投递简历。

⑤ 设置链接直接连接跳转到企业官网，这需要人力资源部事先确认官方招聘主页界面的友好性，最好是可以切换成手机浏览状态。

⑥ 微信公众账号的粉丝数量达到一定的规模后，可再策划一些阶段性的活动，配合其

他招聘渠道会更有效。

⑦ 每个具体发出去的招聘信息中，在页脚可以做一些细致的处理：如留下链接或二维码，并注明期待浏览者将本条信息分享或者转发到群聊、朋友圈以及微博等信息。

4.2.6.2 社群招聘

社群招聘是伴随网络普及、网络市场日益细分而产生的一种新型招聘渠道。企业可通过行业、专业网站及特定人群组织的网络社区（如BBS/论坛、贴吧、公告栏、群组讨论等）发布招聘信息，吸引应聘者应聘。

(1) 社群招聘的实施步骤

① 创建、维护企业社交ID。社交ID是企业在网络社区中和其他用户互动的身份。企业应有针对性地选择一些行业知名的、活跃度高的网络社区，创建自己的ID账号，并建立企业档案和群组。前期应先进行一系列运营和推广活动，在社区中生动、持续地展现企业形象和雇主品牌，形成有一定影响力的"圈子"，以此拓展企业的知名度和影响力，打造出一个吸引人才的"基地"，保证招聘的效果。

② 发布招聘信息。当企业ID账号的关注度得到提高，粉丝数量达到一定规模时，企业发布招聘信息才会得到快速响应和传播。企业发布招聘信息时，对于岗位的描述要明确，不要模棱两可。

③ 建立规范的面试流程。招聘人员在面对应聘者投递的简历时，应在第一时间按照筛选条件进行初选，筛选合格后，通过电话进一步沟通，在电话中除了核对应聘者简历信息外，招聘人员还可就岗位相关信息向应聘者做出说明、了解对方的期望值、回答应聘者的提问等，以便企业和应聘者互相了解，合适的话可以约定面试时间。

由于网络社区无地域限制，应允许应聘者在社区群里与企业招聘工作人员进行在线问答与即时聊天，快速互动，异地的应聘者可以利用互联网完成视频面试，提高面试工作的效率。

④ 构建精准、高效的社群招聘体系。社群招聘并不是招聘的全部，只是企业实现高效招聘的工具之一，还需要与人才甄选、测评等其他措施相匹配，才能保证招聘到合适的员工。

(2) 社群招聘的优势

① 真实、全面地了解应聘者信息。企业对于应聘者的了解不再局限于投递的简历层面，企业可以通过应聘者社群中的"人脉圈"，对其职业经历和能力进行佐证。

② 相对于传统的招聘渠道，通过社群实现的对接，其成功率更高，尤其是在招聘会计师、商业、IT等上网非常活跃的专业人士时将发挥巨大作用。

③ 招聘信息传播速度更快。社交网络四通发达，用户庞大，招聘信息一经转发，可以得到迅速转播，潜在应聘者也可轻松获取企业的招聘信息，方便企业快速招到所需人才。

④ 实现招聘者和应聘者的实时双向互动。与传统招聘方式相比，社群招聘能够达成更加快捷、高效、低成本的双方实时互动。

⑤ 节约成本。社交网络中的功能大多是免费的，故而在这样的网络平台上发布一则招聘信息比参加招聘会更加节省成本。

(3) 社群招聘的局限

① 网络信息良莠不齐。个别社群中存在传播企业负面信息的情况，应聘者容易受其舆

论的影响，从而破坏了企业在应聘者心中的形象。

② 影响员工工作效率。社交网络的入侵可能对员工的工作带来负面影响，降低工作效率，比如在社群招聘、与应聘者聊天互动时，会存在沉迷社交网络而忽略本职工作的可能。

③ 招聘与应聘者双方的信息不能精准匹配。社群用户对建立实名制、个人档案信息还存在疑虑，给企业和应聘者双方的信息精准匹配造成了困难。

④ 简单复制他人的模式，缺乏创新。目前一些企业对于社群招聘的理解不足，便在市场上照搬照抄他人的一些招聘模式，已经出现了严重的同质化倾向，缺乏自身特色。

4.2.6.3 其他社交平台招聘

除了上面提到的微信招聘、社群招聘，还有其他一些做得很成功的社交招聘平台。下面列举其中的两例予以介绍。

（1）领英

领英（LinkedIn）创建于2002年，网站于2003年5月5日正式上线，是全球最大的职业社交网站。领英致力于向全球职场人士提供沟通平台，帮助他们获得更多的发展机会。

① 招聘信息发布流程。

a. 通过linkedin.com登录个人页面，点击右上角"企业招聘账号"字样按钮。

b. 确保点击"企业招聘账号"后出现的页面有自己企业的合约。

c. 进入企业招聘账号，在"职位"的按钮下点击"发布职位"即可进入职位发布的界面。

d. 在职位发布界面输入"招聘企业""职位头衔""所在地区"后，系统会给出一个在领英上符合条件的人数预估，点击"继续"可进行详细职位编辑。

e. 如需查看职位申请人，可以登录企业招聘账号，并把鼠标移动到页面上方的"职位"，在下拉菜单中点击"管理职位"，选中需要查看的职位，再点击"申请者"，就可以通过领英筛选条件快速查看简历。

② 领英的优势。

a. 提供全球化的平台。选择领英作为招聘平台时，不仅可以帮企业客户招聘到本土人才，还可以帮助招人企业把海外优秀的人才吸引到国内来，同时也能帮助企业走向世界成为跨国企业。

b. 拥有更强的用户黏性和生命力。用户可以通过领英建立的人脉交际圈，拓展人脉，并且通过平台互相分享的专业知识和职场经验，提升自身的职业技能。

c. 价值多元，更有发展前景。领英的商业模式是为用户搭建一个职业社交平台，然后在这个平台上创建不同的应用。对领英而言，招聘只是一部分业务，未来还可以推出其他的应用，为用户创造出更多的价值和空间。

（2）新浪微博

新浪微博是一个由新浪网推出，提供微型博客服务类的社交网站。微博的主要作用是第一时间展现企业招聘动态，并能与应聘者及时互动。微博有利于展现细节，让网友更真实地体会到企业文化和企业特色。

目前的微博招聘主要可分两大类。

① 利用微博的搜索功能和认证功能主动寻找人才。进入"找人"入口，在"高级搜索"选项中会得到一个搜索界面。招聘人员可用"标签""企业"等信息搜索潜在的候选

人。例如，在搜索条件中输入"运营总监"，可搜索出上百位用户，他们中多数是某企业的总监、经理等。

搜索出人才后，可进入其主页查看个人资料、关注/粉丝、相册、过往发言、教育经历、所在单位等信息，也可在"关注"或直接向候选人发"私信"，与候选人建立联系。

② 企业开通官方微博或招聘微博账号，进行企业形象营销，吸引用户关注。目前，在新浪开通招聘微博的企业数不胜数，如"阿里巴巴招聘官方微博""Google中国校园招聘""百度招聘"等招聘微博，都吸引了数万粉丝的关注。例如，微博上曾有一则关于阿里巴巴集团"#阿里实习生招聘#"的话题，得到了微博用户近百万次的阅读量。

4.3 信息发布与简历筛选

4.3.1 信息发布

如果是通过校园招聘、人才市场等方式实施招聘，企业只需将写好的招聘文案张贴于招聘现场即可。所以，下面我们着重讲述通过网络平台发布职位招聘信息的相关事项。

（1）招聘信息编写

招聘信息一般包含企业简介、招聘职位说明及联系方式三方面的内容。

① 企业简介。招聘信息中关于企业的介绍要简明扼要，尽量不要长篇大论。人力资源管理人员在编写企业简介时，应充分分析企业简介的特点与编写要求，按照合理的步骤进行编写，具体编写步骤如下。

a. 正确选择企业简介的形式。不同规模的企业会选用不同的形式来编写企业简介；把企业简介当成一个对外展示企业形象的窗口，同时也要满足企业人员招聘活动的需求；根据人员招募不同场合的需要设计不同形式的企业简介。

b. 收集整理企业的相关资料。相关资料主要有备忘录、大事记等。

c. 确定企业简介的基本内容。企业简介的基本内容主要包括企业名称、服务领域、经营产品、发展经历、经营规模、企业理念、发展目标等。

d. 企业简介的制作。企业简介的制作主要包括内容制作、版式设计、材质设计等。

② 招聘职位说明。招聘职位说明是招聘信息中的重中之重，招聘职位说明编写是否规范、专业，直接决定着招聘信息编写的质量。招聘信息中的职位说明一般包括职位名称、所属部门、任职资格、岗位职责、工作地点、薪酬福利等内容。其中岗位职责描述和任职资格是核心内容。

a. 岗位职责描述，主要描述的是该职位的职责范围及工作内容。

b. 任职资格，主要从受教育程度、知识水平、工作能力和专业技能、工作经验等方面来编写。

③ 联系方式。招聘信息发布的目的就是吸引应聘者提出求职申请，从而选拔出符合企业要求的人才，因此在招聘信息的最后环节，应注明招聘联系人及联系方式，便于应聘者进行求职申请。

联系方式一般包括企业的具体住址、网址、联系电话、电子邮件地址等内容。

（2）招聘信息的发布

人力资源部在选择好网络平台后，将企业需招聘的职位按照网站的固定模式进行发布。

一般来说，招聘人员需要在"新增职位"或"发布新职位"等位置，根据网站提示来填写职位信息。

① 发布职位基本信息。招聘人员应根据招聘的需要准确填写职位信息，填写的内容分为必填选项和选填选项。

② 进行"职位描述"的填写。职位描述一般包括岗位职责描述和任职资格描述。招聘人员在职位关键词中输入最能代表职位特点的关键词后，填写中、英文职位描述。

③ 简历接收设置。简历接收设置包括接收简历的邮箱设置、接收简历回复信息设置等。选择"自动回复"选项，应聘者即可在简历投递成功后收到自动回复，如"您好！您的求职简历已收到，我们会尽快进行测评，之后再与您联系。"

（3）招聘网站刷新管理

选择适宜的时间对招聘信息进行刷新，便于应聘者查询职位信息，增加职位被搜索的概率。因此，招聘人员应充分利用招聘网站的刷新功能，以达到更好的招聘效果。

4.3.2 简历筛选

（1）收集简历

① 主动投递简历信息收集。通常情况下，企业会收到两种渠道的投递简历，一种是应聘者发给企业邮箱的简历或是根据招聘网站的设置填写的电子简历；一种是应聘者打印出来的纸质简历。无论是哪种简历，企业都应该做好相应的信息收集工作。

a. 纸质版简历信息收集。收集纸质版简历信息时，招聘人员应先将整个招聘时间段内收集到的所有简历堆放在一起，然后按照岗位对各简历进行分类，最后再根据关键词进行收集。

如果按照"教育经历"这项内容进行简历收集，企业就可以将具有相同学历层次的简历分为一类，并按优劣进行排序。

如果按照"工作经历"这项内容进行简历收集，企业应该按照岗位要求对简历进行收集。如招收市场专员，可以将有"市场宣传经验""市场活动策划经验""促销活动管理经验"等方面的简历进行收集；如企业招收招聘专员，可以首先收集有"招聘工作经验""从事过招聘工作"的简历。

b. 电子版简历信息收集。对于电子版简历，企业招聘人员应根据企业具体招聘岗位要求等对简历进行有目的的查看。如企业招聘"市场专员"，企业就应挑选求职"市场专员"岗位或与该岗位相近的职位进行下载，然后查看所挑选出的简历的"工作经历""教育经历""个人鉴定"等信息，并对根据这些项目确定的简历进行有序收集。

在挑选简历的过程中，招聘人员将挑选出的适合企业岗位的简历进行暂存，最好在电脑中新建一个文件夹进行存储。查看完所有的电子版简历后，招聘人员应将电子版简历进行整理，删除那些无用简历，将剩余简历进行打印装订，并与纸质版简历放置在一起。

② 系统匹配简历信息收集。系统简历匹配通常是指企业招聘人员在招聘网站上输入招聘岗位名称，搜索与招聘岗位一致或相近的求职简历。

在使用系统匹配度收集简历信息时，招聘人员应注意以下工作事项。

a. 在收集简历前，应对招聘网站的简历库进行更新，以最大限度地收集应聘者的简历。

b. 在收集简历时，可以采用"关键词"法进行搜索，如收集"行政主管"相关的简历可以按"行政管理""行政专员""行政主管"等关键词进行搜索。

c. 根据招聘岗位要求及特点设置简历收集关键词，如根据"招聘岗位名称""工作经历""教育背景""自我评价"等关键词进行全面搜索。

d. 根据简历收集的情况设置系统匹配度，即如果搜集的简历份数很多，可将匹配度设置为80%；如果搜集的简历份数很少，则要对匹配度进行调整。

熟悉以上注意事项后，招聘人员就可以根据系统匹配度收集应聘者简历，对其进行导出或下载并打印出来，贴上"面试"标签，就可以通知应聘者面试了。

（2）筛选简历

① 简历筛选与匹配度。

a. 查看简历结构。通过查看简历的整体结构，招聘人员可大致判断出应聘者的状况。如果求职简历的结构不完整，说明应聘者对这份工作的期待并没有那么高，属于"骑驴看马"类型的应聘者，可直接将其简历剔除；如果应聘者在简历的开头就标明"×××应聘×××岗位"，并在简历中详细说明了近期工作经历情况，招聘人员就可以先了解应聘者工作过的单位及工作时限，然后粗略判断出该应聘者的职业发展概况和稳定性。

b. 根据岗位要求划出"硬性指标"。"硬性指标"指的是应聘者应聘岗位时的"必备条件"，如"年龄""学历""毕业院校""工作年限""曾任职务"等都可以作为招聘的硬性指标。

招聘人员应着重查看简历上的所有硬性指标内容，并与事先确定的硬性指标要求或标准对比，符合硬性指标的简历视为合格简历，可以留待观察；对于不符合要求或信息填写不完整的简历，招聘人员可直接将其予以淘汰。

c. 在"工作经历"中进行筛选。招聘人员主要查看工作内容的对口性、工作时间长短以及职位与工作内容的匹配程度。

d. 在"专业技能"一项处进行选择。专业技能指的是应聘者头衔、职位以及其他的相关资料。无论是为企业挑选储备人才，还是为企业招募合适的员工，专业技能都是招聘人员必看的内容。

在查看"专业技能"相关内容时，招聘人员应与用人部门共同研究应聘者与招聘岗位的匹配度，以提高合格员工的录用率。

例如，平面广告设计岗位招聘员工时，招聘人员应先了解应聘者是否会使用Photoshop、InDesign、Freehand、Illustrator、PageMaker、CorelDraw等设计软件。

e. 应聘者对工作的配合程度分析。配合程度指的是应聘者能在多大程度上配合上级主管的工作，以及他对待工作的紧迫感和采取行动的可能性等。

对于应聘者配合程度的研讨，招聘人员可以从应聘者工作的时间期限、对变化的恐惧程度、拒绝聘用的可能性，以及基本规则的接受能力等方面进行分析。

用人部门会要求新员工能很好地配合部门的各项工作，为此，在开展这部分工作时，招聘人员要进行全面分析。

f. 应聘者职业发展趋势及稳定性预测。招聘人员根据应聘者的工作经历描述判断应聘者的工作稳定性和职业发展趋势，进而决定是否邀请应聘者进行面谈。招聘人员可从跳槽频率、工作间距长短以及曾任职位的行业跨度来判断应聘者的工作稳定性和职业发展趋势。

如果同一企业工作时间不超过一年，且此种情况频繁发生，则其工作的稳定性比较差，不适合录用；如果简历描述中的"工作时间"中出现较长的空档期，则需进行标注，在面试时重点关注，确定应聘者出现较长空档期的原因；如果简历上行业跨度大，且不具有相关性，则可以看出此人职业定位模糊，不宜录用。

② 电话筛选简历。简历初步筛选工作结束后，招聘人员可以通过"电话筛选"方式对应聘者的简历进行进一步的筛选。

a. 确认应聘者。在拨通电话后，应先确认对方是否是要联系的应聘者，如"您好，请问您是×××吗？"。如果接听电话的人是应聘者，招聘人员可开展下一步工作，如不是，请其转告应聘者。

b. 自我介绍。与应聘者联系时，招聘人员可直接告知对方本企业名称并表明意图，询问其是否方便交流，且是否还有求职意向等。若对方认可则继续；若对方不方便接听，则询问其比较方便的时间再与其联系。

c. 工作经历确认。首先确认应聘者目前是否就职于简历上的最新工作单位，若已经更换单位，则确认原就职企业离职时间和新企业名称和工作内容；若应聘者目前就职于简历上的最新就职企业，招聘人员应继续确认其主要工作内容、就职企业信息、工作经历信息等；若应聘者已经与原就职企业终止劳动关系，且目前处于待业状态，则重点询问其离职的真正原因和动机等。

d. 教育背景确认。向应聘者确认各学习阶段时间是否连续，且是否符合常规，对于不符合常规的学习阶段要重点予以确认；确认应聘者是否有学历、学位证书。

e. 证书及技能确认。在询问应聘者是否获得外语等级证书时，一般可以询问一下目前的外语（英语、日语、韩语、俄语等）的听、说、写水平如何，必要时可予以测试；对于一些有计算机技能要求的岗位，要确认应聘者对Photoshop、AutoCAD等某些特定电脑软件的使用熟练程度。

f. 离职原因确认。确认离开目前企业的原因，特别是对于跳槽相对比较频繁的应聘者，要特别予以确认各个阶段离职的真实原因。

g. 薪资状况确认。向应聘者确认目前的薪资水平和薪资结构、具体薪资是税前还是税后等，对部分目前薪资相对较高的应聘者要询问其期望薪资以及对于不能达到期望薪资的情况作何考虑；若应聘者反问企业的岗位薪资，招聘人员可不作正面回答，如"我们企业有自己的薪资架构，同时会结合员工的能力最后定薪资"。

对于电话筛选出来的应聘者，招聘人员可将其加入面试候选人名单中；在电话沟通中淘汰的简历，企业可以将其留档，存入企业人才库中；对于特别不合格的简历，招聘人员可将其直接销毁。

③ 确定面试候选人。经过简历筛选和电话筛选两个环节后，招聘人员已经过滤掉了大部分不符合要求的应聘者，剩余的一小部分简历还需进行淘汰，以确定最后的面试候选人。

a. 应聘者简历整理。招聘人员应先对剩余简历进行整理，可以按照部门、岗位类别进行整理排序，并标注相应的编号，以便于存储和查找。

b. 与用人部门进行商讨。简历整理工作结束后，招聘人员可与用人部门进行商讨，最终确认面试候选人。

c. 制作面试候选人名单。确认面试候选人后，招聘人员应按照部门类别等制作面试候选人名单，以便通知其参加面试。

面试候选人名单的具体样式可参照表4-9进行设计。

表 4-9　面试候选人名单

姓名	求职部门	求职岗位	联系方式	备注

4.4　面试甄选

4.4.1　面试甄选准备

（1）选择面试考官

面试考官的选择是决定面试成功与否的重要因素之一，好的面试考官能很好地控制面试进程，准确地对应聘者作出正确的判断。面试考官一般由企业人力资源管理者、用人部门负责人以及企业高级管理者共同组成。

人力资源部在选择面试考官时，应考虑其是否具备以下相应的条件。

① 了解拟招聘岗位的任职资格条件和该工作的性质。

② 具备良好的个人修养和品德。

③ 能熟练运用各种面试技巧。

④ 拥有较强的人际沟通能力和观察判断能力。

⑤ 具备相关专业知识。

（2）安排面试时间

① 按照轻重缓急。在招聘实施前，招聘人员应该根据轻重缓急安排面试工作，以提高招聘面试效率。

a. 按人员特点进行面试安排。招聘人员在筛选简历时，会根据简历情况对人员进行分类，如按照候选人的重要程度和稀缺程度可将应聘者做如下分类，详情如图 4-2 所示。

图 4-2　企业应聘者的分类

在安排面试时，招聘人员应安排重点人员尽早面试，或尽早确定录用人员，获取优秀人才。表 4-10 为××企业根据图 4-2 制定的面试时间安排策略。

表 4-10　不同类型人员面试时间安排表

人才类型	人员示例	面试时间安排
核心人才	高级技术员、CEO	优先面试
特殊人才	留学人员、研发人才	根据职位需要安排面试
通用人才	中层管理员、一般技术人才	根据职位需要安排面试
辅助性人才	普通办公员工、操作人员	按照正常流程安排面试

b. 按招聘紧急程度进行面试安排。招聘紧急程度就是人员到岗时间的紧急程度。招聘人员安排面试，尤其是进行多职位面试时，应根据岗位对人员到岗时间要求，优先安排需求紧迫的岗位候选人进行面试。

② 总体协调考官。面试考官主要来源于用人部门、人力资源部门以及其他主管领导，由于各类人员工作职责不同，其工作时间安排也存在一定差异。为保证招聘效果，企业应在招聘面试实施前，协调各位面试考官的时间。

招聘人员协调考官面试时间是一项比较复杂的工作，其大致的过程如图4-3所示。

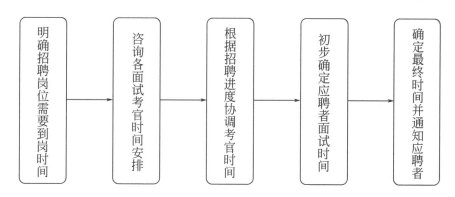

图 4-3　面试考官时间协调程序

③ 例外情况处理。招聘人员在面试安排过程中，经常会出现这样或那样的例外情况，需要招聘人员根据实际需要进行灵活处理，以确保企业招聘质量。

a. 与应聘者个人时间冲突处理。招聘人员在与应聘者沟通协商确定面试时间过程中，如遇应聘者个人时间安排与面试时间安排冲突，可采取以下两种方式进行处理。

方式一：直接取消应聘者的此次面试，将应聘者简历放入企业人才库，待下次有类似招聘需求时使用。

方式二：与应聘者进行沟通协商，了解应聘者的时间安排，之后与面试考官沟通协商确定其他面试时间（多用于中高层管理人员面试）。

b. 应聘者错过面试时间处理。由于交通拥堵或者其他紧急情况，应聘者可能会错过约定的面试时间，在这种情况下，企业招聘人员通过与面试考官协商后，可以重新调整面试顺序或将该应聘者安排至最后面试。

（3）发出面试通知

招聘人员在确定面试时间后，就应该对面试候选人发出面试通知，告知面试时间及地点。面试通知的方式主要有电话通知、短信通知、邮件通知、QQ通知、微信通知、APP在线通知、企业网站通知等。

（4）准备面试材料

面试前，招聘人员应对应聘者的简历进行了解和分类，并做好其他相关资料的准备工作，具体内容包括但不限于如下三项（见图4-4）。

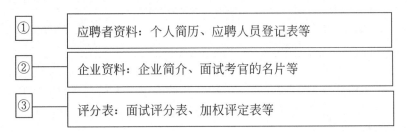

图4-4 面试前需准备好的资料

（5）安排面试场所

① 选择面试场所。面试场所选择是企业面试前的最后一项准备工作，也是面试环境管理中最重要的一环。根据应聘者的职位级别、面试方式的不同，企业选择的面试场所也不尽相同。面试场所的种类和适用范围如表4-11所示。

表4-11 面试场所的种类和适用范围

面试场所	适用范围
面试室	适用于常规形式面试，适用的应聘者主要包括基层工作人员、基层和中层管理人员，高级管理人员也可适当选择该类面试场所
企业办公室	
企业会议室	
校园教室	主要适用于校园招聘，适用的应聘者一般为学校学生
工作现场	主要适用于技能类人员的招聘，侧重于考察应聘者的实际操作能力
非正式场所（如餐厅、咖啡厅等）	主要适用于高级人员招聘，面试人员一般为总经理、人力资源总监等企业负责人

② 布置面试场所。为了创造更好的面试环境、使应聘者更好地发挥正常水平，企业面试人员在准备面试场所时，应特别注意面试场所的环境、光线和温度三方面的安排和布置。

a. 面试场所的环境。在准备面试场所时，企业面试人员应适当美化面试场所，或尽量选择环境优美、视觉开阔的场所，比如在面试场所适当摆放鲜花、工艺品等。这样可以较好地缓解应聘者的心理压力，使其摆脱心理负担，能够正常发挥。

b. 面试场所的光线。面试场所的光线情况也是影响面试效果的重要因素之一。企业面试人员应根据面试场所的大小、明暗情况及地面和墙壁的反光程度合理调节面试场所的光线。通常情况下，面试场所选择半间接光比较适宜。

c. 面试场所的温度。人们对于温度的变化也相当敏感，企业面试人员在准备面试场所时也应注意温度的调节。温度过低会让应聘者感觉冷淡、缺乏亲近感；温度过高则会让应聘者感觉烦躁、影响正常发挥。通常情况下，面试人员应将温度调至23℃左右，使应聘感觉舒适、放松。

③ 安排面试座位。根据面试考官人员的多少，面试考官与应聘者的座位安排一般有如下两种情况。

a. 多对一的面试。多对一的面试，即多个面试考官面对一个应聘者，一般考官不要超过5人，3人较佳。此时，最好采用圆桌式的座位安排，应聘者与主考官正对面而坐。

b. 一对一的面试。一对一的面试一般有如下四种座位安排，如图4-5所示。

在图4-5（a）中，面试考官与应聘者距离较近，且是直接面对，应聘者自然会产生一种心理压力；在图4-5（d）中，面试考官与应聘者距离较远，无形中让应聘者觉得有一种障碍，也不利于双方较好地交流；在图4-5（c）中，双方坐于同一侧，显得面试不太规范、正规；而在图4-5（b）中，双方不仅在距离上比较适合，而且不会给应聘者造成过多的心理压力，因此，相对来说，是一种较为妥善的方式。

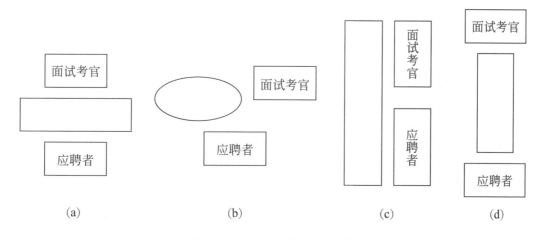

图4-5 一对一面试座位安排

4.4.2 面试试题设计

一份面试试题的质量能够充分展现企业人力资源部面试工作的水平。一份有水平的面试试题，须遵循一定的设计思路。一般来说，面试试题设计须经过下列五大步骤。

（1）确定面试测评维度

大体来讲，面试测评的维度可分为以下4个方面。

① 知识测评。知识测评，即对应聘者掌握的知识水平、知识结构、知识应用水平等方面进行的测评。通过知识测评，可了解应聘者的整体知识水平和知识结构，并可从中检测出应聘者的学习能力。

② 能力测评。能力测评是对应聘者为顺利完成某一岗位任务或具体活动所必备的、可表现的、可发展的个性特征进行的测评。能力测评可分为一般能力倾向测评和特殊能力倾向测评，一般能力倾向测评主要包括智能测评、语言能力测评、数理能力测评等，特殊能力倾向测评主要包括文书能力测评、机械能力测评、管理能力测评。

③ 经验测评。经验测评是为了解应聘者过去的工作表现而进行的测评。面试考官可从任职岗位、任职时间、工作贡献、工作效率、工作技能5个维度对应聘者的经验进行测评，如应聘者的督导能力、应变能力、沟通能力等。

④ 素养测评。素养测评是对应聘者从事具体工作或活动时所应具备的职业道德、意识及行为习惯等方面的测评,如应聘者的主动性、纪律性、责任、诚信意识等。

(2) 确定测评要素及权重

① 确定测评要素,即须针对工作岗位进行分析,明确胜任岗位需要哪些能力和素质,在所有需要考查的要素中,选择适合用面试来考查的要素。

在企业面试实践中,企业招聘人员通常会选择运用胜任素质模型来分析、确定岗位应聘者的测评要素。该模型不仅会给出岗位任职者应具备的胜任素质,还会对胜任素质特征的行为表现进行分级定义。这为面试考官评价应聘者在面试过程中的行为表现及其蕴含的素质水平提供极大的方便性和科学性。

② 确定测评要素的权重。测评要素的权重反映了每一个测评要素在整个测评要素体系中的地位、作用及其重要程度,其大小会影响面试考官对整个面试过程的把控和面试评分结果。

一般来说,可运用问卷调查法、经验加权法、德尔菲法、比较加权法等方法对各测评要素权重进行评估、计算。

(3) 编制面试试题

① 确定题型。一般来说,面试试题可分为导入型题目、行为型题目、智慧型题目、意愿型题目、情景型题目、应变型题目和投射型题目,每种题型都有其独特的特点和作用。

招聘人员在编制试题时,应根据拟招岗位、应聘者实际情况合理地选择题目类型,题目类型分类与示例具体如表4-12所示。

表4-12 题目类型分类与示例

题目类型	特点	面试试题示例
导入型题目	一般作为开场白,是为了营造一种和谐、缓和的气氛,消除应聘者的紧张情绪,让应聘者尽量发挥出自己的最好水平	你今天是怎么过来的?交通还方便吧!
		你来自哪里?
行为型题目	通过应聘者过去实际经历的事情来考察其处理问题的能力	描述一下你简历中提到的一次市场调研活动。
		你是如何带领团队高效工作的?
智慧型题目	考查应聘者的数字、逻辑、思维灵活性、创造力等能力	如果你有大量的水,一个3L的提桶、一个5L的提桶,两个提桶形状上下都不均匀,请问如何才能准确称出4L的水?
意愿型题目	通过了解应聘者对某些事情的个人态度来考查应聘者的个人偏好	你喜欢与强势型的人合作还是与温和型的人合作?
情景型题目	为应聘者拟定一个特定的环境,面试考官通过对应聘者在该情境中的表现来考查其能力	你领导一直都很器重您,可是一次开会时,他制订了一个重要的方案,且得到了大多数人的赞同,而你很清楚地认识到那个方案是行不通的,并且可能会给企业带来巨大的损失。此时,你打算怎么做?

续表

题目类型	特点	面试试题示例
应变型题目	主要考查应聘者思维的敏捷、机智、灵活的程度	领导开会时发言明显出错，你会采取什么方式来纠正？
投射型题目	保护面试的意图，让应聘者不受社会称许等因素的影响	你如何评价你原来的领导？他让你感觉很舒服的特点是什么？有哪些特点是你难以接受的？

② 编制题干和问题。收集能够表现应聘者胜任素质的情境，比如岗位的工作内容、岗位工作任务执行过程中出现的热点、难点问题等，对这些信息进行加工，提取事件的关键信息形成题干，整理成题目。

针对事件所编制的面试试题应紧扣情境，可以按照4个要素——STAR进行设计，具体如表4-13所示。

表4-13　STAR要素

要素	阐释	试题设计要点
S 情境（Situation）	指关于任务、问题背景的具体描述	◎事件发生的具体事件、前提背景、机会和障碍、完成本事件的人员构成、应聘者期间所承担的角色等
T 目标（Target）	指应聘者在特定情境中所要达到的目标、所需完成的任务	◎收集信息，分析问题，明确事件的目标和应聘者如何把握任务的关键点，了解应聘者的工作经验和综合素质，分析其能否胜任岗位
A 行动（Action）	指应聘者针对上述情境所采取的行动，或未采取的行动	◎了解应聘者的行为特征，这些行为是如何帮助其完成工作的，进一步了解其工作风格、性格和能力
R 结果（Result）	指已采取或未采取行动的结果	◎关注应聘者采取行动后任务完成的结果及其成因

（4）设计试题题卡

试题的设计应保证客观性，为使面试官能在面试时进行组合试题的选择，最好是针对测评要素设计题卡，题卡的编制主要包括以下三大方面的内容：测评要素与评价标准、试题与答案、使用方法。

其中，评价标准是为了区分答题结果、甄选出不同表现水平的应聘者，而将各个测评要素进行行为表现的具体化，并给出分级评价的界定，以方便评分工作顺利开展。

而面试试题的答案是比较复杂的，有的有标准答案，有的则没有，有的只需应聘者做出回答即可，因此编制的题卡要针对这些情况分别说明答案的类型，如参考答案、答案要点、可接受答案，等等。

下面列示信息获取能力的试题设计题卡，如表4-14所示。

表 4-14 信息获取能力示例题卡

测评要素	信息获取能力	权重	视不同岗位、不同测评要素体系而定
行为表现	① 掌握信息传输的渠道 ② 准确快速建立信息查找策略 ③ 不断关注信息的最新动态 ④ 有效地筛选、提炼信息	提问试题	你接管了一个新的营销区域或一个新的客户群体，企业要整合这个区域的全部客户信息，以便做出具有针对性的营销策划方案。在这种情况下，你要怎样收集信息
答题要点	① 熟练利用 3 种以上常规渠道，如组织内部资料、网络搜索、调查统计等 ② 能够准确把握信息收集的任务及用途 ③ 能对任务进行分析，如客户信息包括客户需求、使用产品反馈、采购计划等		
追问提示	① 你如何判断什么是自己想要的信息 ② 你会采取哪些途径收集信息，这些途径有何作用		
评价标准	好：高效利用多渠道收集信息，准确把握任务 中：基本把握任务，保证信息获取的准确度 差：只能收集少数信息，认不清信息收集的任务和用途		

(5) 试测与调整

试题设计好以后，要对试题的鉴别力、难度、形式等进行判断。试题设计人员应先在企业内部选择一些员工进行试测，再针对试测过程中出现的问题进行调整与改善。

4.4.3 甄选方法选择

不同面试甄选方法有各自的特点，对面试效果也有很大影响。常用的面试甄选方法有结构化面试、公文筐测试、心理测试面试法、网络视频面试以及无领导小组讨论法面试。

(1) 结构化面试

结构化面试是面试官与应聘者的双向交流过程，即面试官将面试题目宣读给应聘者后，应聘者根据问题设计自己的答案要点，并予以阐述。这种面试方法主要适用于对教育背景、工作经验等客观因素的考查。

(2) 公文筐测试

公文筐测试又称文件筐测试，是指应聘者扮演（或模拟）某一角色，在规定的时间内，对面前的一系列文件和信息进行处理。这种面试方法主要适用于管理潜能的预测、管理人员的聘用和选拔。

(3) 心理测试面试法

心理测试面试法是指通过一系列的科学方法测量应聘者的智力水平以及个性差异的面试方法。

心理测试面试法主要包括智力测试、个性测试、身体能力测试和认知能力测试。智力测试主要是对应聘者的观察能力、记忆能力、想象能力、思维能力等进行测试；个性测试主要是对应聘者的性格、兴趣及价值观等进行测试；身体能力测试主要针对一线岗位或特殊工种的应聘人员；认知能力测试主要是对应聘者的语言理解能力、计算能力和推理能力进行测试。

（4）网络视频面试

网络视频面试适用于企业面试官与应聘者分隔两地的情况，即面试官与应聘者双方通过网络视频聊天等形式，进行面试沟通，使双方相互了解，从而为双方更准确地做出相关决策提供依据。

使用网络视频面试法，既免去了应聘者和企业招聘人员的奔波，又提高了企业招聘人员的工作效率。

（5）无领导小组讨论法面试

无领导小组讨论法面试，是让一组应聘者在没有领导者、大家的地位平等的情况下，让他们就某一个颇有争议的或棘手的问题展开自由讨论，最终制订出一个解决问题的方案或者计划。面试考核根据应聘者在讨论中的表现给予评估。

该方法主要用于考核应聘者的语言表达能力、沟通能力、分析判断能力、决策能力、团队领导能力、组织协调能力等。

4.4.4　面试过程实施

面试的实施过程可以分为面试开始、正式面试和结束面试三个阶段，面试实施的程序如图4-6所示。

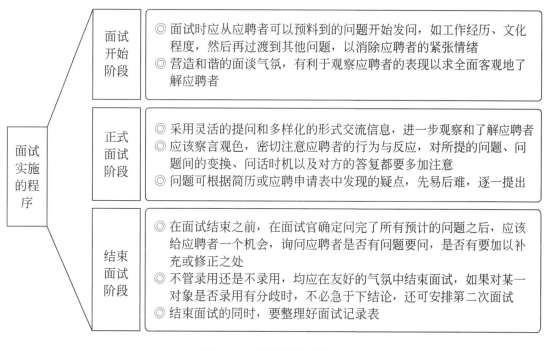

图4-6　面试实施的程序

面试是企业对应聘者综合素质的测试，在面试过程中，除了应聘者需要积极地发挥自己的潜力和水平外，面试官的提问方式也会影响到应聘者水平的发挥，因此，面试官在提问时，应注意以下技巧。

（1）面试技巧

① 语气自然亲切。在面试的开场导入阶段，应聘者一般都会带有或多或少的紧张情

绪。因此，面试官在面试开始前，应努力缓解应聘者的紧张情绪，让其尽量发挥出正常甚至更好的水平。

② 所提的问题要简明、有力。面试官向应聘者发问时，应注意语速、节奏等方面的细节，如采用连串式的提问方式，就应注意语句的停顿及问题的清晰、明了。

③ 提问的顺序应从易到难。一般说来，面试官会在面试开始前准备好一部分试题，对于提问的顺序，基本上应遵循先易后难、先具体后抽象的原则，因为这样做有助于应聘者放松紧张的情绪，进入面试的状态。

④ 声东击西。面试官若发现应聘者对某一问题欲言又止或者持不想说的态度，则可以尝试着问其他相关的问题，从而达到获取相关信息的目的。

⑤ 适当地追问。为了更详细地了解某一信息，面试官可以适时地对应聘者进行追问。

（2）提问时应避免的问题

面试官对应聘者提问时，应避免采用不恰当的提问方式，采用合适的提问方式，如表4-15所示。

表4-15 提问实例分析

不恰当的提问方式	合适的提问方式
您是否了解这个职位？	您对这个职位了解多少？
您以前在职时的领导是严厉型的还是随和型的？	您以前在职时的领导风格是怎样的？
您觉得这种做法是对的还是错的？	您对这种做法有什么看法？
您曾经干过一些分外的工作，是吗？	您都承担了哪些分外的工作，能详细说明一下吗？

在提问过程中，面试官应提出与工作有关的问题：一是可以获得应聘者更多与岗位有关的信息；二是面试官可以更好地控制面试的进程，提高效率。

（3）面试中应避免的误区

由于面试带有很大的主观色彩，因此在实施过程中，会有一些人为的因素对面试结果的评估产生影响，主要表现在以下5个方面，企业的负责人员或参与招聘工作的人员应尽量避免。

① 晕轮效应。晕轮效应是指当认知者对一个人的某种特征形成好的或坏的印象后，他还倾向于据此推论该人其他方面的特征。在面试过程中，面试官应从多方面来考察应聘者，而不能根据应聘者的某一优点或是缺点做出对其整体的判断。

② 首因效应。首因效应又称第一印象。在面试之初，面试官就可能对应聘者有一个比较固定的印象（可能是好的，也可能是不好的），并且可能根据这个固定的印象对应聘者在整个面试过程中的表现给予包容或是做出不好的评价。

③ 个人偏好。在面试过程中，面试官可能会对某一现象或者行为感兴趣，例如，倾向于重点大学毕业的应聘者，或者是对自己的校友、老乡偏爱等，这些都是应该避免的。

④ 以偏概全。面试官根据应聘者的某一点或是某一个行为做出评价，而不是根据应聘

者的整体表现做出评价。

⑤ 经验主义。面试官根据自己的经验对应聘者做出评价，却忽略了应聘者在面试中的具体表现。

4.5 员工录用与入职

4.5.1 员工录用

（1）汇总面试成绩，拟定录用名单

通过前面对应聘者进行面试甄选评估后，招聘人员应根据应聘者在甄选过程中的表现，对获得的相关信息进行综合评价与分析汇总，从而了解每一位应聘者的素质和能力特点，根据确定的人员录用标准拟定录用名单。

（2）实施背景调查

在确定录用人选之后，并且在该拟录用人选上岗之前，企业一般会通过应聘者原来的单位领导、同事及人力资源部工作人员等相关人士了解该应聘者的情况，以核实应聘者所提供信息的真实性和准确性。尤其是对于企业的经理级以上的职位或比较重要的岗位（如财务、采购、技术等职位），更要进行背景调查。

在进行背景调查时，应调查的项目及调查的途径如表4-16所示。

表4-16 背景调查的项目及途径

序号	调查项目	调查途径
1	考察简历的真伪	根据应聘者个人的回答判断简历各项内容的真实性
2	毕业证书、学位证书是否造假	通过中国高等教育学生信息网查询
3	职称、职业任职资格等证书是否造假	通过相关考试培训认证机构或网络查询
4	工作经历是否属实	向应聘者的原单位查询
5	是否与前用人单位解除劳动关系	要求应聘者提供离职证明书
6	是否签有竞业限制协议并在期限内	向应聘者的原单位查询
7	职业道德如何，是否有职务犯罪记录	向应聘者的原单位调查
8	离职的真实原因	根据应聘者的回答向其原单位查询，核查两者的一致性

（3）发放录用通知

对通过选拔、背景调查合格的应聘者，人力资源部应在做出录用决策后尽快向其发出录用通知。录用通知的内容包括企业名称、录用部门及岗位、薪酬、入职报到的时间、入职报到需携带的材料等。

对于未被录用的应聘者，也应及时地告知对方。对于应聘者来说，可以抓紧时间寻找其他工作；对于企业来说，可以展现企业良好形象，赢得声誉。

发出录用通知是用人单位与新聘员工签订劳动合同的一个前置阶段，为了降低风险，企业应注意以下两点内容。

① 明确录用通知的性质。录用通知属于要约，要约对双方都具有约束力。因此，一旦发出要约了，要约人（即企业）要受到要约的约束，一旦反悔，即使双方之间还没有建立劳动关系，企业也要承担一个缔约过失的违约责任，在这种情况下，给劳动者造成损失的，劳动者能证明损失存在的，企业要承担赔偿责任。

② 录用通知的失效。在实践中会出现这样的情形：企业向应聘者发出录用通知后，数月后应聘者才回复企业表示接受，而此时企业已经找到了其他应聘者，并且该应聘者已经入职工作月余。为了规避此种情形带来的法律风险，建议在录用通知里设立一个回复期限，如果在期限内不回复，则录用通知自动失效。

4.5.2 员工入职

（1）办理入职手续

新录用员工接到企业录用通知后，要在规定时间内到企业报到。人力资源部负责为新员工办理入职手续。入职手续的办理包括以下事项。

① 验收相关证件。相关证件包括身份证、学历证书、毕业证书、离职证明、照片、职称证书等。

② 填写入职登记表。入职登记表包括员工个人信息、联系方式、所属部门、所任职务、工作经历、所受教育、培训经历等。

③ 签订劳动合同。视具体情况签订固定期限、无固定期限和以完成一定工作任务为期限的劳动合同。

（2）试用期培训

人力资源部组织用人部门对新员工进行试用期培训，培训人员主要包括人力资源部培训人员、用人部门主管或项目负责人等。新员工试用期培训主要包括企业培训和部门培训，培训的内容主要包括企业文化、企业制度、职责权限、业务知识、工作流程等。

（3）试用期考核

在试用期结束前，人力资源部应根据国家和企业试用期管理的规定，对员工的业绩、能力和工作态度等进行考核。考核内容包括工作能力、发展潜力、岗位匹配度、职业趋向、纪律性、团队意识、主动性、积极性等方面。

（4）办理转正手续或辞退

人力资源部根据试用期考核结果为员工办理转正或辞退手续。考核未通过的员工，为其办理辞退手续。考核通过的员工，由部门主管或负责人签字，经人力资源部审核无异议后办理转正手续。

第5章 员工培训与开发

5.1 培训需求分析

5.1.1 制订培训需求分析计划

（1）做好培训需求分析准备

培训需求分析主要从了解培训需求信息来源、掌握员工工作信息动态、建立员工培训需求档案三方面进行准备。

（2）确定培训需求分析工作目标

确立培训需求分析工作目标是顺利展开培训需求分析的需要，但由于培训需求分析过程易受到主观和客观因素的影响，因此，在进行培训需求分析时，应尽量排除其他因素的影响，提高培训需求分析结果的可信度。

（3）制订详细行动计划

培训部对重要的、大规模的培训需求分析工作，应制订详细的行动计划，以明确培训需求分析工作的进度及应注意的事项，并指导培训需求分析工作的顺利开展。

（4）选择适当培训需求分析方法

企业要根据企业实际情况及可利用的资源选择适当的培训需求分析方法。访谈法、观察法、问卷调查法、资料分析法、小组讨论法、测试法等均为培训需求分析的常用方法，企业可根据实际情况和培训需求的特征进行选择。

（5）明确培训需求分析内容

培训部将本次培训需求分析应获得的资料除去已有资料，剩余部分即为培训需求应分析内容。培训需求分析的内容不应太宽泛，以免造成时间和资源的浪费。

5.1.2 开展培训需求分析

（1）了解培训对象的现状

在培训需求分析工作开展之前，培训部应对培训对象现状进行了解，如培训对象在企业中的位置、培训对象之前是否曾接受培训、培训对象曾接受培训的形式等。

（2）寻找培训对象存在的问题

员工在工作中存在的问题，并不是每个员工自身都能发现，因此需要培训部帮助员工去发现问题、分析问题，这样有利于调动员工积极性，使其采取更为合作的态度配合调查。

（3）明确培训对象的期望

在培训需求分析中，应明确培训对象所期望达到的培训效果。当培训本身不能满足培训对象期望或与培训对象期望差距过大时，应向培训对象说明原因。

(4) 认真总结分析的结果

培训部要认真分析通过各种方式获取的培训需求资料，从中找出员工的培训需求。在此过程中，应妥善处理普遍需求和个别需求之间的关系，如图5-1所示。

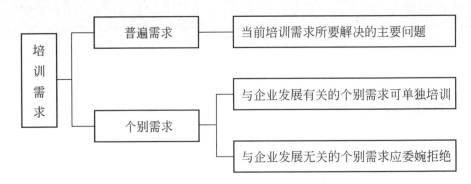

图5-1　培训需求的处理

5.1.3　编制培训需求分析报告

(1) 培训需求分析报告内容

对培训需求信息进行分析处理以后，需要根据处理结果编制培训需求分析报告。培训需求分析报告的主要组成部分是培训需求分析背景、培训需求分析实施情况、培训需求分析结果、培训项目计划可行性方案的制订以及附录。

(2) 培训需求报告样本（表5-1）

表5-1　××企业××年度培训需求分析报告

文案名称	××企业××年度培训需求分析报告	编制部门	
		编　号	
一、培训需求分析背景 ××企业自成立以来，一直保持着较快的发展态势，然而随着市场竞争的加剧，企业竞争优势也面临前所未有的挑战。 20××年，企业制订了销售额年增长×%，年利润达××亿元的经营目标。为确保其目标的实现，其前提之一是建立起支持企业长期发展的人才培养体系。根据培训体系建设的要求，企业决定近期在全企业范围内展开培训。为了全面了解企业培训需求状况，保证培训的科学性、针对性，避免开展无必要的或徒劳的培训，企业特进行此次培训需求分析。 二、培训需求分析实施情况 为了全面了解企业内部成员是否需要培训，为什么需要培训，以及需要哪些培训等问题，由人力资源部负责组织开展培训需求分析，各部门积极配合人力资源部做好相关工作。 此次培训需求分析于20××年11月1日至20××年11月30日止，活动范围涉及本企业11个部门506名部门经理及以下工作人员。在需求分析实施中，采取访谈法、观察法、问卷调查法、小组讨论法、资料分析法等多种分析方法，具体情况如下表所示。			

续表

培训需求分析方法、对象及内容

分析方法	实施对象	针对内容
访谈法	各部门管理人员	部门总体培训需求情况、领导对培训需求的认知程度、对培训的重视程度等
观察法	一线操作人员	员工目前工作状况及工作中存在的问题
问卷调查法	各部门员工	对员工期望的培训内容、方式、时间、地点等的了解
小组讨论法	代表性成员所组成的小组	针对员工培训需求产生原因及解决问题办法展开
资料分析法	职位说明书、工作报告、日志等相关资料	对员工的年龄、文化、技术、能力等方面与职位所要求的任职资格和能力之间的差距进行了解

三、培训需求分析结果

1. 存在问题

通过调查了解发现，本企业员工工作中存在如下问题，详情如下表所示。

企业员工工作中存在的问题

人员构成	存在问题	解决办法
销售人员	销售办法老套，紧迫感、危机感不足，队伍工作状态消极、积极性不高	培训
操作人员	年轻，经验有限，专业能力和综合素质需进一步提高	培训
研发人员	缺乏优秀的管理人员	招聘和培训

2. 培训需求调查结果

第一，不同部门员工对于培训内容的要求存在差异。工作年限较短员工期望参加基本培训（占×%）、专业培训（占×%），而工作年限较长的员工则更期望参加管理培训（占×%）、新晋培训等（占×%）。

第二，员工对培训方式的要求有很大不同。入职时间短的员工更期望通过现场示范（占×%）、专门指导（占×%）的方式进行培训，入职时间长的员工中期望通过课堂讲授的方式进行培训的占据很大比例（占×%）。

第三，员工对于培训地点的要求比较高。在对员工培训期望地点进行调查中发现，员工绝大多数期望在专业培训基地进行培训（占×%）。

第四，员工对于培训时间的要求比较分散。这对集中开展员工培训增加了难度。

3. 解决办法

为了有效解决上述问题，人力资源部携各部门相关领导，制订如下解决方案。

第一，培训对象安排。20××年企业的培训将涉及经理级以下每位员工，并根据培训对象的不同采取差异性培训方式和内容。

第二，培训时间安排。20××年员工培训时间将尽量安排在工作日，避免占用员工休息时间，并在综合考虑员工工作安排和个人期望的基础上，分组进行培训。

第三，培训形式安排。为了综合考虑不同类型员工对培训形式的差异要求，在培训中，将把多种培训方式有机结合，以提高培训对象的参与度与实际培训效果。

第四，培训内容安排。采取基本培训与重点培训相结合的方式，对于一般员工由本部门根据实际工作需要引入与工作相关的基本培训和专业培训；对于企业重点培养基层管理人员，则由人力

续表

资源部统一进行管理和新晋培训。

第五，培训地点安排。在充分考虑培训成本和效果要求的基础上，20××年企业的培训将主要在企业培训教室和工作现场开展。

四、其他说明

1. 培训资源。20××年培训工作组将由本企业在职管理人员、业务精湛员工、企业外聘××大学教授共同组成；同时，充分利用网络视频教程、会议专题资料等充实本次培训内容。

2. 由于不可控因素的影响，在培训实施过程中，培训时间可能会无法完全保证，需要根据客观情况的变化进行适当调整。

五、相关图表（略）

编制日期		审核日期		批准日期	
修改标记		修改处数		修改日期	

5.2 培训计划的制订与实施

5.2.1 培训计划的制订

培训计划是指对未来一定时间内将要进行的培训工作所做的事先安排，是做好培训工作的前提条件。

（1）培训计划制订的内容

不管是年度培训计划、季度培训计划还是其他培训计划，其计划的制订都需要考虑所包括的一些必需的要素，其所涉及的内容包括培训目标、培训时间和地点、培训内容、培训负责人、培训对象、培训讲师、培训方法、培训场所和设备、培训考评方式、培训经费预算。

（2）培训计划制订的步骤

培训计划的制订情况直接影响着培训的效果，其制订步骤如图5-2所示。

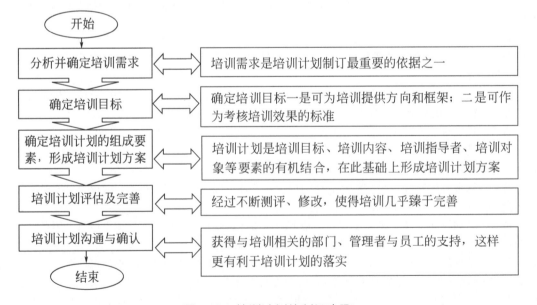

图5-2 培训计划的制订步骤

5.2.2 培训计划的实施

（1）培训实施准备

① 设计培训课程。

a. 培训课程设计要素。培训课程的设计通常包含课程目标、培训内容、课程教材、教学模式（培训形式）、培训对象、培训经费、课程时间、培训讲师、课程空间九大要素。培训课程设计中，可依据课程要求，对这些要素进行不同的选择和处理，设计出不同的培训课程。

b. 培训课程设计示例。表5-2是某企业的销售人员培训课程设计。

表5-2 某企业销售人员培训课程设计

课程性质	课程名称	主要培训形式	培训讲师	培训课时/h	培训地点	培训对象		
						新进销售员	销售员	主管/经理
基本常识	企业文化、规章制度等	课堂讲授	人力资源经理	2	人力资源部	√		
	企业产品特点及优势	课堂讲授	销售经理	3	销售部	√		
业务知识	谈判方法和技巧	课堂讲授、角色扮演	销售经理	3	销售部	√	√	
	销售方法和技巧	课堂讲授、视听法	销售经理	3	销售部	√	√	
	客户心理分析	课堂讲授、视听法	销售主管	2	销售部	√	√	
	市场分析方法	课堂讲授	销售经理	2	销售部	√	√	
管理知识	市场趋势分析与决策	课堂讲授	外聘讲师	2	会议室			√
	销售渠道管理	课堂讲授	外聘讲师	2	会议室			√
	销售员潜能开发	课堂讲授、游戏法	人力资源经理	4	会议室	√	√	√
	销售团队建设	课堂讲授	外聘讲师	2	会议室			√
备注	培训经费明细							

② 选择培训讲师。培训讲师是开展培训的授课主体，其知识丰富程度、语言表达方式、授课形式等均会对培训效果产生影响。培训部应根据每个培训项目的目的、要求、内容等特点选择既有某方面对口的专业知识，又具有丰富实践经验的培训讲师。

培训讲师主要有两大来源：企业外聘和企业内部开发。培训人员应根据企业实际情况，确定适当的内部和外部培训讲师的比例，尽量做到内外搭配、相互学习、相互促进。

③ 确定培训时机。企业一般会在新员工入职、企业技术革新、销售业绩下滑、员工升职、引进新技术、开发新项目、推出新产品时对员工进行培训，此时员工培训需求最为明显。

在具体培训日期的确定上，企业一般会考虑销售淡季或生产淡季，以不影响正常的业务开展为前提。对于新员工，则选择在上岗前进行集中培训。

④ 选择培训场所。对培训讲师和培训对象来说，培训场所十分重要。舒适的环境会令员工学习的效果更好。培训场所的选择要遵循一定的原则，即保证培训实施的过程不受任何干扰。选择培训场地时需要综合考虑以下3个方面的因素。

a. 培训场所的空间。空间要足够大，能够容纳全部培训对象并配有相关设施。

b. 培训场所的配套设施。培训场所的电子设备、音响等条件应当符合培训的要求。

c. 培训场所的整体环境。培训场所的室内环境和气氛会影响到学员的情绪，继而影响到培训效果，应确保培训场所的温度、噪声、通风、光线等情况良好。

培训场所是影响培训实施的一个重要因素，培训负责人应选择好培训场所，并对其进行适当的布置，尽量创造一个愉快、舒适、有利于培训展开的氛围。

⑤ 培训工具的准备。培训工具都具优缺点，表5-3对一些常用培训工具的优缺点进行了比较和总结，企业可根据其具体情况选择使用。

表5-3 常用培训工具比较表

培训工具	优点	缺点	使用注意事项
教材资料	价格相对便宜，可永久保存	局限于图表和文字	内容应清晰、有逻辑，装订应简便、易携带
书写板	易于操作、移动、修改，价格便宜，耗材容易获得	局限于简单的图表和文字，受距离限制	书写板位置摆放合理，书写应简单、清晰
投影仪	展现直观、形象	价格昂贵、不易运输安装；培训讲师需具备投影仪使用相关知识	培训场所内光线是否太强，投影仪是否调试完好
幻灯片	易于操作	局限于图表和文字，费时、缺少动画效果	幻灯片应加注页码、幻灯片亮度和放映速度应适中
录像和光盘	内容表现形象、直观	价格昂贵、不易移动安装；培训讲师需具备放映设备相关知识	对培训录像和光盘进行试看，调试好合适的光线、音量等
计算机	内容丰富、直观、速度快	培训讲师需具备使用计算机相关知识，需与其他设备配套使用	培训前应先熟悉电脑操作，检查配套设备和备用系统
活动挂图	便于携带、价格便宜，易于吸引培训对象注意力	容易损坏、缺少动画效果	确保挂图支架牢固，课前设计好挂图页码

在培训开始之前,要将可能用到的培训模型、实物和设备提前准备到位,并对设备一一进行调试和检查,以保证其运行时状态良好。

⑥ 制订培训计划表。制订计划的目的是明确培训的内容、时间、地点、方式、要求等,使人一目了然,同时也便于安排企业其他工作。

(2) 培训方法选择

培训的方法种类繁多,在培训过程中,选择一种适宜的培训方法至关重要。每种培训方法都有不同的侧重点,因此必须根据培训目的、对象等的不同,选择适当的培训方法。方法的选择除了要考虑人员特点外,还要看企业的客观条件。下面就企业培训常用的3种方法的特点进行介绍,仅供参考。

① 课堂讲授法。课堂讲授法是通过语言和文字书写的方式将学习信息和材料传递给培训对象的一种培训方式。课堂讲授法的优缺点如图5-3所示。

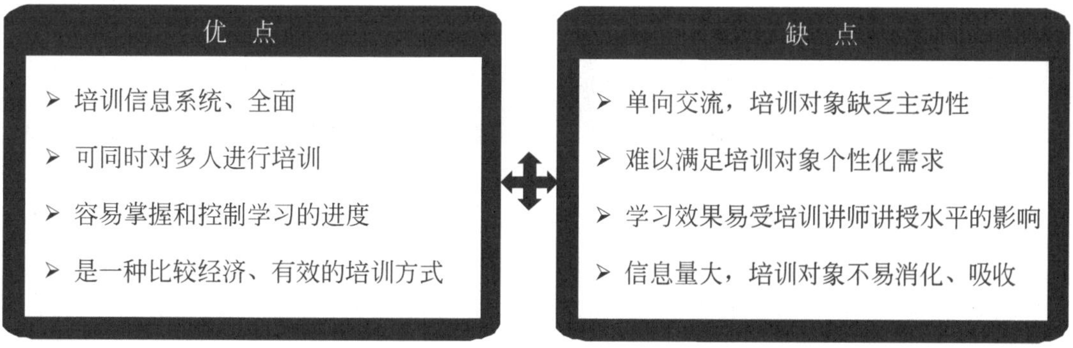

优 点	缺 点
➢ 培训信息系统、全面 ➢ 可同时对多人进行培训 ➢ 容易掌握和控制学习的进度 ➢ 是一种比较经济、有效的培训方式	➢ 单向交流,培训对象缺乏主动性 ➢ 难以满足培训对象个性化需求 ➢ 学习效果易受培训讲师讲授水平的影响 ➢ 信息量大,培训对象不易消化、吸收

图5-3 课堂讲授法的优缺点

② 分组讨论法。分组讨论法是将培训对象聚集在一起,分组讨论并解决问题的一种培训方法。通常情况下,讨论小组负责人是管理人员,他的主要作用是确保讨论的正常进行,避免讨论偏离主题。分组讨论法的优缺点如图5-4所示。

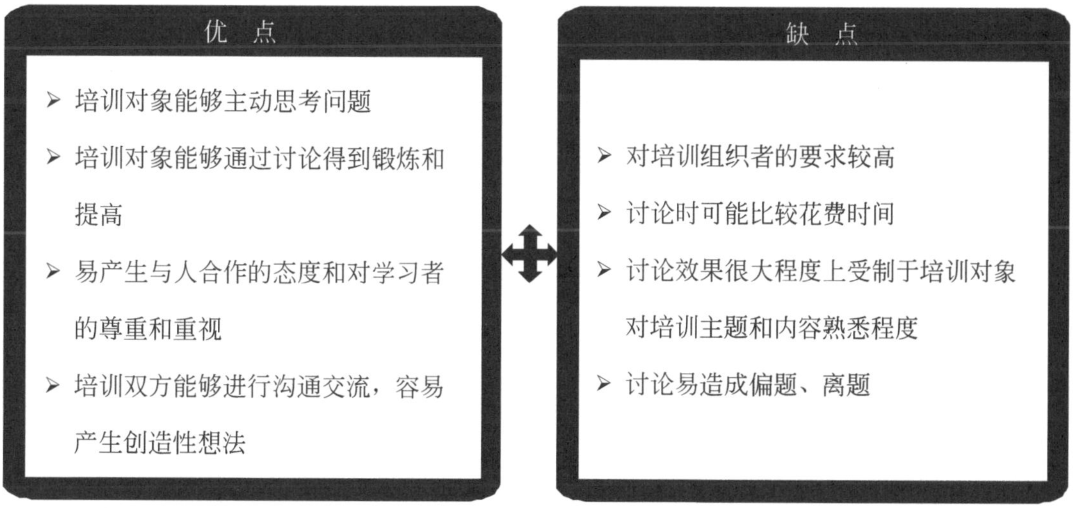

优 点	缺 点
➢ 培训对象能够主动思考问题 ➢ 培训对象能够通过讨论得到锻炼和提高 ➢ 易产生与人合作的态度和对学习者的尊重和重视 ➢ 培训双方能够进行沟通交流,容易产生创造性想法	➢ 对培训组织者的要求较高 ➢ 讨论时可能比较花费时间 ➢ 讨论效果很大程度上受制于培训对象对培训主题和内容熟悉程度 ➢ 讨论易造成偏题、离题

图5-4 分组讨论法的优缺点

③ 案例研究法。案例研究法是由培训者按照培训需求向培训对象展示真实性背景，提供大量背景材料并作出相关解释后，由培训对象依据背景材料对案例进行分析和评价，并提出解决问题的建议和方案的一种培训方法。案例研究法的优缺点如图5-5所示。

图5-5 案例研究法的优缺点

当然，还有许多其他培训方法，如工作指导法、远程学习等，企业培训的效果在很大程度上取决于培训方法的选择，不同的培训方法具有不同的特点。要选择到合适有效的培训方法，需要考虑到培训的目的、培训的内容、培训对象的自身特点及企业具备的培训资源等因素。

(3) 培训组织管理

① 起草培训通知书。培训通知书能够使培训对象通过通知内容迅速获悉相关信息，下面是一则某企业培训通知书范例（表5-4）。

表5-4 ××企业员工基础素质培训通知

××企业员工基础素质培训通知
编号：×××
××部门：
根据企业培训计划安排，拟定于××××年××月××日××时在×××××进行员工基础素质培训。为确保本次培训顺利进行，请通知你部门有关培训学员准时参加，并将回执联于××月××日前送培训助理张××处。
感谢您的配合！
人力资源部
××××年××月××日
附：1. 培训课程说明
2. 培训讲师简介
3. 培训对象应带学习用具和资料

② 起草培训协议书。培训是企业的一种人力资本投资的行为，需要耗费一定的人力、物力、财力，为了保证企业的利益，使培训为企业发展所用，同时也为了明确和保障企业

与员工之间的权利和义务，双方有必要在进行培训之前签订培训协议，特别是实施外派培训或企业出资较大的培训活动时。

③ 制订培训纪律。培训纪律是培训得以有效开展的重要保证，它一方面可以保证培训讲师的授课效率，提高培训对象的学习效率；另一方面也是企业员工素质的整体体现。因此，为了营造良好的互动气氛，需要制订培训纪律来对培训对象进行约束。

④ 分配培训工作。由于培训事务涉及内容繁多，培训主管领导不能事必躬亲，必须适当地把工作分配下去。这样既可以确保各项事宜均有专人负责，提高事情处理效率和质量，又能锻炼其他人员。在培训工作的分配中应注意以下事项。

a. 确保工作被完全分配，无遗漏。
b. 确保工作任务分配合理，无不均。
c. 确保有具体进度和指标，无拖延。
d. 确保对意外情况作出准备，无慌乱。
e. 确保有主管领导的监督和指导，不盲目。

5.3 培训课程开发和设计

5.3.1 培训课程开发

（1）培训课程开发模型

常见的培训课程开发模型主要有ISD模型、HPT模型、CBET模型以及SAM模型，具体内容详见表5-5。

表5-5 常见的5种培训课程开发模型

模型	定义	应用要点
ISD模型	➢ 即教学系统设计模型，它是以传播理论、学习理论、教学理论为基础，运用系统理论的观点和知识，分析学习中的问题和需求，并从中找到最佳答案的一种课程开发模型	➢ 了解培训对象的学习目的 ➢ 培训讲师既要考虑培训课程对培训对象的最基本的目标要求，同时还要考虑不同水平的培训对象的不同需求 ➢ 课程开发人员要对培训教材的内容进行挖掘、迁移、深化和综合，并与培训对象原有知识结构和基础"接轨"，充分发挥培训对象主体性的重要性 ➢ 从单一、被动的学习方式向多样化、主动的学习方式转变
HPT模型	➢ 即人类绩效技术模型，它是通过确定绩效差距，设计有效益和效率的干预措施，以获得所期望人员绩效 ➢ HTP模型不再局限于对绩效因素的分类，而是致力于绩效差距的消除	➢ 首先要弄清楚实际绩效与期望绩效的差距 ➢ 在进行干预选择或设计时，应综合考虑，将激励与培训结合起来，培训的效果会更好

续表

模型	定义	应用要点
CBET模型	➢ 即能力本位教育培训模型，它是以某一工作岗位所需的能力作为开发课程的标准，以使培训对象获得这种能力作为培训的宗旨而开发的一种课程开发模型 ➢ CBET模型是在岗位所要求能力的分析基础上，进行培训课程的开发，然后实施培训，最后对培训的各个环节进行评价	➢ 正确理解职业能力。CBET模型中的职业能力不再简单理解为操作技能或动手能力，其还包括知识、技能、经验、态度等为胜任职务所需的全部内容的综合能力 ➢ 确定与职业有关的各项能力。在培训课程开发前，要确定与职业相关的各项能力，即相关知识、技能和工作态度 ➢ 在开发某职业培训课程前，课程开发人员须全面认识该职业所要求的能力标准，再将能力标准完全转化为课程目标 ➢ 培训之前应向培训对象说明需具备的能力及考核标准
SAM模型	➢ 即持续性接近开发模型，它是一种将课程拆分成碎片化，采取简单的步骤，通过快速试验方式明确课程解决方案并证实预期的设计效果，然后通过各阶段不断循环来持续优化设计，最终实现新型课程开发的一种技术 ➢ SAM模型具有迭代、支持合作、有效率、便于管理的特征	➢ 发挥团队协同的优势 ➢ 运用迭代方式进行培训课程的设计与开发 ➢ 正确使用评估。SAM模型将评估纳入设计环节，减少了开发过程中出现失误的情况

（2）培训课程开发方式

自主开发与外包开发是企业进行培训课程开发的两种主要方式。其中自主开发对培训人员的专业要求较高，不仅需要其具有多年的培训管理经验，而且需要其熟练掌握相关理论知识。外包开发即选择合作方进行课程开发，培训部主要负责项目管理及过程监控工作。培训课程开发的方式具体内容详见表5-6。

表5-6 培训课程开发的方式

方式	具体步骤
自主开发	➢ 培训需求调研。培训需求调研的方法有问卷调查法、个人访谈法、集体座谈、实际观察等 ➢ 课程开发计划制订。根据选定课程的类型，提出课程开发立项申请，填写"课程开发立项申请表"，立项申请通过后，课程开发团队开始制订课程开发计划 ➢ 培训分析。根据具体课程，课程开发人员与项目组人员就具体细节进行分析，并确定课程开发任务书 ➢ 课程内容设计。坚持"需要什么培训什么"的原则 ➢ 课程试讲及评估。试讲不仅包括培训内容、活动和教学方法，还包括培训的后勤保障等方面的工作，可以说课程试讲是对前一段工作的一次全面检查 ➢ 课程修订。课程修订包括对课程内容的修订、对课程培训风格的修订

续表

方式	具体步骤
外包开发	➤ 做出培训课程开发外包决定。在进行课程开发之前，我们应当先分析培训需求，然后对内部现有培训工作人员的能力以及特定培训计划的成本进行综合考查之后再决定是否需要外包 ➤ 培训外包内容分析。做出课程外包开发决策之后，应当起草一份外包项目计划书，在起草的过程中，我们可征求多方的意见，以最大限度符合企业培训的要求。外部项目计划书的内容应包括所需培训课程的类型、参加培训的员工以及其他有关培训的一些特殊说明 ➤ 明确培训服务机构的选择标准。企业在选择培训服务机构时，应结合实际情况进行筛选，制订科学、系统的选择标准。如拥有专职培训师队伍、具有良好的行业口碑和丰富的培训业界资源、能自行开发课程，且讲授的课程类别多样等 ➤ 制订培训服务机构选择流程。培训服务机构选择流程：搜集培训服务机构信息、与培训服务机构初步沟通、确定候选培训服务机构、评估并决定培训服务机构 ➤ 外部培训课程质量评估。一般对外包课程进行评估的方法主要有两种：工作改善量化评估法和问卷调查评估法

5.3.2 培训课程设计

（1）课程目标设计

课程目标是制订课程大纲的依据，课程目标根据环境的需求而确定，它提供了学习的方向和要达到的标准。课程目标的表达可以引用ABCD法，即Audience（培训对象）、Behavior（行为）、Condition（环境）、Degree（标准），也就是"在什么样的环境下表现出什么样的行为可以达到什么样的水平"。

设计课程目标时要考虑课程类型、课程的具体内容、课时长度、培训对象的理解与操作能力。不同课程内容的课程目标描述如下。

① 理论与知识类：主要是记忆、理解、简单应用、综合应用、创新应用。

② 技能类：主要是理解、模仿、简单应用、熟练应用。

③ 观念态度类：主要是转变、接受、行为转化、内化为价值观。

在设计课程目标时，可利用表5-7所示的指导表作为辅助工具。

表5-7 用于设计课程目标的指导表

	目标内容	说明
目标1	动词描述	以动词开头
	绩效	培训对象将知道什么或做什么
	标准	绩效应该达到什么程度
	条件	培训对象展开该行为时，所需要的设备或其他资源
目标2	动词描述	以动词开头
	绩效	培训对象将知道什么或做什么
	标准	绩效应该达到什么程度
	条件	培训对象展开该行为时，所需要的设备或其他资源
……	……	……

注：1. 在第一列中描述工作任务或课程内容，目标制订将以此作为基础。

2. 第一项～第四项内容的总和，形成完善的课程目标。

（2）课程整体设计

① 掌握课程整体设计要素。

培训课程整体设计的基本要素如表5-8所示。

表5-8 培训课程整体设计的基本要素

基本要素	要素内容	说明
基本信息	课程代码	运用较多的课程代码编制方法主要为以下两种，即数字课程代码和"英文单词首字母+数字"的组合课程代码
	课程名称	课程开发人员在确定课程名称时，要考虑两个方面的问题：课程名称是否能够体现出课程的核心内容、课程名称是否具有吸引力
	课程类别	企业的培训课程类别可以根据不同的维度进行划分，具体维度有管理层级、岗位以及培训内容等。企业培训课程类别也可以根据企业的实际情况自行划分
	培训对象	培训课程的学习人员。不同的培训课程，培训对象不同。在课程设计前，明确课程的学习对象，便于提高课程内容的针对性和培训效果
	先修课程	提前学习先修课程的内容，便于培训对象较容易接受本门培训课程的内容，提高培训效果
	授课时间	通常情况下，培训课程的授课时间是以"小时"或"天"为单位的。本书中的课程设计案例的授课时间均以"小时"为单位
	课程开发人	主要职责是设计与编写培训课程
	课程批准人	培训课程开发完毕后，课程开发人要将课程提交人力资源部经理进行审批，而这些具有培训课程审批权限的人就是课程批准人
课程进度		课程进度指的是培训课程执行所需的实际时间以及具体安排。确定课程时间的基本原则就是短、平、快，充分利用时间
课程内容	选择课程内容	课程内容选择的主要程序：明确课程内容选择标准、明确课程内容选择步骤、划分课程单元
	课程内容顺序的编排	选择好所有的培训课程内容之后，要安排培训课程的先后顺序，有两种方式排序： ➢ 课程内容的编排原则 ➢ 课程内容的编排程序
考核方法		考核是指讲师授课完成后，对学员掌握知识的程度进行检查。考核方法包括书面测试法、实际操作法以及现场演练法等
课程资源	分析思路	企业完成一次培训需要人力、物力的支持。因此在进行课程整体设计时，一定要慎重考虑培训资源
	课程资源准备	课程资源准备主要包括培训资料的准备、培训环境的准备、培训工具的选择、培训场所的准备
课程大纲		课程大纲是在明确了培训目标和培训对象之后，对培训课程内容和培训方法的初步设想。课程大纲给课程定了一个方向和框架，并给出了课程的主要内容和培训方式

② 选择课程培训方法。

a. 了解常用的课程培训方法。常用的课程培训方法主要有讲授法、研讨法、视听法、角色扮演法、案例分析法、户外训练法、游戏模仿法等。

b. 掌握课程培训方法选择标准。在选择培训方法前，可以事先对学员的成熟度进行大体的划分，具体内容如图5-6所示。

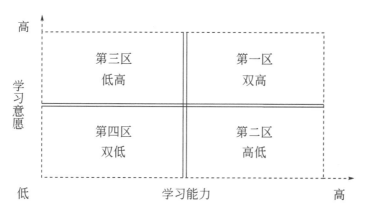

图5-6 学员成熟度的划分

依据培训对象的特点及培训内容的特性的不同，可以采取不同的课程培训方法，具体的课程培训方法的选择标准如表5-9所示。

表5-9 课程培训方法的选择标准

选择标准	具体标准	类型	培训方法
培训对象	成熟度	双高区间	研讨法、案例分析法和自我导向法等
		双低区间	讲授法、提问法等
		高低区间	案例分析法、角色扮演法和游戏模仿法等
		低高区间	讲授法、角色扮演法、一对一教授法等
	职位层次	基层人员	角色扮演法、一对一教授法、游戏模仿法等
		基层管理者	讲授法、案例分析法等
		高层管理者	了解行业最新动态的讲授法和激发新思想的研讨法，以及激发创新思维的户外训练法等
培训内容		知识培训	讲授法、小组讨论法、辩论、自由发言、视听法、展示、陈列、实地观摩等
		技能培训	身体语言、角色扮演法、演习、反复练习、用实例做示范、指导等
		态度培训	问卷调查、户外训练、角色扮演、角色反串、录像反馈、小组讨论、游戏、经验练习等

③ 培训课程体系设计。

培训课程体系主要由新员工培训体系、职能划分的培训体系和职级划分的培训体系三部分构成。

a. 新员工入职培训体系。新员工包括三种类别：第一类是刚毕业的大学生，没有工作经验；第二类是刚进入新企业，已经具有工作经验的人员；第三类是调岗、换岗后上任的新员工。针对这三类新员工进行入职培训时，应考虑到这三类人员之间的差别。这三类人员均需接受关于企业文化、各项规章制度等的培训，此外，刚毕业的大学生还会接受一些与基本技能相关的课程培训。

新员工培训体系和其他两种培训体系是相互联系的。新进的员工包括企业的管理层、中层以及基层的员工。因此，他们还需要接受职能上或职级上的培训课程。

b. 按职能划分的培训体系。现代企业的职能体系是很健全的，因此根据企业的职能体系构建培训体系也是一种比较适合的分类方法。企业针对不同职能部门制订不同的培训策略和培训重点。图5-7是对现代企业的职能部门的划分。

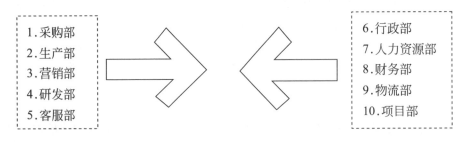

图 5-7　现代企业职能部门划分图

c. 按职级划分的培训体系。现代企业里面的职级通常划分为一般员工、主管、经理、总监、总经理或总裁。不同的企业可能在这些基本的职级上有更细的划分。课程设计者应按照各个职级设计不同的培训课程。

职能与职级之间存在着交叉关系，因此企业应该以职级划分的培训体系结合以职能划分的培训体系，给相关人员提供360度的培训，使相关人员在提高专业技能的同时，综合技能也可以得到发展。

（3）课程单元设计

① 明确单元学习目标。单元设计需要首先明确单元学习的目标，确定需求目标必须从培训对象的需求特点出发，尽量使用便于考核和观察的语言进行说明。

在确定单元目标时，应注意以下事项。

a. 让培训对象记忆并能重复。培训对象进行单元学习的目的是记忆某些信息，并能在工作中重复性实践。

b. 让培训对象能够灵活使用。培训对象通过单元学习能够掌握基本原理和思路，并能在工作实践中合理使用。

c. 让培训对象能够进行创造。培训对象通过单元学习能够优化思维方式，产生创造性思维，并在工作实践中创造显著效益。

② 进行单元内容设计。单元内容设计是单元设计的重中之重，直接决定了单元设计的培训效果，企业课程设计者或培训讲师在开展单元设计时必须重视单元内容的设计。

单元内容设计要解决以下两个方面的问题。

a. 选择哪些内容进行讲授。在实践中开展的任何课程的讲解内容都可以抽象化为5个方面，具体内容如表5-10所示。

表5-10 单元内容构成表

内容分类	具体细化说明
事实	基于在客观环境中存在的，容易观察和理解的信息和数据
概念	运用归纳的推理方式，对具有特定内涵、外延，即内部特点和外部范围的事件和事物进行高度概括
原理/模式	对事实和现象进行分析、解释，并对未来的趋势进行预测，通常表现为模式、模型以及规律性的工具和方式等
步骤/流程	为了实现某个目标，依据现实所具备的条件，根据先后顺序进行操作的实施过程
技巧	为了改变事实，运用原理，履行步骤等而采用的可以提高效率和效果的做法

b. 按照什么样的顺序讲授。在设计完单元内容后，需要按照一定的逻辑顺序对内容进行先后顺序的排列，单元内容排序常用方法如表5-11所示。

表5-11 单元内容排序常用方法

方法	方法细化说明	举例
从简单到复杂	即从容易理解的事物或现象入手，引导培训对象逐渐能够理解复杂的事物或现象	六项思考帽课程的讲解是从列举现象角度导入，由简入繁
从已知到未知	通常情况下，人对已知事物或现象的特征、演变、趋势等比较了解，而对于未知事物或现象则相对陌生，因此从已知相关事物或现象逐步导入到未知的领域有利于学员比较全面地理解和把握授课内容，有效达成学习目标	讲授一项新的技术、理论或模式时，适用此方法
根据客观事物发生顺序	在有些单元内容的讲解中，需要按照事物本身客观发生的先后顺序进行讲解	生产操作课程或其他实践导向型课程，适用此方法
备注	其他方法还包括话题顺序、学习风格顺序等，但所有方法的使用均应遵循人类思考问题和解决问题的通用逻辑分析过程	

③ 选择授课方法和材料。

a. 合理选择授课方法。合理的授课方法能够帮助培训对象理解授课内容、加深记忆并产生共鸣。一般而言，单元内容的授课可以划分为讲授型、演讲型、案例型、演练型、研讨型、游戏型、活动型等。但在实际授课过程中，各类授课类型通常是综合运用的。

b. 有效选用授课材料。授课材料包括海报、录像机、幻灯片、照片、电视节目、录像资料、讲义、挂图、投影胶片、连环画、案例、游戏等。

培训讲师在选择授课所需材料时不能随心所欲，必须要考虑到资源有限、准备和开展培训时间有限、预算有限、培训细节掌握程度有限4个方面的限制因素。

④ 掌握单元设计的工具。常用的课程单元设计的工具有单元设计项目汇总表、单元学习内容展开图、单元设计成果或者表。

（4）阶段性评价与修订

① 阶段性评价。课程阶段性评价工作重点在于分析、比较、诊断和改进。课程阶段性评价的实施可以遵循以下步骤。

a. 明确阶段性评价的期限要求。阶段性评价的目的在于查漏补缺，对培训课程开展前的各项工作和各类文案进行综合梳理。在不同培训课程开发的过程中，这一阶段的工作往往重视不足，甚至在有些课程的讲授过程中忽略本阶段的工作。

明确阶段性评价的期限目的就是确定在不影响课程实施的前提下，有多少时间可以用来进行阶段性评价，从某种意义上说，评价时间的多少决定了评价工作的内容和重点。

b. 明确阶段性评价的重点。理想的阶段性评价的实施当然是对之前各项工作的全面审查，但是受时间和其他方面因素的影响，绝大多数阶段性的评价难以达到理想的程度。因此，明确阶段性评价的重点非常重要。

c. 收集、汇总阶段性评价所需资料。在阶段性评价的重点被确定以后，就需要收集、汇总所有相关的已经制订完成的培训资料，包括《培训需求报告》《课程整体设计大纲》《课程单元设计方案》等，对于一些难以通过文本搜集的资料，应联系相关人员，通过与相关人员的交谈、记录、整理相关信息，以备参考。

d. 确认、分析、评价资料。对资料和信息进行确认、分析和评价是阶段性评价的重点内容。在开展这一工作时，应把握培训对象需求、课程目标与课程设计的匹配度和可行性。

e. 编列评价问题清单。编列评价问题清单是确认、分析、评价资料的结果，也是进行课程阶段性评估这一工作的价值所在，培训课程设计者在编列清单时，可遵照如表5-12所示的表单进行。

表5-12 阶段性评估问题清单样例

问题概要	发现问题的依据	产生问题的原因	问题解决的可能性	备注

f. 拟定改进对策。拟定改进对策，主要是针对发现的问题，在既定时间内进行调整和修订。对于那些需要耗费大量时间和较高成本才能解决的问题，应根据问题的严重程度采取折中对策。

② 课程阶段性修订。课程阶段性修订范围可以包括但不限于下列3种情况。

a. 培训需求的删减、补充或调整。

b. 课程目标的修正、删减、完善。

c. 课程整体设计和单元设计的内容、形式、方法、材料、时间等的调整、完善和删除。

③ 对修订结果衡量。课程设计者在修订完毕后，可参考以下标准对修订结果进行衡量，具体内容如下。

a. 课程内容满足学员需求。
b. 妥善运用各类授课方法。
c. 课程时间和进度安排符合实际需要。
d. 课程表现形式与学员学习风格匹配。

5.4 在线培训

5.4.1 E-Learning培训

E-Learning的英文全称为Electronic Learning，是一种全新的学习方式，它通过网络等技术实现学习的全过程管理（设计、实施、评估等），使学习者获得知识、提高技能、改变观念、提升绩效，最终使企业提升竞争力。

E-Learning最大的特点就是充分利用了IT技术所提供的全新的沟通机制与丰富资源的学习环境。E-Learning课程就是借助E化平台和技术而实施的课程。

企业E-Learning的架构（E-Learning体系）是企业培训和员工学习的重要保障，它包括E-Learning技术体系、E-Learning内容体系和E-Learning运营体系三大部分。

（1）E-Learning技术体系

E-Learning技术体系是指企业E-Learning系统所涉及的软硬件系统，主要包括E-Learning平台系统和硬件环境系统。E-Learning技术体系建设是建设企业E-Learning体系的第一步，也是企业E-Learning得以实施的技术保证。

E-Learning平台系统，主要包括学习管理系统（LMS）、知识管理系统（KMS）、虚拟教室系统（VCS）和在线考试系统（OES）。

① 学习管理系统（Learning Management System，LMS），也称为在线学习系统，是E-Learning学习的基础管理系统。一般来说，LMS主要包括以下功能：管理教育培训流程；计划教育培训项目；管理资源、用户和学习内容；跟踪用户注册课程和学习过程数据管理。

② 知识管理系统（Knowledge Management System，KMS）是一套对知识管理活动的各个过程进行管理的软件系统。为了提高企业的发展和竞争能力，KMS通过建立技术和组织体系，对组织内外部的个人、团队进行以知识为核心的一系列管理活动，包括对知识的定义、获取、储存、学习、共享、转移和创新等。

③ 虚拟教室系统（Virtual Classroom System，VCS）是以建构主义理论为基础的，基于互联网的同步教育模式。它能实现实时视频点播教学、实时视频广播教学、教学监控、多媒体备课与授课、多媒体个别化交互式网络学习、同步辅导、同步测试、疑难解析、BBS讨论、远距离教学等功能。

④ 在线考试系统（Online Exam System，OES），也称为考试管理平台，是用来进行在线考试管理的一套软件系统。它利用计算机及相关网络技术，实现智能出题、智能组卷、智能考务、智能阅卷和智能统计等，优化考试管理。

（2）E-Learning内容体系

E-Learning内容体系的规划对企业来说非常重要，它为未来学习内容的持续开发和建设搭好了框架。构建E-Learning内容体系可以采用以下4种模式。

① 以培训对象为中心的学习内容体系建设。

② 以解决某一专项问题为中心的学习内容体系建设。
③ 以解决绩效差距为中心的学习内容体系建设。
④ 以支持某种战略或业务为中心的学习内容体系建设。

（3）E-Learning运营体系

E-Learning提供给学习者一种全新的学习方式。运营和管理E-Learning的组织机构通常为企业的培训部门或者是企业独立的网络学院、企业商学院等。

随着E-Learning应用的深入开展，企业中的各级业务部门也将成为企业E-Learning应用的直接推动者和使用者。培训部门的职责将演变为提供应用方法和支持服务，由培训职能向学习服务职能转变。表5-13所示是在E-Learning运营中相关部门的参与管理要点。

表5-13　E-Learning运营中相关部门的参与管理要点

相关部门	参与管理要点
培训部门	日常业务运营管理、课程内容开发、项目运作及整体推动
技术部门	E-Learning系统运营、维护、升级，学习者技术支持
人力资源部门	绩效管理接口、监督管理
业务部门	管理部门内部在线学习项目运作、管理团队学习

5.4.2　APP培训

企业可通过自身定制培训APP或借用第三方APP培训机构的资源对员工进行培训。企业利用APP开展培训方便快捷，培训评估数据立等可取，因此这一培训方式受到广泛应用。基于APP的培训课程具有一些特点，具体如图5-8所示。

某企业制订的APP培训软件的界面设置具体说明如图5-9所示。

5.4.3　微信培训

随着互联网技术的发展，移动学习已逐渐成为员工常用的学习方式。微信作为目前国内最受欢迎的社交网络平台之一，其在线互动、主动推送、受众广泛等特点都与移动学习者的需求紧密贴合。因而，利用微信这一平台来实施培训也是很多企业采用的方式之一。

基于微信的移动学习应当能够充分突出学习的交互性，充分展现教学内容的多样性，充分激发员工的学习积极性。

实践中，一些企业会运用微信公众号、微信群等工具对内部员工进行培训。利用微信平台开展培训的课程形式多样、内容丰富，是学员了解企业文化，学习知识、技能的有效工具。下面我们就运用企业微信公众号进行培训这一方式做简要介绍。

运用微信公众号这一平台对员工进行培训时，其界面设置的项目包括但不限于图5-10所示的4项。

```
                    ┌─────────────┐
                    │ APP培训课程  │
                    └─────────────┘
```

课程内容多样化
企业培训管理人员可以随时随地上传各类课程，更好地满足学员的培训需求

课程学习多媒体化
内容的形式可以是视频、PPT、PDF等格式课件，以使课程学习多媒体化

学习动态化
针对课程内容，学员可自由交流、讨论、互帮互助，让学习更有效

考试自动化
随时进行课前摸底、课后测评、独立测评；试题可从题库中抽取，实现快速分配、自动阅卷并快速显示考试结果

指导个性化
培训人员可随时关注学员的学习情况，并进行有针对性的指导

成长轨迹可视化
快速查看个人培训课程的学习时长、测评合格率、一键收藏的课程、评论等内容，见证员工的成长轨迹

图 5-8　APP 培训课程实施的特点

自主选择课程	打开培训APP软件，在首页一般可以选择适合自己或自己感兴趣的培训课程。如某款英语培训APP中，分为口语课和听力课两大类，听力课中包括英文歌曲、名人演讲、电影台词、新闻、诗歌等形式的录音和相应的文字，以供学员选择
名师课程和在线答疑	企业培训管理者可在培训APP上提前公布课程的时间，学员可根据个人情况选择是否参加。在讲师课程中，学员在学习相关工作知识或技能的同时，可向讲师提问、与其他学员交流互动，以加强学习效果
个人课程管理	学员在培训APP上通过选择符合自身需求的课程，结合个人时间安排以及培训要求，制订个性化的培训课程表
互动交流	学员之间可以通过在线讨论、共同测试等形式，就相关的培训课程进行交流学习；或将工作实践中的收获发表在APP软件上，分享学习经验，以期共同进步
课程测评	课程测评的形式是灵活多样的，如游戏通关、随机PK等，用以测试课程内容的学习成果以及与他人的差距

图 5-9　APP 界面设置具体说明

微课学习	在微信公众号发布微课的相关信息,让学员在规定时间参加此门课程的学习,并设有讲师在线答疑等互动交流环节
每天一练	每天在微信公众号提出与培训课程内容相关的问题,要求学员留言回答,并在第二天将学员的答案整理发布,以促进了解和交流
在线题库	通过微信公众号平台提供在线题库测试功能,以检测学员的学习效果,测评完成后会自动阅卷并反馈答题结果,以便学员查漏补缺
设置排行榜	利用排行榜使学员对自己的学习效果、与他人的差距有清晰的认识,激励其不断努力学习,提升排名,赢得奖励

图 5-10 微信公众号界面设置

5.5 培训效果评估与转化

5.5.1 培训效果评估

(1) 明确培训效果评估内容

培训效果评估是指培训部门对培训对象在培训中取得的收获情况进行调查与分析。培训效果评估的内容包括学习成果评估、培训组织管理评估、培训讲师评估以及培训经济效益评估4个方面。

① 学习成果评估。学习成果评估是指对培训对象的学习成果进行评估。评估内容包括培训后的课堂测试、培训后对培训对象的工作态度、工作方法以及工作业绩是否提高。

② 培训组织管理评估。培训组织管理评估是指对培训组织者的项目实施情况进行评估。评估内容包括培训时间安排、培训场所环境、培训设备器材、培训现场督导、后勤服务情况。

③ 培训讲师评估。培训讲师评估是指对授课的培训讲师进行评估。不管是内部讲师还是外部聘请的讲师,评估的内容大致相同,主要是对培训课程内容、授课形式、授课方法、讲师的语言表达方式以及课程需要改进的地方进行评估。

④ 培训经济效益评估。培训经济效益评估是企业对培训效益进行评估。评估内容主要是核对预算,通过计算投入产出比来评估企业因培训取得的经济效益或收入。

(2) 选择培训效果评估模型

常见的培训效果评估模型有柯克帕特里克模型、CIRO培训评估模型、CIPP培训评估模型、投资回报率评估模型、五层次培训评估模型。

(3) 确定培训效果评估方法

培训效果评估方法主要有观察评估法、目标评估法、问卷调查法等。

① 观察评估法。观察评估法是指评估人员在培训过程中和培训结束后,观察培训对象在培训过程中的反应情况,以及在培训结束后在工作岗位上的表现。他们或利用观察记录、或利用录像的方式,将相关信息记录到培训观察表中,通过比较培训对象在培训前后的工作业绩,从而衡量培训达到的效果。

② 目标评估法。目标评估法要求企业在制订培训计划中,将培训对象在完成培训后应学到的知识、技能,应改进的工作态度及行为,应达到的工作绩效标准等目标列入其中。培训课程结束后,企业应将培训对象的测试成绩和实际工作表现与既定培训目标相比较,得出培训效果,并作为评估培训效果的根本依据。

③ 问卷调查法。问卷调查法是比较常用的培训评估方法,是指培训组织者借助预先设计好的调查问卷,在培训结束时向培训主体或培训对象了解培训效果的一种方法。

(4) 撰写培训效果评估报告

① 培训效果评估报告的撰写内容。培训评估报告主要由提要、前言、实施过程、评估结果和附录5个部分组成,具体内容如下。

a. 提要。对培训效果的评估要点进行简要概述;语言要求简明扼要。

b. 前言。说明评估实施背景,以及培训项目的情况(培训时间、地点、人数以及课程等内容);明确评估的目的和评估的性质;说明以前是否有过与此评估项目类似的评估,并进行对比。

c. 实施过程。这是培训评估报告的重点,即评估报告的方法论部分;主要撰写评估的内容、评估评估方法、评估程序等方面。

d. 评估结果。阐明培训评估的结果;评估结果包括培训课程评估结果、培训讲师评估结果、培训组织者评估结果;尽量用图表对评估结果进行解释说明;根据评估结论,提供可以改进和参考的建议或意见。

e. 附录。附录主要包括收集和分析资料用的图表、调查问卷以及部分原始资料等。

② 撰写培训评估报告的注意事项。培训部门在撰写评估报告时,应注意以下5点事项。

a. 数据信息的来源。调查培训结果应注意选择调查对象,看其是否具有代表性,保证其能代表整个培训群体的意见,避免做出不充分的归纳。

b. 整体效果。评估人员须对培训项目的整体效果进行描述,避免以偏概全。

c. 实事求是。撰写评估报告时要尽量实事求是,切忌过分美化评估结果,真正做到通过评估来证明培训的价值。

d. 培训对象积极性。评估人员要用适当的方式描述在培训过程中出现的消极方面,避免打击相关培训对象的积极性。

e. 实时监控。当项目评估事项持续1年以上时间时,评估人员需要撰写中期评估报告,方便企业相关领导了解评估的进展情况。

5.5.2 培训效果转化

(1) 做好准备工作

企业在进行培训成果转化活动之前,应首先做好准备工作。培训成果转化的准备工作,主要包括建立相关制度、改善工作环境、成立项目小组、召开动员大会等。

① 建立相关制度。企业在开展培训成果转化工作之前或在日常的培训管理工作之中,

应建立起完善、合理的培训成果转化的相关制度。培训成果转化的相关制度主要包括培训成果转化计划制度、培训成果转化跟踪制度、培训成果转化评估制度、培训成果转化激励制度、培训成果转化监督制度、培训成果转化保障制度。

② 改善工作环境。环境的复杂性对员工的态度和行为影响很大。因此，改善工作环境，创造一个良好的、积极向上的学习氛围对培训成果转化具有十分重要的作用。

企业改善工作环境的途径主要包括以下几种。

a. 获得管理人员支持，以促进培训成果转化有关事项顺利进行。

b. 创建培训激励机制，营造竞争性的工作、学习氛围。

c. 组织团队学习，共同探讨工作问题及解决措施。

d. 创建学习型组织，使工作环境更有利于培训成果的转化。

③ 成立项目小组。企业在开展培训成果转化工作之前，应成立培训成果转化工作小组。工作小组成员主要包括人力资源经理、培训部经理、培训主管、绩效主管、外部人力资源专家等。一般情况下，培训成果转化工作小组组长由人力资源经理担任。

④ 召开动员大会。企业在正式实施培训成果转化工作之前，培训成果转化工作小组应召开培训成果转化工作动员大会，做好培训成果转化工作的宣传活动。

召开动员大会的目的是让企业内所有员工深刻感受到企业对培训成果转化工作的高度重视，领会培训成果的实现对其自身发展的价值和意义，并在此基础上让员工配合和支持培训成果转化相关的工作。

（2）深入调研咨询

培训成果转化工作的一个关键步骤，就是对企业培训效果评估结果、企业存在问题的根源及潜在隐患进行深入的调研和分析。

培训成果转化深入调研咨询的主要程序如下。

① 组织进行培训效果评估，统计培训效果评估结果相关的数据信息。

② 分析企业培训需求与培训效果评估结果的对应程度。

③ 分析行业环境与企业自身发展状况的差距。

④ 调查企业发展中问题存在的根源及其潜在的隐患。

⑤ 总结培训成果转化对于改善企业现状的及时性分析。

⑥ 撰写企业培训成果转化咨询报告，并逐级汇报。

（3）确定工作计划

在正式开展培训成果转化工作之前，企业应当制订一份详细的工作计划书，明确培训成果转化的目的和目标，并对如何开展培训成果转化工作进行项目化列举，在其通过审批后开始执行培训成果转化工作计划。

培训成果转化工作计划应当包含工作目的、工作目标、工作范围、计划实施时间、计划执行人员、成果转化方法、计划支出部门、成果转化流程、计划执行报告以及工作注意事项等内容。

（4）跟踪培训投入

培训是企业的一种投资活动，企业在开展培训成果转化工作过程中，要对培训的投入进行有效的跟踪和反馈，为培训效果的实现提供依据。

培训的投入主要包括企业对培训的直接投入和间接投入两个部分，其具体内容如图5-11所示。

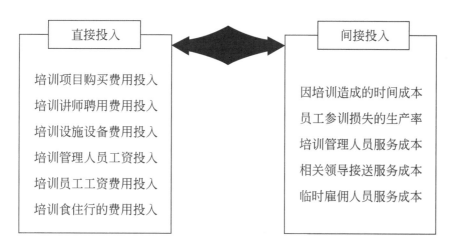

图5-11　培训投入构成

根据培训投入的类型，在培训执行过程中有区别、有计划地对各种培训投入进行跟踪和监督，可以有效控制培训投入，使其保持在企业可以接受的范围之内。

（5）建立转化条件

企业应建立多个条件以促成培训成果有效的转化。有利于培训成果转化的条件主要包括员工特征、工作环境、学习应用、管理支持、沟通支持、技术支持等，具体内容如表5-14所示。

表5-14　培训效果转化条件

序号	转化条件	具体说明
1	员工特征	➢ 确保培训对象具有充分的自信 ➢ 让培训对象了解培训可以为个人发展带来的收益 ➢ 使培训对象意识到自己的培训需求、职业发展兴趣以及个人目标 ➢ 保证培训对象具备基本的知识水平和技能水平
2	工作环境	➢ 物理工作环境能够适宜培训效果的转化 ➢ 工作氛围条件能够适应培训效果的转化
3	学习应用	➢ 企业应保证让培训对象在日常工作中广泛、有深度、经常性地使用在培训中使用所学的知识和技能，尤其是培训中的具有挑战性的内容，同时保证培训对象有实践的机会
4	管理支持	➢ 向管理人员介绍培训项目目的及其运营目标、运营战略 ➢ 鼓励培训对象将其在工作中遇到的难题带到培训活动中 ➢ 与管理人员共享收集到的信息 ➢ 安排培训对象与上级领导共同完成行动计划
5	沟通支持	➢ 培训对象之间可以建立沟通反馈机制增加培训成果转化 ➢ 培训讲师在培训结束后，要以各种形式指导培训对象进行培训成果转化
6	技术支持	➢ 通常是指计算机应用系统，能够按照一定要求和相关标准提供技能培训、信息资料和专家建议，并能够支持培训成果的转化

（6）促成培训产出

企业正常的培训，其产出应该高于其投入。企业对培训成果进行有效转化，及时促成培训的产出。通常情况下，能够促成培训产出的方式主要包括维持、运用、推广。

① 培训成果的维持，是指对在从培训结束后到将培训内容应用于工作这段时间里，培训对象对相关知识和技能的牢记程度，即长时间持续应用新获得能力的过程。

② 培训成果的运用，是指培训对象在遇到与学习环境类似但又不完全一致的问题和情境时，将所学技能如语言知识、动作技能等进行调整应用于工作的能力。

③ 培训成果的推广，主要是指培训成果对于企业其他管理系统的产出帮助和联系，包括人员招聘系统、人员测评系统、业务操作系统、绩效薪酬系统、企业管理系统等。

第6章 绩效考核与改进

6.1 绩效目标与计划

6.1.1 绩效目标的设计

（1）绩效量化目标设计

只有可衡量的目标才能便于企业管理者判断绩效。因此，企业需要对目标进行量化设计，如企业产品的市场份额达到____%、客户保有率不低于____%、将成本控制在____%～____%、提高客户响应速度，争取将回应时间控制在____分钟以内等。

概括起来，企业量化目标的设计可从收入、利润、成本费用、时间以及相关管理的事项目标进行设计，具体内容如下。

① 目标量化维度。人力资源管理人员对目标可以从结果和行动两个维度对其进行量化。两个维度的具体说明如下。

a. 结果：实现这样的目标，最终期望的结果是什么？

b. 行动：完成这样的结果，需要采取哪些行动？

各绩效目标量化可针对具体情况，采取只分析结果或者只分析行动的方式进行设计，或者结合两者一起考虑，这主要是看企业的导向是重行为还是重结果，还是两者并重。

② 目标量化方法。由于目标量化必须有量化方法，人力资源管理人员可以采用数量量化、质量量化、成本量化、时间量化等方法对目标进行量化。目标量化方法的具体说明如下。

a. 数量量化。数量量化是指用数据或百分比指标来量化员工的业绩和技能，例如产量、次数、频率、销售额、利润率、客户保持率等。

b. 质量量化。工作不仅在规定的时间内完成，而且还需要有质量地完成，例如准确性、满意度、通过率、达标率、创新性、投诉率等。

c. 成本量化。从成本的角度细化量化考核工作，落实成本管理责任，例如成本节约率、投资回报率、折旧率、费用控制率等。

d. 时间量化。从时间角度对部门工作成果进行量化考核，主要是对限定时间内的工作完成情况进行的考核，例如期限、天数、及时性、推出新产品周期、服务时间等。

③ 目标量化要求。目标量化需要遵循量化、细化、流程化的要求进行，其基本要求为：能量化的尽量量化；不能量化的尽量细化；不能细化的尽量流程化。

④ 目标量化原则——SMART原则。SMART原则是目标量化的最根本原则，也是检查目标的原则。因此人力资源管理人员首先需要按照SMART原则对绩效目标量化进行设计和检查。SMART是由五个英文字母的缩写构成，S（Specific）明确的、M（Measurable）可衡量的、

A（Achievable）可达到的、R（Relevant）关联的、T（TimeBound）有时间表的。

由于企业发展情况各不相同，因此目标设定的侧重点也不尽相同。表6-1是某企业经营目标量化的示例。

表6-1 企业经营目标量化表

序号	目标	目标量化指标	
1	收入目标	销售收入	达 ___ 元
		项目收入	达 ___ 元
		其他收入	达 ___ 元
2	利润目标	净利润	达 ___ 元
		销售利润率	达 ___ %
3	成本管理目标	研发成本	控制在预算之内
		制造成本	降低 ___ %
4	费用管理目标	营销费用	控制在预算之内
		财务费用	降低 ___ %
		管理费用	降低 ___ %
5	生产管理目标	产量	产品达 ___ 台
6	安全管理目标	无重大、特大安全事故发生	0次
7	质量管理目标	产品质量合格率	达 ___ %
8	市场营销目标	市场占有率	达 ___ %
		品牌认知度	提升 ___ %
9	技术研发目标	研发新产品的数量	达 ___ 项
		重大技术改进项目完成数	达 ___ 项
10	客户服务目标	客户开发计划完成率	达 ___ %
		客户投诉处理及时率	达 ___ %
11	人力资源管理目标	员工流动率	控制在 ___ % 以内
		人均培训时数	达 ___ 小时/人

（2）绩效定性目标设计

绩效定性目标是指无法直接通过数据计算分析评价内容，需对评价对象进行客观描述和分析来反映评价结果的指标。企业确定明确、具体的定性目标，有利于员工明确工作开展的要求与方向，有利于激励员工按要求积极完成岗位工作。

① 定性目标类型。通常定性目标主要分为能力类定性指标、行为态度类定性指标和工作过程类定性指标，需要根据具体的岗位分析后确定。表6-2对各类型的定性指标进行说明。

表6-2 定性指标类型

目标类型	目标说明	举例
能力类定性指标	综合描述员工某一方面能力的目标	如分析判断能力、沟通能力、应变能力等
行为态度类定性指标	描述一个人的行为态度,对于某些行为、态度要求较高的岗位很重要	如服务态度、团队协作态度、服从性、原则性等
工作过程类定性指标	完成特定的某项行为操作所需要达成的目标,对此目标的考核是为了对员工履行职责的过程实行实时监控	如财务报告及时性、财务报告差错情况、预算管理完成情况、税务管理准确性等

② 定性目标设计步骤。由于定性目标主要由指标与指标达成状态构成,所以人力资源部可以按以下三步确定定性目标。

a. 定性指标提取。人力资源部首先需熟悉被考核对象或被考核部门的工作流程,了解被考核对象在流程中所扮演的角色、肩负的责任以及同上下游之间的关系,分别找分管领导、各职能部门、下属分公司进行调研和访谈,了解被考核部门或被考核者的关键工作事项或典型工作行为,以及胜任岗位工作应具备的能力素质等。

人力资源部首先根据关键工作事项、典型工作行为、岗位能力素质等提取定性指标,然后根据考核的基本原理与原则,对所提取的定性指标进行验证,保证其能够有效地反映被考核对象的绩效特征。

b. 确定指标达成状态。指标达成状态即完成指标的表现,人力资源部可采取等级描述法,对工作成果或工作履行情况进行分级描述,并对各级别用数据或事实进行具体和清晰的界定,使被考核对象明确指标各级别达成要求,明确指标达成状态。

c. 将指标与达成状态结合。明确指标达成状态后,人力资源部应将提取的指标与指标达成状态相结合,结合后的定性描述即为定性目标。

6.1.2 绩效目标的分解

(1) 企业级目标向部门分解

企业级目标向部门分解,也就是将企业的一级目标分解为二级目标,目标分解的方向既可以在横向上,也可以在纵向上,还可以在时序上。

但是,无论在哪种方向对企业级目标进行分解,企业经营管理人员应该遵循如图6-1所示的企业级目标分解依据。

明确企业级目标分解的具体要求后,企业可采用目标分解方法将企业级目标进行分解,并将分解后的部门目标划分为定性和定量两种目标,以便于部门目标易于测量和考核。

① 具体的目标分解方法。

a. 以具体指定某物增加或减少的数量值来设定部门目标。

b. 以在特定产品中引入方法、材料来设定部门目标。

c. 以提高完成工作任务的意识或能力来设定部门目标。

d. 以引入控制措施来设定和管理部门目标。

e. 以提高有关满意度来设定客户类的部门目标。

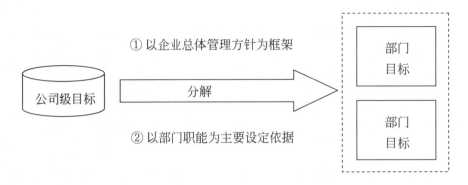

图6-1 企业级目标向部门分级示意图

f. 以符合相关法律法规和进行持续改进来设定部门目标。

目标分解是实现企业级目标的基础性工作，为此企业在分解企业级目标时应严格按照具体的分解要求实施目标分解，以确保目标的可实现性。

② 企业级目标分解的具体要求。

a. 坚持整分合原则。分解企业级目标时，应将企业级目标分解为不同部门的分目标，且各分目标的综合又能体现企业级的总体目标。

b. 分解后的目标与总目标方向一致。分解后的部门级目标应与企业级目标在总体方向上保持一致性，且工作内容上下贯通，以保证企业级目标的实现。

c. 综合考虑客观因素。在分解企业级目标时，要综合考虑各部门实现部门目标所需要的条件及相关限制因素等，如人力、物力、财力和协作条件、技术保障等。

d. 能够协调同步发展。分解后的企业级目标之间在内容与时间上要协调、平衡，并同步的发展，以免影响企业级目标的实现。

e. 目标描述准确。分解后的企业级各目标的描述要简明、扼要、明确，最好有具体的目标值和完成时限要求，以便于对分解工作进行考核。

（2）部门级目标向岗位分解

部门目标通常是各部门的各项工作达到的效果，即这个部门应该承担的主要工作任务的工作结果。

① 部门级目标的分解方法。在分解部门级目标时，企业可采用指令式分解法和协商式分解法，具体说明如表6-3所示。

表6-3 部门级目标分解方法说明

分解方法	方法说明
指令式分解法	➢ 指令式分解法是指在分解部门级目标前，部门领导不与各岗位人员商定具体的分解目标和分解方案，而是由领导者个人确定目标分解方案，并以指令或指示、计划的形式下达分解后的目标 ➢ 使用该分解方法可以将部门内的各岗位目标构成一个完整的目标体系，使目标看起来更系统、更完善 ➢ 这种分解方法可能造成个别岗位的目标难以落实，还可能让各岗位人员失去开展工作的动力和积极性

续表

分解方法	方法说明
协商式分解法	➢ 协商式分解法是指在分解部门级目标前,企业领导对企业级目标的如何分解以及怎样落实与各岗位人员进行充分的协商和讨论,使各岗位人员对本部门的总体目标和岗位目标的落实取得一致意见 ➢ 因确定分解目标是由部门领导与各岗位人员进行了充分的协商和沟通后确定的,所以协商式分解法可以很容易将部门目标落到实处,同时通过协商与沟通,可以增强各部门及人员的归属感,进而迸发各部门的工作积极性和热情

② 部门目标的分解原则。在将部门目标分解为岗位目标时,企业应坚持以下原则,以确保部门目标的可操作性。

a. 各岗位的目标必须与岗位执行人员息息相关,即岗位目标的设定应与岗位执行人员的工作能力和工作业绩相关。

b. 岗位目标的种类不宜过多,一般应控制在五项之内。

c. 所设定的岗位目标要与岗位的上级目标有关联,且和相关部门之间目标要彼此配合、平衡。

d. 目标必须设法具体化、数量化。

③ 部门级目标分解示例。以生产部为例,其日常工作内容包括生产计划与控制管理、产品研发管理、生产工艺技术管理、生产采购管理等。下面以"生产计划与控制管理"这一部门任务向读者说明如何对该项部门目标进行分解。具体的分解事例说明如图6-2所示。

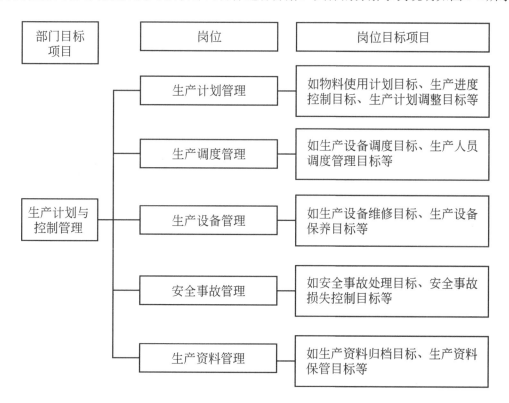

图6-2 部门级目标分解为岗位目标的具体示例

(3) 岗位目标向关键事项分解

岗位目标向关键事项分解的过程也就是将岗位目标具体化的过程，这时企业应首先整理出各岗位的主要工作项目，其次将重点工作项目的目标予以具体化和数量化，并标出在规定时间内的达成状况等。

在将岗位目标向关键事项目标分解时，企业应坚持下列原则。

① 岗位目标的关键事项应在4~5个，在设定具体的关键事项目标时，应根据岗位人员的具体情况设定，如为老员工设定的目标值可略多，为新员工设定的目标可略少。

② 关键事项的具体目标应清晰明了，以避免发生歧义，致使关键事项目标难以考核。

③ 在遇到难以具体化、量化的关键事项时，应当用"程序"+"评估标准"来设定目标。

④ 关键事项目标应留有调整的余地，以适应企业生产发展的需要。

6.1.3 绩效计划的制订

(1) 准备阶段

绩效计划通常是由管理者与员工进行双向沟通得到的。为达到预期的绩效结果，事先需要准备必要的信息和选择绩效计划的沟通方式。

① 相关信息准备。在绩效计划沟通前需要准备的信息主要分为三类，如表6-4所示。

表6-4 绩效计划沟通前需要准备的信息

信息类型	具体内容
关于组织的信息	主要包括组织的战略发展目标和计划、企业年度经营计划等
关于团队的信息	主要包括业务单元的经营或工作计划、员工所处团队的目标和计划等
关于个人的信息	主要包括员工个人职责描述、员工上一阶段绩效考核结果等

② 选择沟通的方式。在绩效计划的准备阶段，采取何种方式进行绩效沟通也非常重要。在选择沟通方式上，需考虑不同的企业文化氛围、环境、员工的特点、所要达到的工作目标内容等因素。

(2) 沟通阶段

沟通阶段是整个绩效计划阶段的核心，在这个阶段，人力资源管理人员和员工经过充分的沟通和交流，对员工绩效考核期间的工作目标和计划达成共识。

① 沟通环境。在沟通阶段，人力资源管理人员和员工应首先营造一个适宜的沟通环境，在这个环境中，沟通的气氛要宽松，而且不会有其他事情打扰。

② 沟通原则。在进行沟通时，应遵循以下原则。

a. 关系平等原则。在沟通中，人力资源管理人员和员工是一种相对平等的关系，应平等地与其商定具体的绩效计划，而不是强制性的。

b. 自主自愿原则。绩效计划的实施者、执行者归根到底还是每一位被考核员工，因此在制订绩效计划沟通时，需要充分发挥员工的主观意愿，经过相关专业的培训，让其能根据自己的岗位及其工作职责制订绩效计划的具体内容、考核标准等，充分尊重员工的个人意见。

c. 协调配合原则。人力资源管理人员要引导员工在企业内部与其他岗位人员、本岗位其他人员、业务单位人员进行协调配合，使员工个人工作绩效与企业整体绩效计划、经营目标等有效结合。

d. 自主决定原则。人力资源管理人员应事先说明绩效计划是与部门、员工经过协商后制订的，任何人员不得替代员工本人作出绩效计划的相关决定，以方便绩效计划的执行与落实管理。

③ 沟通过程。绩效计划是双向沟通的过程，但受多种因素的影响，沟通的过程也并非完全一致。以下是一个最为常见的沟通过程。

a. 回顾各种相关信息。

b. 确定员工KPI指标。

c. 讨论主管人员能够为员工提供的帮助。

d. 沟通结束。

（3）绩效计划制订后的确认阶段

在制订绩效计划的过程中，绩效计划的确认是绩效计划制订的最后一个步骤。在这个过程中要确保以下两项工作任务的完成。

① 确保达成共识。绩效计划制订在最后确认中，人力资源管理人员应首先确认以下的问题是否与各部门及员工有效地达成了共识。

a. 各部门及员工绩效考核期内的工作职责是什么？

b. 在绩效考核期内所要完成的工作目标是什么？

c. 如何判断绩效工作目标完成的完成情况及完成时间？

d. 各项工作职责以及工作目标的权重如何分配？

e. 在完成绩效计划时，各部门及员工可以拥有哪些权力和资源等？

f. 在绩效计划的完成过程可能会遇到哪些困难和障碍？

g. 上级领导及人力资源管理人员可以为各部门及员工提供哪些支持和帮助？

h. 在绩效考核期内，人力资源管理人员应该为考核对象提供哪些培训？

② 确定达成的结果。当绩效计划的制订工作结束后，人力资源管理人员应确定达成图6-3所示的结果。

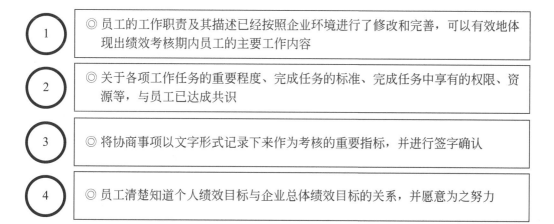

图6-3　确定达成的四项结果

6.2 绩效考核指标设计

6.2.1 指标的确定

（1）明确指标确定依据

人力资源管理人员，需对企业各岗位的工作内容、工作流程以及绩效特征进行分析，并以分析结果为依据，确定考核指标。

（2）选择指标确定的方法

人力资源管理人员需根据绩效考核的实际需要及企业的实际情况选择合适的方法进行指标确定。在企业管理中，绩效考核指标确定方法一般有工作分析法、绩效指标图示法、问卷调查法及访谈法4类，具体说明及实施要求如表6-5所示。

表6-5 指标确定方法说明

方法名称	方法说明	操作模式要求/示例
工作分析法	通过收集、分析工作相关信息，以提取主要和重要的工作事项来确定绩效考核指标的方法	工作分析法的操作步骤如下： 收集分析考核相关资料、分析岗位说明书、明确工作规范、选择代表性的工作、确定绩效考核指标
绩效指标图示法	将某类岗位任职者的绩效特征用图表形式描绘出来，并加以分析研究，以最终确定考核指标的方法	（图示：横轴为绩效，包括督导能力、决策能力、表达能力、工作数量、合作精神；纵轴为等级，包括几乎不需要考核、可以考核、需要考核、非常需要考核、必须考核） 从上图可知，在督导能力、决策能力、表达能力、工作数量、合作精神5个指标中，对督导能力和决策能力可不进行考核，但对表达能力、工作数量、合作精神3个指标必须进行考核
问卷调查法	以书面形式，将绩效管理项目和问题展现出来，并分发给相关人员填写，以收集不同人员关于绩效考核指标设计依据和建议的方法	要素 / 重要程度（必须考核、应该考核、可以考核、不需要考核） 销售额 责任心 备注：您认为考核××岗位的任职者工作绩效需考核哪些指标，请在"重要程度"栏里恰当位置划"√"

续表

方法名称	方法说明	操作模式要求／示例
访谈法	通过与绩效考核管理人员交流，收集相关资料信息，并以此作为设计和确定考核指标依据的方法	访谈法的操作步骤如下： 设计访谈提纲、实施访谈提问、访谈内容记录与分析、筛选考核要项，提取考核指标

6.2.2 指标的选取

人力资源管理人员在组织员工绩效考核时，需从指标库中选取合适的考核指标进行考核，具体的选取要求如下。

① 指标种类的选择需以考核目的为依据，选取能够反映出考核目的的考核指标。

② 指标数量需适量，一般要求每类的指标数目为 4~8 个，以保证考核的全面性、准确性，同时提高考核效率，并有效控制考核成本。

③ 考核指标选取后，人力资源管理人员需同考核对象或其上级进行沟通，询问其意见，并进行调整，同时可使考核对象或其上级了解考核内容，以配合或支持考核工作展开。

6.2.3 指标的组合

人力资源管理人员在选取考核指标后，需根据考核的实际需要，进行考核指标的组合。企业绩效考核指标组合的常见类型主要有以下几类。

（1）业务指标与管理指标组合

根据考核指标反映的考核内容，考核指标分为业务指标和管理指标两类，相关说明如表 6-6 所示。

表 6-6 业务指标与管理指标说明

指标类型	考核对象	适用范围
业务指标	业务工作的完成情况，如销售、采购、研发、生产等相关工作的完成情况	各部门工作业绩的完成情况
管理指标	为达成业务目标所需开展的相关辅助工作，如安全管理、设备管理、部门及下属员工管理等相关工作	各项管理工作的完成情况

人力资源管理人员需根据企业的组织架构及各部门的职能要求，确定合适的业务指标和管理指标比例，进行合理组合，具体要求如下。

① 对于业务部门及相关人员的考核，其业务指标所在的比重要高于管理支持部门及相关人员所占的比重。

② 对于基层人员的考核，其业务指标所占的比重要高于管理指标所占的比重。

（2）平衡计分卡模式组合

平衡计分卡模式组合是以平衡计分卡考核维度为基础的指标组合体系，主要包括财务、内部运营、客户、学习与发展 4 类指标。

① 财务类指标。财务类指标需反映为股东、投资者等创造的价值，包括净资产收益率、投资收益率等。

② 内部运营类指标。内部运营类指标需反映企业内部运营的效率，如销售增长率、生产计划完成率、质量合格率等。

③ 客户类指标。客户类指标需反映企业为客户提供的服务情况与客户对企业的看法，如客户增长率、客户投诉处理及时率等。

④ 学习与发展类指标。学习与发展类指标需反映企业员工的学习与发展情况，包括员工培训参与率、培训考核达标率、核心员工流失率等。

平衡计分卡模式组合适用于对企业总经理、企业各业务总监等企业高层管理人员的绩效考核指标的组合。

（3）定量指标与定性指标组合

根据指标考核准确性，考核指标可分为定量指标和定性指标两类，相关说明如表6-7所示。

表6-7 定量指标与定性指标说明

指标类型	指标说明	指标特点	适用范围
定量指标	指可以通过准确的数值来衡量考核结果的考核指标	具有明确的考核标准，考核结果较为准确	◎可量化评估的工作 ◎被考核者的工作成果
定性指标	指仅可通过对考核对象进行客观描述与分析来反映评价结果的指标	考核内容全面，但考核实施以考核者主观印象为主，考核结果为一定范围内的结果	◎难以量化评估的工作 ◎被考核者的工作过程

为了确保考核结果的准确性与全面性，人力资源管理人员在选择考核指标时，需将定量指标与定性指标进行组合，具体要求如下。

① 对于工作业绩的考核，考核指标需以定量指标为主，而对于工作能力、工作态度等内容的考核，考核指标需以定性指标为主。

② 对于基层人员的考核，考核指标需要定量指标为主，而对于管理人员的考核，则需将定量指标与定性指标按照合理的比例进行组合。

③ 对于企业业务部门及相关人员的考核，其定量指标所占的比重需高于管理支持部门及相关人员所占的比重。

（4）业绩能力素质维度组合

业绩能力素质维度组合是将考核指标分为业绩指标、能力指标与素质指标3类，具体说明如表6-8所示。

表6-8 业绩能力素质维度组合说明

指标类别	指标说明
业绩指标	用于衡量员工工作业绩的指标，如销售额、生产量、采购计划完成率等
能力指标	用于衡量员工工作能力的指标，如目标管理能力、风险控制能力、沟通能力、授权能力等
素质指标	用于衡量员工素质的指标，如工作态度、职业素质等

业绩能力素质维度组合主要适用于对基层员工绩效考核指标进行组合。

6.2.4 指标库的建设

人力资源部在确定绩效考核指标后，需进行指标库的建设，以便于考核指标分类整理，从而利于各考核指标的有效使用。

（1）确定指标库信息构成

企业指标库信息构成主要包括考核部门、主管领导、岗位名称、关键职能、指标属性、指标名称、指标定义、计算公式、目标描述、评价标准10项内容，从而能够全面反映考核指标的信息，便于相关人员使用考核指标。

（2）指标库建设程序

企业指标库建设程序如下。

① 指标信息整理。人力资源管理人员需根据指标库信息构成要求，整理各考核指标信息，并验证信息的准确性。

② 指标分类。人力资源管理人员需根据指标信息特征对考核指标进行分析，以确定指标的所属类别。

③ 建成指标库。人力资源管理人员根据绩效考核指标的类别进行整理，然后汇总并建成指标库。

④ 指标库审批。人力资源管理人员需将指标库信息交上级领导及相关主管人员进行审核，并需根据审核依据进行修订，以确定最终指标库信息。

6.3 绩效考核方法选择

6.3.1 KPI考核法

KPI考核法即关键绩效指标法，是指根据宏观的战略目标，经过层次分解之后提出具有可操作性的战术目标，并将其转化为若干个考核指标，然后借用这些指标，从多个维度对组织或员工个人的绩效进行考核的一种方法。

KPI考核法是用来衡量被考核者工作绩效表现的具体量化指标，它来自对企业总体战略目标的分解，反映最能有效影响企业价值创造的关键驱动因素，普遍应用于企业部门员工的工作考核中。

（1）关键绩效指标体系建立

企业在建立关键绩效指标体系时应遵循如图6-4所示的操作步骤。

（2）关键绩效指标选择

通常情况下，企业中能够用于绩效考核的指标有很多，其涵盖的范围也比较广泛，如果对全部指标均进行监控和考核，则指标过多，不利于绩效考核的实施和绩效的改进。因此，确定和挑选企业重点关注的关键绩效指标显得尤为重要。企业在选择和确定关键绩效指标时可采用以下5种方法。

① 标准基准法。企业将自身的关键绩效行为与本行业最强企业的关键绩效行为进行比较，分析这些基准企业的绩效形成原因，并在此基础上确定本企业的关键绩效指标。

② 目标分解法。通过建立财务指标与非财务指标的综合指标体系，对企业的绩效水平

明确企业总战略目标	◎ 根据企业的战略方向，从增加利润、提升盈利能力、提高员工素质等角度分别确定企业的战略重点，并对关键业绩指标进行分析，从而明确企业总体战略目标
确定企业分目标	◎ 将企业的总体战略目标按照内部的某些关键业务流程分解为几项主要的支持性分目标
内部流程整合与分析	◎ 以内部流程整合为基础进行关键业绩指标设计，使员工知道自己是为哪一个流程服务的，以及对其他部门乃至企业的整体运作会产生什么样的影响
部门级关键业绩指标提取	◎ 通过对组织架构与部门职能的理解，对企业战略支撑目标进行分解。在分解的同时要注意根据各个部门的职能对分解的指标进行调整补充，并兼顾其与部门分管上级的指标关联度
形成岗位关键指标体系	◎ 根据部门关键业绩指标、业务流程以及各岗位的工作说明书，对部门目标进行分解。根据岗位职责对个人关键业绩指标进行修正与补充，建立企业目标、流程、职能与职位相统一的关键业绩指标体系

图 6-4　关键绩效指标体系建立的步骤

进行监控，进而确立企业的关键绩效指标。

③ 鱼骨图分析法。用鱼骨图的形式分析特定问题或状况以及它产生的可能性原因，并把他们按照一定的逻辑层次，根据确定的原因制订相应的关键绩效指标。

④ 关键成功因素法。分析达成目标有哪些影响因素，然后选出其中最关键的若干因素，再针对这些影响因素的衡量指标确定关键绩效指标。

⑤ 头脑风暴法。在一定的情况下，让参与会议的人员完全放开包袱、集思广益，自由地发表自己的看法，通过这种方法来确定关键绩效指标。

（3）关键绩效指标权重确定

在选定关键绩效指标之后，需确定各指标所占的权重。关键绩效指标权重的确定方法常用的有经验法、强行排序法和权值因子判断法。

① 经验法。经验法是依据历史数据和专家的判断来确定权重。这种方法决策率高、成本低、容易被人接受，但也存在可靠程度不高等方面的问题。

② 强行排序法。强行排序法是将所有的关键绩效指标按照重要程度进行强行排序，根据"20/80原则"确定每个关键绩效指标的权重。这种方式实际上是经验法的一种延续。

③ 权值因子判断法。权值因子判断法是由评价人员组成评价专家小组，由专家组制订和填写权值因子判断表，据此来确定关键绩效指标的权重值。

6.3.2　OKR考核法

OKR全称是Objectives and Key Results，即目标与关键成果法。

OKR是一套定义和跟踪重点目标及其完成情况的管理工具和方法。Objectives是目标，

Key Results是关键成果。OKR要求企业、部门、团队和员工不但要设置目标,而且要明确完成目标的具体行动。对OKR设定的基本要求如图6-5所示。

- 1.O值设定须是具体的,可量化,具有一定挑战性
- 2.每个O的KR指向实现目标,以产出或成果为基础
- 3.OKR一旦制订,就应公开,以保证透明度和公平性

图 6-5　OKR 设定的基本要求

图6-6是一个研发负责人提出并负责的OKR,仅供读者参考。

示例

O:提高产品的稳定性,使可用性达到99.99%
KR1:代码覆盖率达到100%
KR2:测试流程专业化,用例覆盖率100%,用例通过率100%
KR3:产品运行可靠,不多于1次宕机

图 6-6　OKR 设定示例

设定OKR主要的目的是为了更有效率地完成目标任务,并且依据项目进展来考核的一种方法。OKR考核实施流程如图6-7所示。

1. 设定目标。设定的目标必是具体的、可衡量的,具体到时间段、数量、金额等,此外,设定的目标必须具有一定的挑战性
2. 对关键性结果进行可量化的定义,并且明确达成目标的/未完成目标的措施
3. 共同努力达成目标
4. 根据项目进展进行评估

图 6-7　OKR 考核实施流程

6.3.3　360度考核法

"360度考核法"又称为"全方位考核法",其最早是由英特尔公司提出并加以实施运用

的。360度考核法是指从与被考核者发生工作关系的多方主体那里获得被考核者的信息，并以此对被考核者进行全方位、多维度的绩效评估的一种方法。

被考核者的信息来源包括以下方法：来自上级监督者的自上而下的反馈（上级）；来自下属的自下而上的反馈（下属）；来自平级同事的反馈（同事）；来自企业内部的协作部门和供应部门的反馈；来自企业内部和外部的客户的反馈（服务对象）以及来自本人的反馈。

360度考核的程序主要可以分为4个阶段，即考核的准备阶段、设计阶段、实施阶段、评估与反馈阶段，各个阶段的具体工作事项如下。

（1）准备阶段

① 获取高层领导的支持。获取高层领导的支持是360度考核实施的前提。只有得到高层领导的支持，才能确保360度考核的顺利开展。

② 成立考核小组。考核小组由人力资源部负责组织，由被考核者的上级、下属、同事及客户组成考核团队，最后考评结果由人力资源部负责整理、汇总、分析并反馈。

③ 考核工作的宣传。考核评估前的宣传工作主要是向员工讲解有关绩效考核的内容，同时说明绩效考核的目的，让被考评者扫除心理障碍，正确认识自己的角色和360度考核的作用，避免防御和抵触情绪的产生，从而尽可能地提供客观、真实的信息。

（2）设计阶段

此阶段主要包括确定考核周期、考核人选、考核对象、考核内容及设计调查工具5项工作，下面重点介绍其中的3项。

① 确定考核周期。严格说来，绩效考核的周期并没有唯一的标准，一般的考核周期为月、季、半年或一年，还可以选择在一项特殊任务或项目完成之后进行。

在考核频率的选择上，频率不宜太高，否则一方面浪费一定的精力和时间，另一方面造成员工的心理负担；同时，考核周期也不宜太长，太长不仅降低考核的效果，还不利于员工绩效的改进。

② 确定考核人选。360度考核的实施主体一般由多人组成，包括被考核者的上级领导、同事、下级、被考核者本人及其他工作关系密切的人员，但并不是所有的上级、同事、下级及其他相关人员都是被考核者的考核人选，而是其中那些与被考核者在工作上接触较多，比较了解其工作表现的人才能作为考评者的人选。

另外，也并不是所有的考评者对被考评者的所有考核项都进行评估，例如：评价被考核者的服务意识，选择由其服务的对象来评估则更为合适。

③ 设计调查工具。360度考核一般采用问卷调查法，因此，其主要调查工具便是调查问卷。

调查问卷的形式分为两种：一种是给评价者提供5分等级，或者是7分等级的量表（也称为等级量表），让评价者对相应的问题选择相应的分值；另一种是开放式问题的形式，让评价者对所调查的问题写出自己的评价意见。二者也可以综合采用。在进行考核问卷设计时，需注意3个问题，如表6-9所示。

表6-9 考核问卷设计应注意的问题

注意事项	内容说明
确定科学的绩效考核指标体系	➢ 科学有效的考核指标体系应根据企业的组织目标、工作分析等各方面的因素综合确定 ➢ 当职位对岗位任职者的某一项或几项素质有特殊的要求时,可以给每个考核指标赋予一定的权重,以示区别和体现重要性。例如:人力资源经理这一职位,要求岗位任职者具有较好的人际沟通能力、较强的协调能力和观察能力,因此,在进行问卷设计时,可赋予这几项指标较高的权重
考评问卷设计的差异化	➢ 不同的工作岗位,其工作内容、工作职责、工作技能要求等各方面不一样,这就要求在设计问卷时,针对不同的考评者,在考评指标和考评内容上应当有所差别
要考虑不同考评主体考评内容的侧重点	➢ 不同层面的考核者从不同角度对被考核者的工作行为进行考评,上级考核者主要注重考核被考核人的领导能力、计划决策能力、创新力等。同级考核者主要考核被考核人的协作能力,包括部门合作、团队协作、创造和维护良好的工作氛围等。下级考核者主要考核被考核人的管理水平等。客户考核人主要考核被考核人的服务态度、服务水平、服务质量等 ➢ 即使同是上级考核,对不同被考核人的着重点也不一样。例如:业务部门经理、总经理考核的是其业务能力、经营管理、沟通谈判能力等方面,而对行政部门经理的考核,主要看其组织协调能力、部门人员管理等

(3) 实施阶段

① 问卷发放及填写。对问卷的开封、发放要实施标准化的管理。问卷填写采用匿名评估的方式,整个问卷填写时间不宜过长,一般在15~30分钟为宜。

② 问卷回收。对问卷的收卷和加封保密要严格按规定执行,并由相关人员监督,避免篡改。

③ 统计并报告结果。360度数据统计分析一般采用社会科学统计软件包(SPSS)。评估报告要用数据说话,客观呈现数据结果,内容表达简明易懂。一般情况下,360度评估报告应当包括维度的定义和描述、被考核者核心能力的确定、不同来源评价观点的比较、被考核者的能力综述及最高和最低的得分项目等内容。

(4) 评估与反馈阶段

评估与反馈阶段的工作主要包括确定面谈成员和对象、进行反馈面谈、反馈考核结果、确认执行过程的安全性、评估应用效果,以及总结经验和不足等内容。

360度考核的评估和反馈阶段非常重要,它是一个双向反馈过程,主管领导应积极将360度考核统计结果反馈给被考核者,并与被考核者进行面对面的交流,向被考核者解释每一项评价内容的含义,并协助被考核者制订个人发展计划。

6.3.4 MBO考核法

MBO考核法即目标管理考核法,是指按一定的指标或评价标准来衡量员工完成既定目标和执行工作标准的情况,根据衡量结果给予相应奖励的一种方法。

由于该方法具有滞后性、短期性等特点,它更合适考核生产性、操作性,以及工作成果可以计量的工作岗位的绩效情况,不适用于对事务性工作岗位人员的绩效进行考核。

(1) 确定目标评估周期

目标评估既要及时有效地掌握目标完成情况，又要科学合理地反映目标执行人的绩效，即何时进行评估最合适就显得十分重要。按周期不同，可将目标评估分为日常评估、定期评估和总评估。

(2) 考核实施流程

① 建立工作目标计划表。员工工作目标列表的编制由员工和上级主管共同完成。目标的实现者同时也是目标的制订者，这样有利于目标的实现。工作目标列表的建立一般遵循以下步骤。

a. 制订企业总目标。由组织的最高决策层根据总体战略目标，设定阶段总目标。

b. 确定部门目标。各部门管理人员根据总目标结合部门职责制订本部门的工作目标。

c. 编制工作目标计划表。各部门管理人员根据部门目标，结合员工的岗位职责，在相互讨论、平等沟通的基础上制订员工工作目标计划表。

② 明确业绩衡量标准。一旦确定某项目标被用于绩效考核工作中，必须收集相关的数据，明确如何以该目标衡量业绩，并建立相关的检查和平衡机制。明确业绩衡量标准时，应该遵循以下要求。

a. 成果计量的单位、计量的方法应该与目标体系一致。

b. 考评频率应该与目标计划期一致，否则会造成目标成果难以计量的情况。

c. 评价尺度要明确，包括基础指标、超额完成指标、未达标等情况的评价办法等。

d. 奖惩办法的规定要具体，包括超额完成任务的奖励和未完成任务的处罚等。

③ 实施业绩评价。对照设定的目标和业绩衡量标准，对员工达成目标的情况进行具体评价。

④ 检查调整。通过业绩评价，员工可找出实际工作业绩与预定目标之间的差距，分析这些差距的原因，并通过调整工作方法等手段，消除上述差距，以顺利达成目标。

(3) 考核实施需注意的问题

① 目标执行与修正。企业设定的目标要落实到各个目标执行部门和员工身上，由目标执行人具体执行。当企业的目标活动不能达成时，企业应该对制定的目标进行修正。

② 目标追踪。企业各级目标确定后，必须对目标实施的情况进行跟进，借以发现目标的执行与预定目标之间的差异，并及时协商确定改进办法。

6.3.5　BSC考核法

BSC考核法即平衡计分卡考核法，是将组织的战略目标通过财务、客户、内部运营、学习与发展等维度，落实可衡量的指标的一种绩效考核方法。BSC考核法是企业战略执行与监控的有效工具。

BSC考核法操作流程如下。

(1) 建立企业远景和战略任务

通过调查采集企业各种相关信息资料，运用SWOT分析、目标市场价值定位分析等方法对企业内外部环境和现状进行系统全面的分析，进而确立企业的远景和战略任务。

(2) 就企业的远景和战略达成共识

与企业的所有员工沟通企业的远景与战略任务，并达成共识。根据企业的战略，从财务、客户、内部运营、学习发展等四个方面设定具体的绩效考核指标。

(3) 量化考核指标的确定

为上述四方面的目标找出具体的、可量化的业绩考核指标。

(4) 企业内部沟通与教育

加强企业内部沟通，利用各种信息传输的渠道和手段，如刊物、宣传栏、电视、广播、标语、会议等，对企业的远景规划与战略构想在全员中进行深入的传达和解释，并把绩效目标以及具体的衡量指标逐级落实到各级组织，乃至基层的每一个员工。

(5) 绩效目标值的确定

确定每年、每季、每月的业绩衡量指标的具体数字，并与企业的计划和预算相结合。将每年企业员工的浮动薪酬与绩效目标值的完成程度挂钩，形成绩效奖惩机制。

(6) 绩效考核的实施

为切实保障平衡计分卡的顺利实施，应当不断强化各种管理基础工作，如完善人力资源信息系统，加强定编定岗定员定额，促进员工关系和谐，注重员工培训与开发等。

(7) 绩效考核指标的调整

考核结束后，及时汇报企业各个部门的绩效考核结果，听取员工的意见，通过评估与反馈分析，对相关考核指标做出调整。

6.4 绩效考核实施

6.4.1 明确绩效考核的类型

按照不同的划分标准，绩效考核可以被分为不同的类型，具体如图6-8所示。

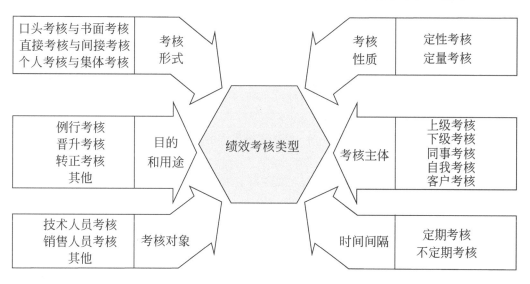

图6-8 绩效考核的类型

6.4.2 确定绩效考核频率

绩效考核频率，即多长时间对员工进行一次绩效考核。在设定考核频率时，不能采用"一刀切"的做法。

（1）按职位层级设定考核频率

不同的员工层级对应不同的绩效考核频率，通常，高层管理职位的考核周期是半年或一年，中层管理人员的考核频率或周期是一个季度，职能部门员工的考核周期是一个月。

（2）按职系设定考核频率

不同职系的考核周期要结合职系特点来设定：如研发职系，要结合研发周期设定；生产职系，要结合生产流程设定；销售职系，要结合销售周期设定。

此外，人力资源、行政、财务、后勤等职系的人员一般以月度或季度为周期进行考核。

（3）按成果的实现周期决定考核周期

对于规模大、周期长的项目，可以切分出多个"里程碑"，用项目管理的"里程碑"作为考核周期。

6.4.3 设计绩效考核量表

一般说来，一份完整的绩效考核量表需由3个部分构成：考核基本信息、指标及评价信息及考核确认信息，具体内容如图6-9所示。

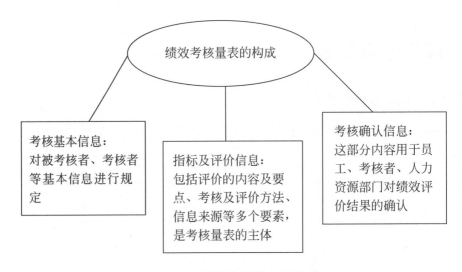

图6-9 绩效考核量表的构成

此外，还可视情况在考核量表中加入如图6-10所示的两个模块。

关键事项
这部分表格用于记录被考核者在考核期内特别优秀的行为或特别差的行为，为绩效评价结论提供支持

员工意见以及考核者意见
这部分表格用于记录员工以及考核者对绩效评价结果或绩效表现做出某种说明

图6-10 考核量表中可加入的内容

6.4.4 考核者的选择与培训

考核者可以是被考核者的主管、同事、下属、客户及被考核者自己等,可以采用单一或多个考核者。

绩效考核结果的信度与效度不仅取决于考核系统本身的科学性与可靠性,还取决于考核者的评价能力。为了提高考核结果的信度与效度,企业有必要对考核者实施培训,培训的内容主要包括绩效评价指标培训、评价方法培训、收集绩效信息方法的培训以及考核误区的培训。

6.4.5 考核结果汇总与分析

(1) 计算考核结果

在计算考核结果时,人力资源管理人员应按照考核方法所使用的考核指标及权重进行具体计算。如根据KPI考核法所示的考核项目和考核指标为例,计算仓库管理员这一考核对象的考核结果,如表6-10所示。

表6-10 KPI考核指标一览表

考核项目	权重	考核指标
工作业绩	60%	包括库房有效利用率、仓库密封性、隐患整改率、防护方案编制完成率等
工作能力	20%	包括学习能力、工作知识两个方面
工作态度	20%	包括工作主动性、工作责任心、团队意识三个方面

根据表6-10,我们可确定仓库管理员的考核结果的计算公式,即:

考核成绩=工作业绩考核得分×60%+工作能力考核得分×20%+工作态度考核得分×20%。

假设仓库管理员的工作业绩得分为80分、工作能力得分为85分、工作态度得分为90分,那么,该考核对象的考核成绩为:考核成绩=80×60%+85×20%+90×20%=83分。

当然,在这里,各考核项目中有自己的考核指标及各考核指标的权重,在计算各考核项目的考核分值时,人力资源管理人员应根据各考核指标的权重及各考核指标的得分进行计算。

(2) 汇总考核结果

计算出各考核对象的考核结果后,人力资源管理人员还需要按照部门、岗位汇总被考核人员的考核成绩。

(3) 分析统计结果

考核结果经统计后,接下来的重要工作就是对汇总结果进行数据分析了。在对考核结果进行分析时,人力资源管理人员可采用图形的形式分析考核结果,也可以表格的形式分析考核结果。

在分析考核结果时,人力资源管理人员应重点分析表6-11所示的具体内容。

表 6-11 绩效考核统计结果分析说明表

统计人：　　　　　　　　　　　　　　　　　　统计时间：　　年　　月　　日

考核分析项目	具体分析内容
考核结果的总体分布状况分析	计算各岗位人员的考核得分平均分或算数平均数
	按权重对平均分进行加权处理，得出个别员工的最终评价总分
	检测考核数据的质量，包括信度、效度和数据的准确性等
	对考核的全体数据进行统计分析，获得考核信息
考核实施的操作情况分析	考核者是否按照考核意见实施考核流程，考核分数是否真实、客观等
	是否需要进行绩效面谈
	被考核者是否知道自己的考评结果
	被考核者知道考核结果后的反应如何，是否认为有不公平的考评现象，是否对考核成绩进行申诉，是否了解申诉的途径等
考核存在问题分析	考核结果分布是否正常，如不正常，可能是何种原因造成
	考核者是否已正确理解绩效考核实施的具体方法和步骤等，考核资料收集是否齐全等
	被考核者绩效差的原因是什么，是技能欠缺还是其他原因等

6.5　绩效沟通与辅导

6.5.1　绩效沟通

绩效沟通是指为了达到绩效管理的目标，企业管理人员与员工之间、员工与员工之间进行绩效信息发送、接收与反馈的过程。

绩效沟通贯穿于企业绩效管理的整个过程，是管理人员与员工就绩效目标的设定及实现而进行的持续不断双向沟通的一个过程。

（1）绩效沟通的内容

通常情况下，企业所开展的绩效沟通的内容主要包含阶段工作目标及任务完成情况、工作中表现好的地方和需要改进的地方、了解员工在工作上需要的帮助以及让员工了解管理人员能为员工提供哪些帮助。

（2）绩效沟通的方法

① 正式的沟通。正式的沟通方式是指在正式的情境下进行的事先经过计划和安排，并按照一定规则进行的沟通。常用的正式沟通方法主要有书面报告、会议沟通、面谈沟通等方式，具体内容如表6-12所示。

表 6-12 常用的正式沟通方法

沟通方法	具体内容	优点	缺点
书面报告	通过文字或图表形式报告其工作进展，其主要的形式有周报、月报、季报、年报等	➢ 不需面谈，传递方便 ➢ 培养员工理性系统思考 ➢ 不需要额外的文字工作	➢ 信息是单向流动 ➢ 易导致沟通流于形式 ➢ 无法满足团队工作需要
会议沟通	企业的管理人员和员工在会议中沟通和交流，以掌握相互之间的工作进展情况	➢ 能满足团队交流的需要 ➢ 成员可相互掌握工作进展 ➢ 主管领导可借机传递企业的战略目标和组织文化信息	➢ 比较耗费时间和精力 ➢ 易对正常工作造成影响 ➢ 有些问题不便在会中讨论 ➢ 对领导沟通技巧要求高
面谈沟通	企业的管理人员和员工进行面对面的沟通和交流，它是一种特别有效的沟通方式	➢ 利于及早发现和解决问题 ➢ 可讨论不宜公开的观点 ➢ 有利于建立融洽的关系	➢ 耗费时间较长 ➢ 对领导沟通技巧要求高 ➢ 易带有个人感情色彩

② 非正式的沟通。非正式沟通在时间、地点等的选择上，弹性较大，其好处是形式多样、灵活，不需要刻意准备；沟通及时，问题发生后马上就可以进行简短的交谈，从而使问题很快得到解决，容易拉近主管与员工之间的距离。常用的非正式沟通方式主要是走动式管理、开放式办公、非正式会议。

a. 走动式管理。管理人员在员工工作期间不定时地到员工座位附近走动，与员工进行交流，或者解决员工提出的问题。

b. 开放式办公。管理人员的办公室随时向员工开放，员工可以随时找管理人员进行沟通和交流。

c. 非正式会议。如企业举办的各种联欢会，管理人员与员工在较为轻松的气氛中进行沟通和交流。

6.5.2 绩效辅导

绩效辅导指的是在掌握了下属工作绩效的前提下，管理人员根据绩效计划，对下属进行持续地指导，从提高其工作能力，帮助其达成绩效计划目标。与绩效反馈面谈不同，绩效辅导贯穿于绩效实施的整个过程中，是一种经常性的管理行为，它致力于帮助员工解决当前绩效实施过程中出现的问题，不断提升其素质能力。

（1）绩效辅导的内容

绩效辅导的目的是帮助员工找到实现绩效目标、提高绩效水平的途径和方法，因此其典型工作内容主要包括以下两方面。

① 探讨绩效现状。管理人员与员工探讨绩效现状，回顾月度工作，并形成"绩效目标月度回顾表"。其中工作辅导包含具体指示、方向引导、鼓励促进等，而"绩效目标月度回顾表"包括月度总体目标完成情况、主要差距、下月工作计划、上月问题汇总、工作总结等。

② 寻找改进绩效的方法。管理人员与员工双方就绩效问题达成一致后，开始探讨、寻找、确定改进绩效的方法。根据具体情况，管理人员应提供必要的指导和支持。

（2）绩效辅导的时机

绩效辅导时机可以是根据制度规定的固定时间，也可以是应需求随机的。一般来说，图6-11所示的情形是管理人员开展绩效辅导的绝佳机会。

```
1. 员工请教问题时
2. 员工征求意见、建议时
3. 员工遇到难以解决的问题，希望得到帮助时
4. 自己发现一个可以改进绩效的方式、方法时
5. 员工通过培训掌握了新技能，希望其能应用到实际工作中时
```

图6-11　绩效辅导的时机

（3）绩效辅导的步骤

一个完整的绩效辅导包括以下7个步骤。

① 收集资料。在进行绩效辅导前，管理人员应当全面地搜集关于员工的绩效资料，如员工的绩效计划书、岗位说明书、绩效执行数据信息等。

② 制订辅导提纲。绩效辅导前，管理人员应根据收集的信息制订绩效辅导提纲，以保障辅导的效果及效率。

③ 营造良好氛围。绩效辅导前，管理人员应通过辅导地点选择、环境设置、开场白等营造良好的沟通氛围。

④ 达成一致。进入正式话题后，管理人员应首先就目前的绩效现状与员工进行沟通，促使双方就目前的绩效达成一致，此时管理人员应当给员工发表自己见解的机会。

⑤ 制订方案。双方互相探讨，形成绩效改进的方案。

⑥ 制订计划。根据方案制订实施计划表，进一步明确改进的步骤、时间表、要达成的阶段性成果和相应的资源支持等。

⑦ 鼓励员工。在绩效辅导结束前，管理人员应对员工表达鼓励和支持，增强员工落实改进计划的信心。

6.6　绩效反馈与改进

6.6.1　绩效反馈

（1）绩效反馈面谈的准备

绩效面谈工作开展得成功与否取决于事前考核双方的准备程度。绩效面谈工作需要由考核人员和被考核人员共同完成，因此考核人员和被考核人员都要做好相应的准备工作。一般情况下，双方需要做的准备事项如表6-13所示。

表 6-13　绩效面谈的准备事项

面谈双方	考核人员	被考核人员
需要准备的事项	➢ 确定好面谈时间 ➢ 选择好面谈场所 ➢ 准备好面谈材料 ➢ 拟定好面谈程序	➢ 填写自我评价表 ➢ 准备好个人发展计划 ➢ 准备好想要提出的问题 ➢ 安排好自己的工作

（2）绩效反馈面谈的开场

绩效反馈面谈的开场就是考核人员怎样通过简单的话语引入绩效面谈的主题。面谈可以采用的开场方式有故事式、开宗明义式、幽默式、引用式等，具体内容如表6-14所示。

表 6-14　绩效面谈的开场方式

开场方式类别	具体说明
故事式	➢ 考核人员通过一个与面谈主题有密切关系的故事或绩效考核事件作为面谈的开场 ➢ 以这种方式开场可以使被考核人员得到最大限度的放松，同时还可以消除被考核人员的抵触情绪
开宗明义式	➢ 面谈人员采用精炼的语言交代绩效面谈的主题，然后再分别对面谈主题的要点进行论证和阐述 ➢ 这种开场方式适用于绩效较好且心理素质较好的被考核者
幽默式	➢ 面谈人员以轻松、幽默、诙谐的语言或事例或玩笑等作为开场 ➢ 被考核人员很容易接受考核人员所扮演的角色，并易于跟着考核人员的步调确定下一考核期的改进计划、绩效目标等
引用式	➢ 引用式开场是考核人员直接引用别人的话语来展开面谈的主题 ➢ 引用的话语可以是名人名言，也可以是网络用语或同事的口头语等，如果引用的是数据材料，考核人员应保证材料具有较高的概括力和说服力

（3）告知绩效考核结果

告知绩效考核结果，就是考核人员与被考核者经过沟通，向被考核人员告知并解释考核结果，使被考核人员能够准确了解自身的绩效水平。

表6-15列出了考核人员在进行绩效考核结果告知时应坚持的四项原则。

表 6-15　绩效考核结果的告知原则

告知原则	具体说明
具体全面原则	除告知具体的考核结果外，还需告知绩效考核的目的、内容、被考核人员存在的绩效问题等
良性互动原则	告知考核结果并不只是考核人员对被考核人员的提问和辅导，还包括被考核人员对其考核结果的相关提问和质疑，是考核人员与被考核人员双方的互动与沟通

续表

告知原则	具体说明
对事不对人原则	告知考核结果时，考核人员应做到客观、诚实、专业，确保考核关注的是工作的具体行为，是与工作事件紧密相关的，对被考核人员不予进行人身攻击
正面引导原则	正面引导原则就是考核人员要引导被考核人员了解自身工作绩效的不足之处，然后指导其改进绩效，不能让被考核人员在绩效结果告知后出现消极怠工的情绪

（4）形成面谈记录并结束面谈

① 面谈记录。面谈记录是为了记录考核人员与被考核人员的对话内容，并以此作为制订绩效改进计划的基础性依据。

在进行面谈记录时，记录人员应重点记录表6-16所列内容。

表6-16　面谈记录要点

面谈记录项目	具体说明
考核问题项目	其包括考核期内的主要工作行动、工作进度、工作改进和创新处、取得的主要成就和帮助、遇到的主要问题和应急对策
期望未来目标项目	其包括未来考核期的主要目标、具体改进目标、如何提高工作能力及工作业绩、怎样改变工作态度等
职位期望发展目标	其主要包括在岗位上取得的主要成绩和成功之处，这些成绩是如何运用岗位专业技能、知识和才干取得的，对岗位工作的满意度及不满意之处等

② 结束面谈。结束面谈是绩效面谈工作的最后环节，也是绩效面谈的重要环节。面谈结束得不好，有可能会影响整个面谈期望达到的效果。

图6-12是结束面谈可借用的小技巧，仅供参考。

6.6.2　绩效改进

绩效考核的结果是作为确定员工薪酬、奖惩、职位异动等人事决策的重要依据之一，但考核的目的不仅仅局限于此，员工能力的不断提高以及绩效的持续改进才是其主要目的，而实现这一目的的途径就离不开绩效改进工作的开展与实施。

（1）选择绩效改进方法

① 6σ管理。6σ管理作为一种全新的管理模式，充分体现了量化科学管理的思想理念。σ在统计学中用来表示标准差，即数据的分散程度。6σ表示每一百万个机会中有3.4个出错的机会，即合格率是99.99966%。6σ管理法因美国通用电气公司（GE）的传奇人物杰克·韦尔奇的介绍及实践而扬名全球企业界。

6σ管理一般由组织最高管理者推动。其实施是十分细致而艰巨的工作，首先要明确目标，并组建推行6σ的骨干队伍，对全员进行分层次的培训，使大家都了解和掌握6σ的要点，充分发挥员工的积极性和创造性，充满激情、追求卓越。在实施过程中，最高管理者

◎ 不可在双方讨论某一问题时，突然结束面谈，如果一时出现僵持的局面，应设法改变话题，待气氛缓和后就应结束面谈

◎ 当没有谈话内容时，不应勉强把谈话时间拉长，应马上结束面谈，以免让被考核人员觉得言语无味

◎ 要特别注意被考核人员的肢体暗示，通常被考核人员有意地看看手表，频繁地改变坐姿、游目四顾、心神不安的时候，面谈人员就可以结束面谈

◎ 掌握好面谈时间，既不能太长，以免影响被考核人员的正常工作，也不能太短，以免影响面谈的效果

◎ 面谈人员可以用一些名人名言或富有哲理、具有美好祝愿的话来结束面谈，并以笑容送别被考核人员，可以起到很好的面谈效果

图 6-12　结束面谈的 5 个技巧

要让所有员工明确这一思想，从而全力配合 6σ 工作的开展，为 6σ 管理在绩效改进工作中扫除不必要的障碍，确保企业员工积极地参与到 6σ 改进项目中去。

② 标杆超越法。标杆超越法通过对比和分析先进企业的运作方式，以其作为标杆和基准，对本企业的产品、服务、过程等关键因素进行改进或改革，使其成为同行业最佳的不断循环提高的过程。标杆超越法分为"标杆"和"超越"两个阶段，这两个阶段又可以细分为 5 个步骤，具体内容如下。

a. 明确同行中领先的赶超对象及水平。
b. 确定使客户满意、企业成功的关键绩效指标。
c. 明确自身的水平。
d. 分析企业自身与确定的标杆企业之间的差距并了解产出差距的原因。
e. 确定并实施绩效改进方案。

（2）制订绩效改进计划

制订绩效改进计划的目的是为了合理安排绩效改进的具体工作事项，以便于对被考核者绩效改进的状况进行衡量和评估。

一套完善的绩效改进计划（见表 6-17）至少应符合下列 3 点要求。

① 计划内容要有实际操作性。即拟定的计划内容须与员工待改进的绩效工作相关联且是可以实现的。

② 计划要有时限性。计划的拟定必须有明确的时限性，而且最好有分阶段执行的时间进度安排。

③ 计划要获得管理者与员工双方的认同。即管理者与员工都应该接受这个计划并保障该计划的实现。

表 6-17 绩效改进计划表

姓名		所在岗位		所属部门	
直接上级		执行日期	××××年××月××日—××××年××月××日		
一、改进的内容					
待提高的方面		达到的目标		完成日期	直接上级提供的帮助
二、员工职业生涯发展规划（主要从职业规划的目标及如何实现其目标填写）					
三、绩效改进结果评价（改进阶段结束后由员工的直接上级填写）					

6.7 绩效考核结果应用

6.7.1 绩效考核结果在薪酬上的应用

绩效考核结果在薪酬上的应用主要体现在工资分配和奖金分配两个方面。

① 考核结果运用于工资分配主要体现在两个方面：一是用于年度工资额的调整，如考核结果为C、D等级的，扣减其半年度工资的5%和8%；二是工资的定期调资，如依据年度的考核结果，决定工作是否调级及调级的幅度。

② 考核结果运用于奖金分配，体现在奖金应与超额完成工作业绩的状况挂钩。在现有KPI考核体系中，年度工作业绩的考核结果为年终奖金的确定提供了很好的依据，但这并不是充分的依据，还必须综合企业全年度工作业绩的总体水平。

6.7.2 绩效考核结果在晋升上的应用

绩效考核结果运用于员工晋升体现在连续的考核结果记录为职务晋升和企业管理人员的选拔提供依据。如果员工工作表现一直符合任职资格标准，且呈成长趋势，说明其既有很强的现实能力又有一定的潜力，是可用之才；如果员工工作表现不稳定，暂不宜大用；如果员工工作表现呈下降趋势，应分析原因促其改进，暂不宜晋升职务。

6.7.3 绩效考核结果在培训上的应用

绩效考核为评价员工个人的优缺点和提高工作绩效提供了一个反馈的渠道。通过分析绩效考核过程及结果的记录，能够帮助企业发现员工个体或群体与企业的差距，从而及时组织相关的培训教育活动。

通过考核，如果发现员工的态度不端正，应组织其参加企业适应性的再培训，让其到一线部门接受企业文化教育；如发现某员工在某方面的能力欠缺，可组织其参加有针对性的培训活动，进而达到开发其潜力，提高其工作能力的目的。

第7章 薪酬管理实务

7.1 薪酬水平设计

薪酬水平是指从某个角度按照某种标志考察的某一领域内员工薪酬的高低程度，它决定了企业薪酬的对外竞争力，对员工队伍的稳定性也有一定的影响。薪酬水平包括企业内部各岗位薪酬水平和企业在劳动力市场上的薪酬水平。内部岗位薪酬水平指组织之间的薪酬关系，组织相对于其竞争对手的薪酬水平的高低。薪酬的外部竞争性实质上是指企业的薪酬水平的高低以及由此产生的企业在劳动力市场上所形成的竞争能力大小。

7.1.1 薪酬水平市场调查

企业在确定自己员工的薪酬水平时，为了赢得人才竞争的优势，需要进行市场薪酬调研数据的采集和分析，并以此作为本企业薪酬决策的重要依据之一。企业进行薪酬市场调查的一般流程如下。

（1）确定薪酬调查范围

选择调查的企业范围、岗位范围和调查资料信息的内容，确定薪酬调查的关键岗位，关键岗位是组织中能够直接与外部市场进行比较的岗位，岗位的内容是相对稳定的，与其他组织中的岗位是类似的，并且能够被准确界定的。

在选择薪酬调查的具体对象时，要坚持可比性的原则，即选择被调查的具体企业时，要选择其雇用人员的类型和人员构成与本企业具有可比性的企业。

一般来说，有以下5类企业可作为薪酬调查的选择范围，具体如图7-1所示

为了实现薪酬调查的目的和要求，在明确了所要调查的行业和企业范围之后，接下来的一项重要任务是选择哪些岗位进行调查，是选择操作性、技术性岗位，还是包括所有的各种类型的岗位。需要注意的是，即使已经确定了被调查岗位的范围，但由于薪酬调查时间和费用等方面条件的限制，企业也必须选择典型性的岗位作为调查的对象。典型性岗位的选择应基于以下标准，具体如图7-2所示。

（2）选择薪酬水平调查方法

企业在薪酬调查过程中，可以采取企业之间相互调查法、文献资料调查法、委托机构调查法或者发放薪酬问卷调查的方法，薪酬调查方法的选择直接关系到薪酬调查结果的价值。以下介绍两种薪酬调查方法。

① 文献资料调查法。文献资料调查法是指通过查阅、收集、分析和综合有关薪酬调查的文献材料，以获取所需要的信息、知识、数据和资料的研究方法。这是一种比较简单易行的薪酬调查方法。这种方法主要是对已经公布的有关薪酬调查的资料进行综合分析，以找出对企业有价值的信息。

1	相同行业中相同类型的其他企业
2	其他行业中有相似相近工作岗位的企业
3	与本企业雇用同一类的人员，可构成人力资源竞争对象的企业
4	在本地区同一劳动力市场上招聘员工的企业
5	经营策略、报酬水平和工作环境均合乎一般标准的企业

图 7-1　薪酬调查企业的选择范围

典型性岗位的选择标准	
1	典型性岗位必须代表企业组织结构中由高到低的所有的岗位等级范围
2	典型性岗位应该存在于薪酬调查的大多数企业之中
3	典型性岗位应该容易进行界定，岗位的所有方面可以用语言来描述
4	典型性岗位应该有相对稳定的工作内容
5	典型性岗位应该为岗位结构提供良好的关于工作难度和工作职责的参考点数
6	典型性岗位应该是管理人员和员工所熟知的
7	至少有一部分企业使用外部资源来填补这些岗位上的人员空缺
8	这些岗位的供给与需求应该是相对稳定的，并不属于当前变换的岗位
9	有相当多的人员从事这一岗位
10	管理者用来面对市场竞争的入门岗位和其他岗位常常被作为典型性岗位

图 7-2　典型性岗位的选择标准

文献资料调查法的优点在于节省时间、人力和物力，很多中小型企业多采取这种方法来获取所需要的信息。其不足在于，已经形成的薪酬水平调查结果可能针对性不强、信息过时等，企业在参考时应做适当调整。

运用文献资料调查法进行薪酬调查的操作步骤如图7-3所示。

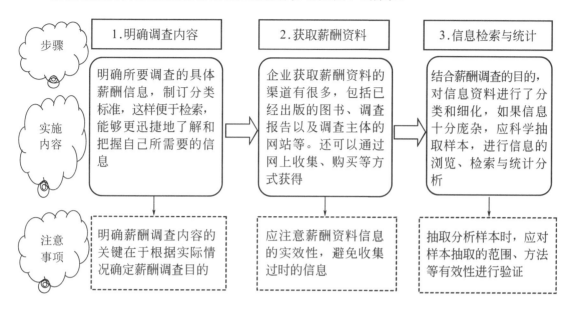

图7-3 文献资料调查法进行薪酬调查的操作步骤

② 委托中介机构调查法。由于薪酬调查工作费时费力,企业往往没有足够的人手和时间来从事许多事务性工作,同时,在完成了薪酬的实际调查以后,对采集数据结果的整理汇总和分析处理也是一项难度较大、要求很高的任务,因此聘请企业外部的专业化咨询机构进行企业薪酬调查,已经成为企业人力资源管理工作中一种常见的外包形式。

运用委托中介机构调查法进行薪酬调查的操作步骤如图7-4所示。

（3）调查数据统计分析

在通过薪酬调查得到原始数据信息之后,必须对这些数据信息进行统计分析。在对调查数据进行整理汇总、统计分析时,可根据实际情况运用专业统计软件或采取专业的分析方法进行分析,统计分析的结果可以得出关键岗位的市场工资率,以及频率分布、离中趋势和居中趋势等。以下列举了统计分析的方法其中的3种。

① 数据排列法。采用数据排列法先将调查的同类数据进行由高到低的排列,然后计算出数据排列的中间数据,即25%点处、50%点处和75%点处。其含义是,如果调查了100家企业,将这100家企业的薪酬水平从高到低进行排列,它们分别代表第25位排名（低位值）、第50位排名（中位值）、第75位排名（高位值）。企业水平处于领先地位的企业,应关注75%点处甚至90%点处的薪酬水平；薪酬水平低的企业应该关注25%点处的薪酬水平；薪酬水平一般的企业应该关注50%点处的薪酬水平。

② 频率分析法。如果被调查企业没有给出某类岗位完整的工资数据,我们只能了解到企业某类岗位的平均工资数据时,可以采取频率分析法,记录在各薪酬额度内各企业平均薪酬水平出现的频率,从而了解到企业某类岗位人员薪酬的一般水平。

③ 回归分析法。回归分析法是借用一些数据统计软件,如SPSS等所提供的回归分析功能,分析两种或者多种数据之间的关系,从而找出影响薪酬水平、薪酬差距或薪酬结构的主要因素及影响程度,进而对薪酬水平、薪酬差距或者薪酬结构的发展趋势进行预测。例如学历与月收入的统计关系,年龄因素与薪酬差距的回归分析等。

步骤	实施内容	注意事项
明确薪酬调查需求	企业根据发展阶段及实际情况分析薪酬调查的需求,确定企业实施薪酬调查的目的、调查的时间、调查的范围以及相关要求	企业的薪酬调查目的应建立在自身薪酬调查需求的基础上,切忌盲目开展薪酬调查工作避免产生不必要的成本浪费
选择薪酬调查机构	选择可以提供该项调查的多家中介机构进行比较、洽谈,最终选定适合的薪酬调查中介机构进行委托	企业应选择正规的薪酬调查中介机构,全面了解机构信息,以保证薪酬调查信息的真实可靠
签订薪酬调查协议	企业与薪酬调查中介机构协商一致签订薪酬调查协议,约定服务内容、履行期限、服务费用与支付方式、双方权利义务、保密条款及违约责任等	企业在签订协议前应咨询法律顾问,并仔细审核协议各项内容条款,以规避法律风险
运用薪酬调查报告	中介机构根据企业的委托,对某种行业、某类企业或不同地区同类企业的薪资情况进行调查,将有关资料分析和加工整理,形成薪酬调查报告提供给企业,企业对薪酬调查报告加以运用	企业在运用薪酬调查报告数据时应客观、理性,针对不同的状况加以鉴别使用,而不应该不加考虑地盲目相信调查数据

图 7-4　委托中介机构调查法进行薪酬调查的操作步骤

（4）薪酬水平调查分析报告

薪酬水平调查统计分析结束后,应当根据调查结果编制薪酬调查分析报告。薪酬调查分析报告一般包括报告简介、参与调查公司简介、名词解释、薪酬调查的组织实施情况分析、行业薪酬水平分析、政策分析、趋势分析、企业薪酬状况分析与市场状况对比分析。

行业薪酬水平分析主要包括对年度基本现金收入、月基本工资、年度月薪数量、年度补贴总额、年度交通补贴、年度膳食补贴、年度其他补贴、年度总现金收入、年度绩效奖金、年度销售奖金或提成、年度总薪酬、年度法定社会保险、年度住房公积金、年度人事服务费、年度其他福利等的分析。在对具体指标分析的时候,可以采用回归分析的方法。

7.1.2　薪酬水平内部控制

（1）薪酬水平对企业的影响

不同的薪酬水平政策会对企业产生不同的影响,具体分析如表7-1所示。

表 7-1　不同薪酬水平对企业的影响

影响因素	高薪资水平	平均薪资水平	低薪资水平
工资成本负担	高	中	低
激励及吸引性	有	无	无

续表

影响因素	高薪资水平	平均薪资水平	低薪资水平
满意及忠诚度	高	低	无
工作效率	高	中	低
利润积累	高	低	低
结论	员工的高满意度及工作的高效率	员工的流动性和低效率	员工的不满意及较高的流动率

(2) 调查薪酬成本

薪酬成本关系到企业的人工成本大小、企业的支付能力推断、薪酬预算调整等相关工作的有效性。在进行薪酬水平设计时需要先进行薪酬成本调查，薪酬成本调查的主要内容涉及5项工作，具体如图7-5所示。

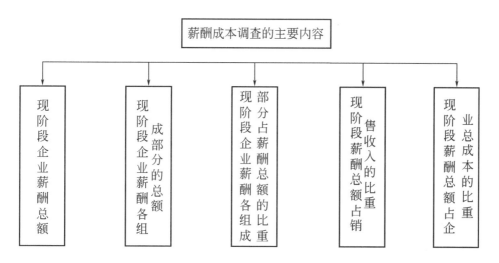

图7-5 薪酬成本调查的主要内容

7.1.3 薪酬水平定位

(1) 薪酬水平的衡量

薪酬水平的衡量指标主要包括4个，具体内容如下。

① 薪酬平均率：指实际平均薪酬与薪酬幅度中间数的比值。
② 增薪幅度：指全体员工年度的平均薪酬水平较上年度增长的数额。
③ 平均增薪率：指薪酬水平递增的速率。

$$平均增薪率=增薪幅度/上一年平均薪酬水平$$

④ 薪酬比较比率：指用薪酬比较比率控制薪酬成本。薪酬比较比率可以分为个人薪酬比较比率和公司的薪酬比较比率。

$$个人薪酬比较比率=员工实际获得的薪酬/所在薪酬等级的中值$$

公司的薪酬比较比率指公司某类员工实际平均薪酬水平与市场薪酬水平的比较。

(2) 最高和最低薪酬额度的确定

企业根据薪酬调查数据，结合自身实际情况，确定整个薪酬体系的最高薪酬和最低薪酬。在这个过程中，需要考虑区域及行业人力资源市场供求状况的影响并正确判断薪酬水平发展趋势，确保今后一定时期内公司所有人员的工资水平不会超出这个范围。一般来说，在企业经济条件允许的情况下，企业所确定的薪酬水平要在本地区同行业中处于中、上等水平，才具有竞争力。

① 薪酬结构线。根据企业组织结构中各项职位的相对价值及其对应的实付薪酬之间保持的对应关系所描绘出的曲线就叫作薪酬结构线，如图7-6中所示的A、B两条线。

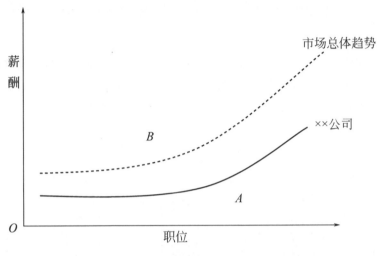

图7-6 薪酬结构线示意图

② 薪酬分位。如10P、25P、50P、75P、90P等就是薪酬分位的表述形式，其含义是，假如有100家公司参与薪酬调查的话，有多少家公司处在既定的薪酬水平之下。

一般来说，企业在薪酬定位上具体可以选择领先策略和跟随策略。领先策略是指企业的薪酬水平自始至终都领先于市场平均水平。跟随策略是指企业的薪酬水平自始至终都追随市场平均水平，但总是低于市场平均水平。薪酬分位示意图如图7-7所示。

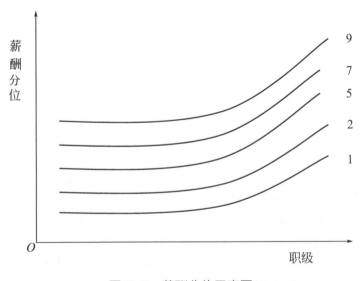

图7-7 薪酬分位示意图

总之,当企业有较雄厚的经济实力,同时需要继续打开市场或提升经营业绩时会采用领先策略,期望通过完善的薪酬体系、较高的薪酬水平以及其他方面的配套措施吸引和保留能实现企业快速发展目标的优秀人才。而当企业处于创业初期,或尚未建立市场声誉、资金周转比较困难时则倾向于采用跟随策略。

7.2 薪酬结构设计

7.2.1 横向薪酬结构设计

(1) 横向薪酬结构设计的操作要点

企业在进行薪酬结构设计时要注意4点,如图7-8所示。

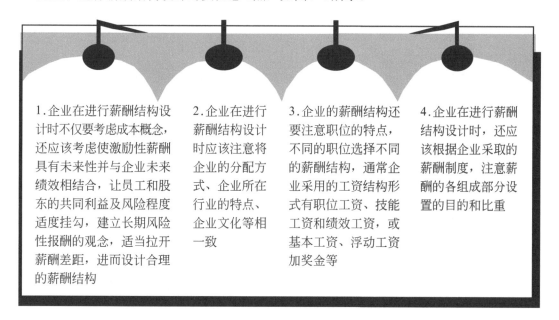

图7-8 薪酬结构设计的操作要点

(2) 横向薪酬结构设计的再优化

薪酬结构设计是一个系统的工程,不同的薪酬结构适用于不同的发展阶段,因此,随着企业的发展要不断地优化企业的薪酬结构。

构成薪酬体系的基本工资、激励工资、津贴、福利等各种薪酬形式之间的关系和比例要平衡。基本工资具有高刚性和高差异性,激励工资具有高差异性和低刚性,津贴具有低差异性和低刚性,而福利具有高刚性和低差异性。针对这些构成的特性及功能,企业应该注意在薪酬结构中进行比例综合平衡。

企业在进行薪酬结构再优化方案设计时应具体到各个具体形式的策略选择,不能过分强调基本工资或奖金,要起到更符合个人需要、更为经济的激励作用。比如对企业的高管人员实施薪酬领先策略时,可以把基本工资定位在市场薪酬水平中等偏上,把激励工资比重加大。这样就可以在经费不变的情况下,通过薪酬形式结构优化设计,提高薪酬的可变性、差异性、时效性以及现金流使用的弹性。

(3) 横向薪酬结构实用范本

① 生产型企业薪酬结构。图7-9是某生产企业的薪酬结构图，供读者参考。

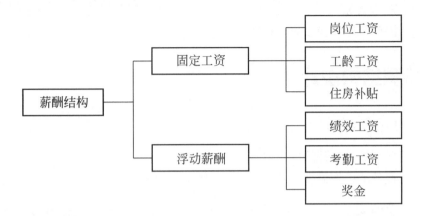

图7-9　某生产企业的薪酬结构图

② 销售型企业薪酬结构。图7-10是某销售企业的薪酬结构图，供读者参考。

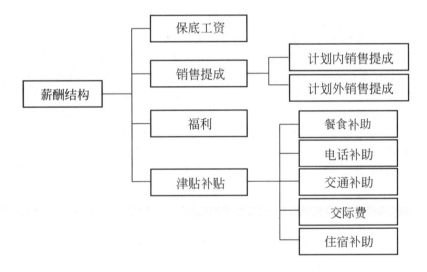

图7-10　某销售企业的薪酬结构图

③ 科技型企业薪酬结构。图7-11是某科技公司的薪酬结构图，供读者参考。

(4) 进行薪酬结构设计时的4个要点

① 在进行薪酬结构设计时不仅要考虑成本概念，还应该考虑使激励性薪酬具有未来性并与企业未来绩效相结合，让员工和股东的共同利益及风险程度适度挂钩，建立长期风险性报酬的观念，适当拉开薪酬差距，进而设计合理的薪酬结构。

② 企业在进行薪酬结构设计时应该注意企业的分配方式、企业所在行业的特点与企业文化等相一致。

③ 企业的薪酬结构还要注意职位的特点，不同的职位选择不同的薪酬结构，通常企业采用的工资结构形式有职位工资、技能工资和绩效工资，或基本工资、浮动工资加奖金等。

④ 企业在进行薪酬结构设计时，还应该根据企业采取的薪酬制度，注意薪酬的各组成

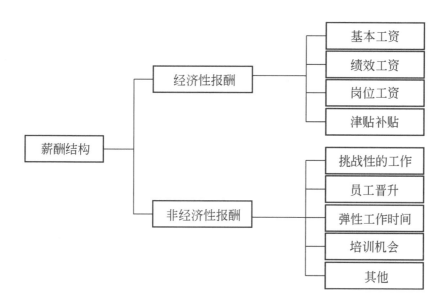

图 7-11　某科技公司的薪酬结构图

部分设置的目的和比重。

7.2.2　纵向薪酬结构设计

纵向薪酬结构，指的是在同一组织当中，不同岗位在同一组织当中，薪酬标准由于职位或者技能等级的不同而形成的排列形式。它强调薪酬水平等级的多少，不同薪酬水平之间级差的大小，以及确定薪酬级差的标准。

薪酬等级是在岗位评价和岗位分级结果的基础上建立起来的一个基本框架，薪酬等级是确定企业内部各岗位薪酬水平的基础。

企业在进行薪酬管理时必须遵循一定的薪酬等级划分原则，做到公平适度、安全认可、成本控制、平衡等原则，才能保证薪酬等级的有效性。

（1）薪酬等级数目设计

一个薪酬结构内部划分多少薪酬等级，一般根据岗位评价结果做出。

例如，以1 000分为满分，可以将岗位价值评估在200分以下的职位的薪酬水平定位为一级，200～400分为第二级，以此类推。

企业的规模和行业特点，都会影响薪酬等级的划分，其多寡并没有绝对的标准。一般说来，影响薪酬等级数目设计的因素有如图7-12所示的3点。

（2）薪酬级差设计

级差又称中点差异，是指相邻薪酬等级中位值之间的差距。

薪酬级差指薪酬等级中相邻两个等级薪酬中值之间的比率，表明不同等级的劳动，由于劳动复杂程度和熟练程度不同，有不同的劳动报酬。

在实践中，可以对不同的等级将级差统一处理，即不同的薪资等级中级差相同，也可以根据不同的薪酬等级将级差设置差别化。

① 中位值设计。在设计薪酬等级级差前，一般先要确定最高和最低薪酬等级的中位值。在设计最高与最低薪酬等级的中位值时，除了需要参考岗位评估的结果外，还需要考虑4个因素，如图7-13所示。

企业的规模、性质及组织架构

规模大、性质复杂及纵向等级结构鲜明的企业，薪酬等级数目多，反之则少

工作的复杂程度

在确定薪酬等级数目时，要考虑同一工种内，或不同工种间劳动复杂程度的差别。劳动复杂程度高、差别大的工种，设置的薪酬等级数目多，反之，设置的薪酬等级数目则少

薪酬级差

在既定的薪酬额度下，薪酬等级数目与薪酬级差呈反向关系

图7-12 薪酬等级数目影响因素

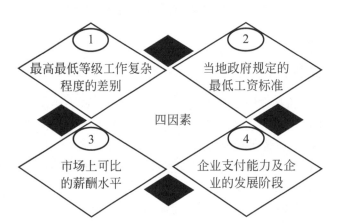

图7-13 中位值设计需考虑的因素

② 薪酬级差的表示。薪酬级差可以用绝对额、极差百分比或薪酬等级系数表示。

薪酬级差绝对额形式下，职位薪级工资标准＝工资基数×工资系数。其中，工资基数水平的高低取决于员工基本生活保障和企业经营状况；工资系数取决于职位评估、技术评定或能力测评的结果，工资系数也反映了薪酬体系中最高值和最低值薪酬水平之间的差距，如工资系数是1～5，则说明最高薪酬水平是最低薪酬水平的5倍。

图7-14给出了薪酬级差以绝对额表示的示例。

（3）薪酬等级标准设计

薪酬等级标准是指单位时间（时/日/周/月）的薪酬金额，它是计算和支付劳动者标准薪酬的基础。薪酬等级标准可分为固定薪酬标准（前者一经规定便具有相对稳定性）和浮动薪酬标准（随一定的劳动成果和支付能力上下浮动）两种。

① 薪酬等级标准的结构。薪酬等级标准的结构有3种，如表7-2所示。

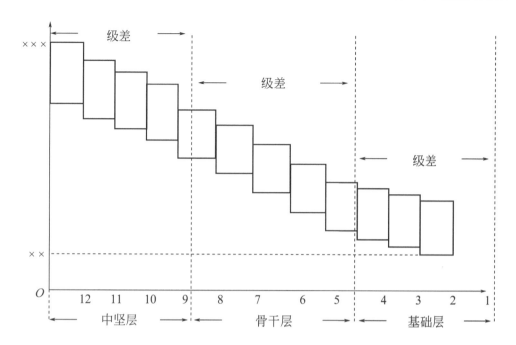

图 7-14 薪酬级差示例
说明：岗位薪资级别分为 12 个级别，基础层每晋升一个薪级涨 200 元，骨干层每晋升一个薪级涨 400 元，中坚层每晋升一个薪级涨 600 元。

表 7-2 薪酬等级标准的 3 种结构

标准	含义	优点	缺点
单一型薪酬标准	每个职务（岗位）只有一个对应的薪酬标准，员工只有在改变职务（岗位）时才能调整薪酬	简便易行	不能反映同职务（岗位）但不同劳动熟练程度员工的劳动差别
可变型薪酬标准	即在每个职务（岗位）等级内设若干档的薪酬标准，允许同一职务（岗位）的员工有不同的薪酬标准	◎利于反映同一等级内不同员工在劳动熟练程度上的差别 ◎利于在员工职务（岗位）等级不变时逐步适当提高薪酬标准	如果薪酬设计过低，则很难有效体现劳动差别 如果薪酬水平设计过高，则会使同等级员工的薪酬差别过高，并使整个薪酬标准级差过大
涵盖型薪酬标准	在可变型薪酬标准基础上演变而来的，即在同一职务（岗位）内部仍设立不同档的薪酬标准，但低职务（岗位）的高等级薪酬标准与相邻高职务（岗位）的低等级薪酬标准间适当交叉	◎利于使难易程度相近的工作不因职务（岗位）差异而薪酬差距过大 ◎利于员工的临时工作调动，同时体现员工劳动熟练程度上的差别	涵盖面不宜过大，否则会淡化不同职务（岗位）间的劳动差别

② 薪酬等级标准设计的影响因素。确定薪酬等级标准时，除了要遵守国家有关薪酬政策，符合国家宏观调控要求外，一般还应考虑经济支付能力、已达到的薪酬水平、居民生

活费用状况、劳动差别、劳动力供求状况等因素。

③ 薪酬等级标准设计的操作步骤。确定薪酬等级标准的步骤，通常是首先确定最低等级的薪酬标准，然后根据最低等级的薪酬标准和选定的各等级的薪酬等级系数，推算出其他等级的薪酬标准。

（4）薪酬等级宽度设计

薪酬的等级宽度指在同一个薪酬等级中薪酬最高值和最低值之间的差距，下限为等级起薪点，上限为顶薪点。图7-15较清晰地说明了这一点。

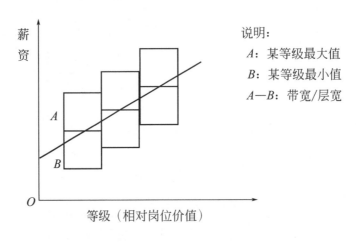

图7-15　薪酬等级宽度

薪酬变动范围是指某一等级薪酬最高值与最低值之差。
以最低值为基础时，薪酬变动比率的计算公式如下。
薪酬变动比率（以最低值为基础）时，

$$薪酬变动比率=\frac{最高值-最低值}{最低值}\times100\%$$

薪酬变动比率（以中值为基础）时，

$$上半部分变动比率=\frac{最高值-中值}{中值}\times100\%$$

$$下半部分变动比率=\frac{中值-最低值}{中值}\times100\%$$

7.2.3　宽带薪酬设计

宽带薪酬或者薪酬宽带是一种新型的工资结构设计方式。宽带薪酬也称海氏薪酬制，是薪酬设计要素比较法中常见的一种方法。

宽带中的"带"指的是工资级别，宽带则指工资浮动范围比较大。与之对应的则是窄带薪酬管理模式，即工资浮动范围较小、级别较多。

（1）宽带的建立

宽带的建立可根据企业的具体情况分纵向宽带和横向宽带两种。图7-16对其进行了具体的阐述。

无论是采用横向还是纵向的宽带体系，宽带都将会使负责薪酬管理的主管和经理承担

图7-16 宽带的建立

更大的责任,因为宽带比原来狭窄的工资级别覆盖的工作内容和工作范围更为广泛,所以主管在决定员工工资时所依据的员工完成的任务和职责也相应增加;而在传统的工资级别中,员工的工资和加薪的依据只是他们工作描述中所提到的有限职责。

(2) 适用条件

宽带薪酬的特点是不强调资历,而强调绩效、能力和技能,职业发展是与成长的扁平化组织结构相匹配的。一般来说,如果组织的结构越趋于扁平化,越能将宽带薪酬的优势发挥出来,也就越适合推行宽带薪酬。并不是所有类型的企业都适合引入宽带薪酬体系。

企业在引入宽带薪酬时要全面考虑一些应用条件,才能达到预期的效果。其具体内容如图7-17所示。

(3) 实施程序

运用宽带技术建立并完善企业的薪酬体系,其操作程序如图7-18所示。

(4) 实施要点

① 宽带数量的确定。宽带的数目并无一个统一的标准。实践中,根据岗位评估结果形成的自然级别作为设计企业宽带级别的基础。企业宽带级别的形成有可能是自然级别合并的结果,多种自然级别合并就形成宽带薪酬级别。

到底哪些级别和哪些级别合并,哪些级别要划入另一宽带?在这些工资带之间通常有一个分界点,宽带之间的分界线往往是在一些重要的"分水岭"处,即在工作或技能、能力要求存在较大差异的地方,如将宽带划分为"助理级""资深级""专业级"等级别。

② 宽带薪酬的定价。在岗位分析和岗位评价的基础上,结合外部市场薪酬调研,为企业划分的工资宽带进行定价。在同一等级宽带中,每个职能部门根据市场薪酬情况和岗位评价结果确定不同的薪酬等级和水平。其示例如表7-3所示。

组织结构扁平化

这是宽带型薪酬结构适用的重要基础性条件

岗位评价的科学性

未实施科学的岗位评价，导致推行宽带薪酬的技术条件、数据基础缺乏，从而影响宽带薪酬制度的实施效果

宽带数量、薪酬档次设置的合理性

薪酬宽带数量应根据组织中不同员工的贡献差别来设计，各宽带间的级差标准应体现不同层级和职位对企业战略的贡献程度

绩效考核与薪酬挂钩

宽带薪酬能够顺利地推行并很好的实施，就要求企业有比较完善的绩效考核体系，并且绩效考核的结果要能在每个员工的薪酬中得以体现，只有这样宽带薪酬管理模式才有其意义

积极参与型的管理风格

宽带薪酬制度的一个重要特点就是部门经理将有更大的空间参与下属员工的有关薪酬决策，如果没有成熟的管理队伍和积极的参与风格，在实施宽带薪酬的过程中就会遇到阻力

良好的沟通

宽带薪酬顺利推行必须先和员工进行及时的沟通。只有当员工了解到宽带薪酬模式的特点和实施用意后，才会清楚地了解到自身的发展方向，才会致力于提高个人技能和加强产品创新，使个人的工作行为和结果与企业发展方向保持一致

制订积极的员工发展计划

企业需要在实施宽带薪酬的同时为各个级别的员工提供配套的培训和完整的开发计划。这样可以使员工清楚地知道各级别对于员工自身能力的要求以及所需要掌握的技巧。员工可以通过有目的的训练获得薪酬的提升。这对员工而言无疑是一种强大的内在激励

图7-17 宽带薪酬实施的适用条件

1	要确定宽带的数量，规划出整个企业分为多少个工作带，明确工作带之间的界限，做到分界合理、无重合、不模糊
2	在每一个工作带中，根据不同工作岗位的特点和不同层级员工的需求设定每个工作带具体的薪酬结构组合，以有效激励不同层次员工的积极性和主动性
3	确定宽带内的薪酬浮动范围。根据外部薪酬调查和内部职位评估结果来确定每一个工作带的"带宽"，设定宽带的浮动范围及级差，同时确定不同岗位的薪酬等级和水平
4	建立任职资格及工资评价体系，同时向全体员工公开标准，对相应工资带中的员工进行资格评审和绩效评价
5	薪酬方案的控制与调整。根据企业内外各方面条件的变化，及时控制与合理调整薪酬方案，即要对薪酬的水平和结构进行调整

图7-18 运用宽带技术建立并完善企业的薪酬体系的操作程序

表7-3 同一薪酬宽带内部的薪酬差异定价

工资水平/元	宽带1	宽带2	宽带3	宽带4
3 000				
3 200				
3 500				
3 800				
4 000				
4 200				

（5）推行宽带薪酬需要注意的问题

① 企业的人力资源战略首先要明确。在引入新的薪酬模式时，薪酬策略的选择、计划的制订、方案的设计、薪酬的发放等工作，都应该紧扣企业人力资源战略，对于符合企业人力资源战略和有助于提高企业核心竞争优势的行动，在薪酬上要重点倾斜。

② 要与企业管理方式和组织层级结构的优化相结合。要引入宽带薪酬，就应该有针对性地对企业管理方式和组织层级结构进行优化和变革，为其准备适宜的土壤。

③ 成本控制问题。宽带薪酬的层级减少，每个工资带变动的幅度增大，这给了员工充分施展能力、提高绩效的空间，也给了部门经理更大的工资变动决策权。在这种情况下，每个部门的管理人员和员工都期望能通过良好的表现，使薪酬在同级别中不断上升，因此造成薪酬上升的压力。若企业处理不好的话，将会导致员工成本不断增加。这是人力资源部门和各职能部门经理需要慎重考虑的问题。建议结合员工技术进步标准，并制订加薪标准，来有效控制成本。

④ 需完善相应的配套措施。宽带薪酬实施的同时，企业应建立能力等级体系、完善绩效管理，为宽带薪酬提供配套支持。如果没有配套措施，孤立的宽带薪酬必然被架空而虚有其表。

7.3 薪酬模式设计

薪酬模式,是解决薪酬设计与管理问题的一种方式,它可以是薪酬的构成及其组合方式,也可以是确定薪酬的方式。薪酬模式的设计不仅要遵循企业战略,还要做到公平合理,以保证员工工作的积极性和企业业绩的提高。

7.3.1 基于岗位的薪酬模式设计

基于岗位的薪酬模式,即是以岗位的价值作为支付工资的基础和依据。很多企业实施的岗位工资制便是这种薪酬模式。岗位工资制是按照员工不同的工作岗位分别确定工资的一种工资制度。

岗位工资制的主要类型有岗位等级工资制和岗位薪点工资制。

(1)岗位等级工资制

岗位等级工资制指按员工所担任的职务来确定员工工资等级和工资标准的一种工资制度。实施岗位等级工资制除应做到职务范围清晰、责任分明、工作规范、易于评价外,还应建立严格的职工调配、考核和晋升制度,以保证实施的有效性。

岗位等级工资制的操作步骤一般可划分为职务类别、工作分析与评价、确定职务等级和岗位系数、初步设计岗位等级工资表、完善岗位等级工资表5个步骤进行,具体如图7-19所示。

步骤	实施内容	注意事项
1.职务类别	对企业内的不同职务岗位进行详细划分	对职务类别的划分要尽量详细,以便工作分析和评价易于操作
2.工作分析与评价	对岗位的任职条件和职权范围进行分析,并对胜任此岗位需要的知识、技能、能力、素质等进行评价	在岗位任职条件和职权范围分析时要结合企业高层和人力资源专家的意见
3.确定职务等级和岗位系数	归级定岗,并确定最低到最高岗位的工资标准差别。确定其他岗位的岗位系数	职务等级的确定要注意结合公司的组织结构和管理幅度
4.初步设计岗位等级工资表	根据市场工资水平、企业行业地位和企业支付能力确定最低岗位工资标准。根据岗位系数计算各岗位等级的工资水平	计算出来的工资水平在市场和行业要具有一定的竞争力,不能和同行业差距过大
5.完善岗位等级工资表	根据企业发展实际和其他制度的变动不断调整和完善岗位等级工资表	岗位工资等级表在最初完成后,要经过研讨和反馈,根据企业运营实际进行修正

图7-19 岗位等级工资制的操作步骤

（2）岗位薪点工资制

岗位薪点工资制指在岗位劳动评价四要素的基础上，用点数和点值来确定员工实际劳动报酬的一种工资制度。员工点数经过一系列量化考核指标来确定，点值与企业绩效挂钩，使工资分配与企业经济效益密切联系。

岗位薪点制度一般可划分为岗位分析和评价、确定岗位点数、确定员工总点数、确定点值、计算薪点工资5个操作步骤，具体如图7-20所示。

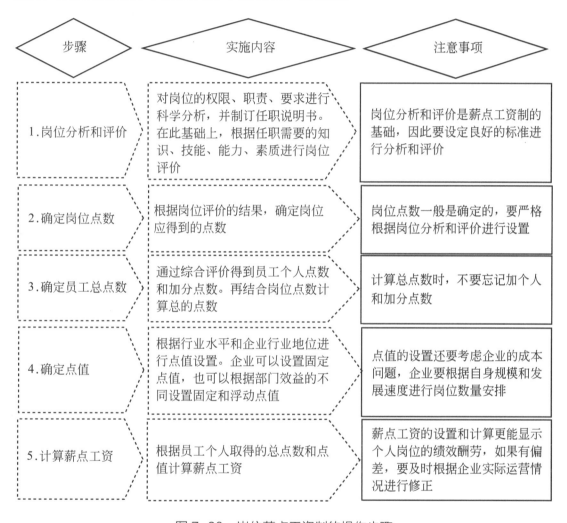

图7-20　岗位薪点工资制的操作步骤

7.3.2　基于技能的薪酬模式设计

技能工资制是一种以员工的技术和能力为基础的工资制度，根据员工的个人技术能力确定员工的工资等级和标准的工资制度。只有确定员工达到了某种技术能力标准以后，才能向员工提供与这种能力标准相对应的工资。

（1）技能工资的构成

技能工资主要由技术工资和能力工资两部分构成。

① 技术工资。技术工资是以应用知识和操作技能水平为基础的工资，主要应用于"蓝

领"员工，它的基本思想是根据员工的通过证书或培训所证明的技术水平支付其工资，而不管这种技术是否在实际工作中被使用。技术工资能够有力地激发员工之间的竞争行为，有效地刺激员工提高工作效率。

② 能力工资。能力工资主要适用于企业的专业技术和管理员，属于"白领"工资。这种工资给予的标准比较抽象，而且与具体的岗位联系不大。

（2）实施技能工资制的条件

技能工资制是建立在对员工技能进行评估基础上的工资制度，技能工资制将组织的注意力主要放在提高员工的技能上，因此技能工资制在阻止内部员工的流动性以及促进员工个人发展等方面具有优势。实施技能工资制的企业，需要具备一定的条件，具体如表7-4所示。

表7-4 实施技能工资制的条件

实施条件	具体说明
健全的技能评价体系	① 实施技能工资制首先要对员工的技能进行评价，从而确定出不同的等级，然后根据员工所处等级分别支付不同的工资 ② 健全的技能评价体系，至少要包括3个方面：一是技能评价的主体；二是技能评价的要素；三是技能评价的等级
扁平化的组织结构	扁平化的组织有助于员工将注意力从职位晋升和地位提高，转向技能的学习、运用和扩充，这是实施技能工资制所必需的基础，工作要求结构性高、专业性强 ① 判断一种工作结构性的高低，主要是看工作的目标、内容、完成的方式及程序和结果是否确定。如果这种工作的诸多方面都是确定的，则说明该项工作的结构性较高，反之则较低 ② 就结构性较高的工作而言，其工作目标、内容、程度、完成方式乃至结果都是比较确定的，员工技能水平的高低将直接影响工作完成质量的好坏。因此，如果组织根据员工技能的高低来为员工发放工资，就可以促使员工不断努力提高自己的技能水平，从而实现提高工作完成质量的目标
员工的高度参与	设计和实施技能工资制过程中，需要从员工那里获得充分的信息反馈及建议，不断对方案进行修改，因此要求员工高度参与
完备的培训机制	实行技能工资后，员工的工资就与其掌握的知识和技能产生了直接的联系，他们会格外重视学习和发展自己的技能。因此，员工对培训的需求必然会增大，这就要求企业有完备的培训机制为员工提供培训，并保证员工有时间参加这些培训

7.3.3 基于绩效的薪酬模式设计

绩效工资制是一种根据员工工作绩效发放工资的工资制度。它建立在企业对员工绩效进行有效评估的基础上，关注的重点是工作的"产出"，如销售量、质量、利润额及实际工作效果等，是一种以员工的实际劳动成果确定员工工资的工资制度。在人力资源管理工作中，工资管理和绩效管理并不能独自战斗，在工资管理中，绩效管理发挥着非常重要的作用，因此，也就产生了绩效工资。绩效工资制把员工工资与可量化的业绩挂钩，将激励机制融于企业目标和个人业绩的联系之中，同时工资向业绩优秀者倾斜，以激励员工提高生产效率、节省生产成本。

绩效工资制的特点如下。

① 把员工工资与可量化的业绩挂钩,将激励机制融于企业目标和个人业绩的联系之中。

② 工资向业绩优秀者倾斜,提高企业效率、节省工资成本。

③ 绩效工资占总体工资的比例较高,员工工资中浮动部分比较大。

绩效工资制操作步骤一般可划分为制订绩效考核目标、设计业绩评估要素、选择评估方式、初步制订绩效工资制、调整和完善5个步骤。其具体内容如图7-21所示。

步骤	实施内容	注意事项
1.制订绩效考核目标	制订切实可行的评估目标是绩效工资制的基础。业绩评估的目的不仅是为付给雇员合理的劳动报酬提供依据,也是为了达成企业工作目标	绩效目标的设定一定要结合企业员工的工作实际,不能主观,脱离实际
2.设计业绩评估要素	业绩评估要素要选择一些有代表性的业绩要素,能够全面、客观地反映被评估者的业绩	业绩评估的要素要由企业高层管理者、经理、主管和优秀员工共同制订
3.选择评估方式	企业业绩评估的评估方式要选择体现规范化和程序化的特点,注重评估效果,而非形式	评估方式要有弹性,不能空间太小,否则就失去了激励意义
4.初步制订绩效工资制	根据企业性质和行业特点,制订符合企业运营发展的绩效工资制	制订绩效工资后,要不断观察实施效果,而不是一蹴而就
5.调整和完善	制订绩效工资制后,要根据企业实际操作情况,不断进行反馈和逐步完善	调整和完善要根据一线员工和主管的反馈来进行

图7-21 绩效工资制的操作步骤

7.4 员工福利设计

7.4.1 员工福利调查

员工福利是员工薪酬总额的重要组成部分,企业在实施薪酬调整前,福利相关信息的调查与了解是必须要执行的环节,福利包括国家福利和企业福利。

(1)福利水平调查

国家福利必须严格按照国家规定的标准执行,企业福利可根据企业的实际情况来确定。福利水平调查的主要内容如图7-22所示。

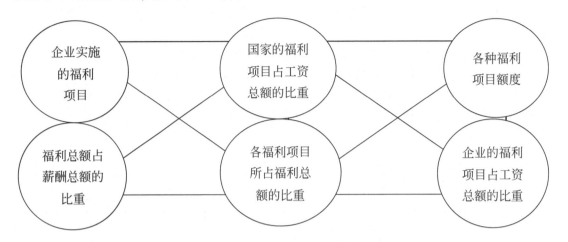

图 7-22　福利水平调查的主要内容

（2）福利满意度调查

要使福利发挥较强的激励作用,企业在制订福利管理制度时就应充分了解员工的真正需求,有针对性地为本企业员工提供符合其实际需求的福利项目。不同企业、不同岗位、不同员工类型,福利需求也不尽相同。

另外,企业要想吸引和留住员工,保持在劳动力市场上的竞争力,就必须了解其他组织所提供的福利水平。因此,企业应做好充分的福利调查工作。

通过问卷调查或其他方式,了解其他企业福利项目的设置情况及其员工对企业提供的福利项目的满意度,以设计出真正满足员工需求的福利制度。福利调查问卷如表7-5所示。

表 7-5　福利调查问卷

1. 您的性别	□ 男　□ 女
2. 您的年龄层次	□ 20～25岁　□ 26～30岁　□ 31～35岁　□ 35岁以上
3. 您希望企业提供哪些自主福利（可选5项）	□ 带薪假期　□ 每年体检　□ 定期组织旅游　□ 集体宿舍□ 免费或补贴膳食　□ 娱乐设施　□ 购房补贴
4. 您认为企业提供在职培训的机会	□ 非常多　□ 较多　□ 一般　□ 较少　□ 完全没有
5. 您认为福利在保留和激励员工上的效果是否明显	□ 非常明显　□ 明显　□ 一般　□ 不明显　□ 没有效果
6. 您认为企业现行的福利设计存在哪些不足	□ 福利额度太低　□ 福利项目太少 □ 福利设计不能很好符合员工需求 □ 福利设计不能很好体现内部公平性　□ 福利享受的资格要求太高 □ 福利制度的宣传、说明工作不到位
7. 您对企业员工福利制度了解程度如何	□ 完全了解　□ 比较了解　□ 一般了解 □ 不怎么了解　□ 完全不了解

8. 您觉得自己的福利待遇与您所在的职位是否相称	□ 非常相称　□ 相称　□ 不确定　□ 不相称
9. 您认为企业员工之间的福利待遇差别程度如何	□ 完全无差别　□ 差别不大　□ 差别较大　□ 差别非常大
10. 您是如何看待企业提供福利这一行为的	□ 企业关爱员工的表现　□ 自己尽职工作的回报 □ 员工应得的待遇　　　□ 可有可无

7.4.2 福利项目设计

（1）福利项目设计要求

薪酬体系中员工福利项目，越来越受企业的重视，企业设置福利的目的不仅是提高员工收入，更主要的是激励员工更加努力工作，增强对企业的归属感，以及增加企业在社会上的美誉度。

企业在设计员工福利项目时，需要注意两个方面的问题，具体如图7-23所示。

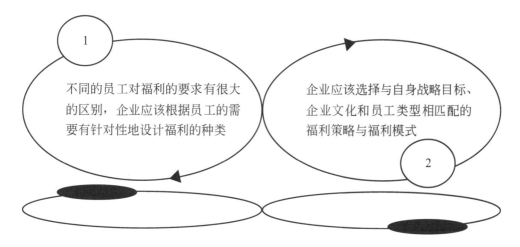

图7-23　员工福利项目设计应注意的问题

随着福利种类的增多以及福利覆盖范围的扩大，企业可以选择的福利项目越来越多。然而，并非所有的福利项目都适合任何企业的任何员工群体。企业在制订福利计划时，不仅要考虑福利项目的发展趋势，更要对自己的企业进行深入分析，明确企业战略目标、员工队伍构成、企业未来的变革等。

因此，企业在进行员工福利设计时，需要考虑多方面的因素，如管理者经营理念、政府的政策法规、税收优惠政策、医疗费用增长情况等，以保证员工福利项目体系的全面、合理。

一般来说，员工福利项目的设计要求涉及7个方面，具体如图7-24所示。

（2）福利项目细化

除了法律政策规定的福利项目之外，企业中的福利项目种类繁多，不胜枚举，同时随着现代社会人们生活水平的提高，新的福利项目还在不断地被开发出来。

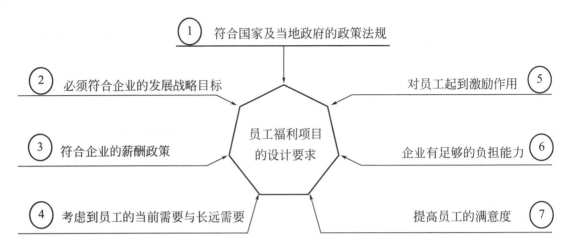

图 7-24　员工福利项目的设计要求

一般来说，提供福利最主要的目的是发挥它的保障功能和激励作用。

保障性福利如车贴、餐费和保险，让员工工作没有后顾之忧，保障性福利同时又是对工资的补充。激励性福利一般与绩效的提升有直接关系，故而目前已经成为企业福利提供的一种趋势。激励性福利的方式比较多样，最简单的，如高档俱乐部会员卡等，这种"待遇"能让员工迅速产生自我优越感；而诸如提供股票期权等，则是长期的激励方式。

福利项目的设置应以是否能达到激励效果、产生更多绩效为标准，要根据不同年龄、性别、喜好、素质的员工，以及不同行业、不同市场环境，提供细化的适合的福利项目。其示例如表 7-6 所示。

表 7-6　××企业设立的福利项目一览表

福利类别	福利项目分类	具体福利项目
国家法定福利	社会保险	养老保险、医疗保险、工伤保险等
	住房公积金	—
	法定休假	法定年节假日、带薪年休假、产假、病假等
企业自主福利	教育培训福利	MBA 教育、职业经理人研修班、拓展训练
	保险保健福利	意外伤害保险、免费体检
	住房交通福利	免费员工宿舍、免费班车
	文体娱乐福利	各类晚会、比赛、公费旅游、体育俱乐部等
	其他	免费订票服务等

7.4.3　弹性福利计划设计

弹性福利计划强调让员工依照自己的需求，从公司所提供的福利项目中选择或组合属于自己的一份福利套餐，它是由员工自行选择福利项目的福利计划模式。

在实践中通常是由企业提供一份列有各种福利项目的"菜单"，然后由员工依照自己的需求从中选择其需要的项目，组合成属于自己的一套福利"套餐"。这种制度非常强调"员工参与"的过程。当然员工的选择不是完全自由的，有一些项目，例如法定福利就是每位员工的必选项。此外企业通常都会根据员工的薪水、年资等因素来设定每一个员工所拥有的福利限额，同时福利清单的每项福利项目都会附一个金额，员工只能在自己的限额内购买喜欢的福利。

弹性福利计划具有选择自主性和项目组合灵活性的特点，其实施的利弊如图7-25所示。

优点
① 能够满足员工的需求
② 使员工明确感知福利成本和福利的价值
③ 促进组织与员工的沟通
④ 有利于组织更好地控制福利成本

缺点
① 管理起来比较复杂，从而增加福利的管理成本
② 存在"逆向选择"的问题
③ 允许员工自由进行选择，可能会造成福利项目实施的不统一，这样就会减少统一性模式所具有的规模效应

图7-25　弹性福利计划实施利弊

不同年龄、不同背景、不同层次的员工在不同时期对福利的偏好都有所不同。但传统的福利计划只能提供统一的福利，这种刚性的福利未必对每个员工都有价值，而企业所支出的费用也未必能带来预期的效果。对此，福利设计者需考虑的是，如何将福利经费公平地分配到每个员工而又尽可能地满足不同员工的差异性福利需求，这就需要企业设计出一套合适的弹性福利计划或制度。

一套合理的弹性福利制度，需满足如图7-26所示的6个要求。

恰当	即企业的福利水平对外要有竞争力，对内要符合本企业的战略规划、规模和经济实力
容易理解	即要求各个福利项目的设计和表述能够很容易地被每个员工理解，在选择和享受福利项目时，不会产生歧义
可管理	即要求企业设计的福利项目是切合实际、可以实施的；同时还需要有一套完善的运行体制用以实施和监督
有可以衡量的标准	即要求企业为员工提供的每项福利项目都是可以衡量价值的，这样才能使每个员工在自己的限额内选择福利项目
员工参与度高	即要求弹性福利制度的设计包含企业和员工互动的渠道和规则
灵活	即要求福利制度不但尽可能地满足不同员工的个性化要求，还能够根据企业的经营和财务状况进行有效的自我调整

图7-26　设计出的弹性福利制度需满足的要求

由于企业经营环境的多样化和企业内部的特殊性，弹性福利制在实际的操作过程中逐渐演化为4种有代表性的类型，企业可以根据自己的不同需要加以选择，具体内容如图7-27所示。

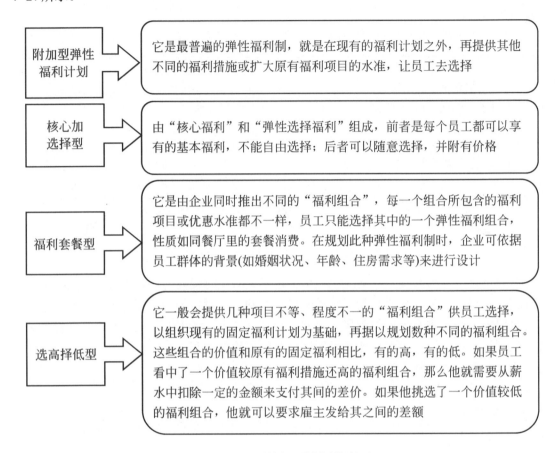

图 7-27　弹性福利计划的类型

设计出一套科学合理的弹性福利计划，并且对其进行有效的管理和运用，不但可以使企业既定的福利成本得到最合理的使用，同时它也将受到大多数员工的认同和欢迎。

（1）实施步骤

弹性福利计划的实施步骤如图7-28所示。

（2）实施要点

① 员工福利调查。为使企业提供的备选福利项目在满足员工需要和控制福利总成本两方面都达到预期目的，企业在实施弹性福利计划之前，往往需要进行福利调查。

② 员工购买能力的确定。员工对福利的购买力，通常采用福利点数的形式。员工可用购买点数在企业内部购买自己所偏好的福利项目。影响点数的因素主要有工资、资历、绩效等。

在确定了每个员工的福利点数之后，企业还需进一步确定福利点数的单价。其计算方法是企业福利计划总额与全体员工福利总点数之比。

③ 福利项目定价。一般说来，对于可直接衡量价值的福利项目，按其实际价格定价；而对于那些不能直接用货币衡量价值的福利项目，则需要根据一定的标准折算成现值进行

图 7-28 弹性福利计划实施步骤

定价,然后将这些福利项目的价格折算成相应的福利点数。

④ 加强与员工的信息沟通。在制订和实施弹性福利计划时,应在不同层次、不同范围内征求员工的意见,收集他们对福利的需求信息,及时向员工清楚地说明所享受的每一福利项目,使他们能对福利项目善加利用。员工也要主动向企业表达自己的需要,以便计划得以更好地实施。

⑤ 约束协调机制的建立。为了配合福利管理,解决实施过程中发生的各种意外及其他特殊情况,企业需要制订相关的约束协调机制。比如福利项目的选定时间,一旦选定后是否可以修改或取消,本年度未使用完的福利点数能否累计至下年度,试用期内和员工转正后的福利点数如何计算,员工晋升、职位变动、离职等情况引起的福利变动如何处理等。

第8章 人员素质测评实务

8.1 测评指标与标准设计

8.1.1 人员测评指标设计

（1）掌握良好测评指标须具备的特性

良好的测评指标应具备以下4种特性。

① 内涵明确。每个测评指标都应有其特定的定义，来规定其明确的内涵。只有做到内涵明确，才能使测评人员对指标的含义有共同的认识，才能保证外延的合理性，从而使得策略结果具有可比性。如"合作精神"可以定义为"愿意与他人合作，作为某团体的一分子去共同完成一项任务，与那种喜欢独立、竞争工作的人相反。"

② 词义清晰。词义清晰主要是指标的清晰度，即指标名称的措辞要清楚，使测评人员及被测评人员一看就能明白它的意思。

③ 直观性强。直观性强即指测评指标的辨认度要强。例如口头表达能力和表达能力这两个测评指标，前者具有很强的直观性，而后者则包括非语言表达能力、书写表达能力等，但缺乏辨认度。

④ 有针对性。有针对性要求针对某一具体岗位、职业类别或行为特质，抓住各被测对象的行为特征，使人一看就能够捕捉到感官中的记忆，进行测评与评定。

（2）设计测评指标应坚持的原则

在设计测评指标时，必须掌握以下6个原则。

① 同质原则，是指测评指标的内容和标志特征等要与测评的对象特征保持一致。

② 少而精的原则，是指测评指标的设计应尽量简单，在获得所需要的功能信息基础上，提高测评的有效性。

③ 可操作性原则，是指测评指标应能够使用测评工具进行测量和评价，在进行测评指标设计时，措辞应当通俗易懂，避免意义含糊不清。

④ 微分化原则，测评指标设计的过程是对人员功能分解的过程，要使测评指标达到较高的清晰度，必须进行微分化。

⑤ 独立性原则，即每个测评指标的边界要清晰，避免模棱两可，同一层级上的任何两个指标不能存在重叠和因果关系。

⑥ 不平等原则，测评体系的各种测评指标对测评结果的贡献度是不一样的，其贡献可用权重来表示。

（3）人员测评指标的计量

人员测评指标要进行计量，从两个方面来实现：一是计量等级及其相应的分数；二是计量的标准。

① 测评指标量化的方式。测评指标量化的方式主要有分段式、隶属式、一次量化和二次量化、当量量化等。

② 计量标准。测评指标的计量标准有客观性计量法和主观性计量法。

（4）人员测评指标权重确定

确定测评指标权重时，应坚持系统优化原则、设计者的主观意图与客观情况相结合的原则、民主与集中相结合的原则。

系统优化原则，要求在确定测评指标的权重时，不能只从单个指标出发，而应坚持系统的观点，处理好各测评指标之间的关系，把整体最优化作为出发点，合理分配权重。

设计者的主观意图与客观情况相结合的原则，要求除考虑设计者的价值观念及主观意图外，还应考虑以下3个问题，即历史指标和现实指标的平衡，社会公认要素和组织的特殊性，同行业、同工种间的平衡等。

民主与集中相结合的原则，要求在确定指标权重时，应集中相关人员的意见形成统一的方案。

在以上原则的基础上，确定人员测评指标权重通常有主观加权法、专家加权法、比较加权法等。

（5）人员测评指标设计方法选择

① 工作分析法。人员测评往往是为一定职位挑选合格人员，由于职位是被动的，人是主动的，这就要求在制订测评目标时，必须从职位本身的要求出发进行工作分析。其中，工作分析是人员测评指标设计的起点和基础。

工作分析是指对各项工作或职位的性质、任务、责任、环境及工作人员所具备的条件进行综合分析研究。工作分析的主要内容一般包括人员分析和事务分析两个方面，人员分析主要包括各类人员完成本职工作的智力条件、知识水平、工作经验、资历等，事务分析主要包括工作职责、工作程序、工作环境、同相关工作或部门的关系等。在人员测评指标标准体系的设计中，工作分析法的应用程序如图8-1所示。

② 功能图示法。功能图示法是将某类人员的素质特征，用图表的形式描绘出来，进行分析研究后确定测评指标。

功能图示法的直观性强，能够形象地展现人员素质特征的"价值"表现，比较易于选取测评指标。这种方法一般先将某类人员的素质特征按需要的程度进行分档，分档可以是三档，如非具备不可的、非常需要的、需要但要求不高的，分档也可以是五档，如非具备不可的、非常需要的、需要但要求不高的、需要程度较低的、几乎不必具备的。如某生产流水线操作人员的能力图如图8-2所示。

③ 胜任素质分析法。胜任素质分析法是一种基于胜任力概念的人员测评指标标准体系，一般而言胜任素质分析法构建测评指标标准体系的步骤如下。

a. 确认战略。对企业面临的竞争挑战和组织文化进行研究，明确胜任力模型主要是用在绩效考核、薪酬管理还是职业发展等方面。

b. 收集数据。选择行为事件访谈法、个人访谈法、问卷调查法等来收集模型构建中必要的数据信息，通过收集数据来了解胜任力的主要模块和指标体系。

c. 集成数据。运用统计方法对已经收集到的数据进行归纳，得出各个职位或领域的胜任素质模型。

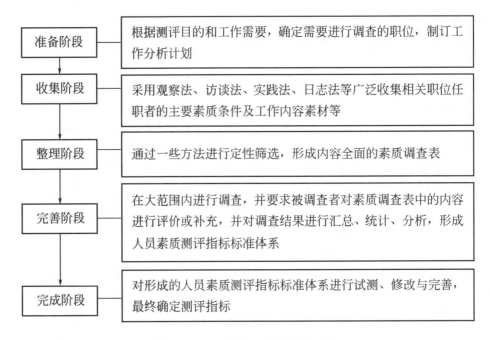

图8-1 工作分析法的应用程序

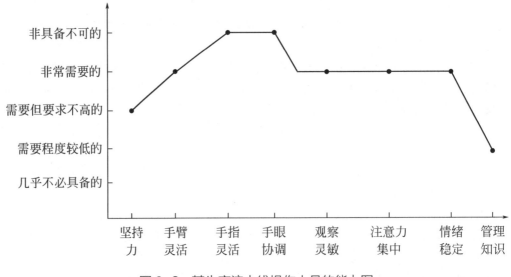

图8-2 某生产流水线操作人员的能力图

d. 有效性分析。只有一定时间后,员工的绩效符合素质模型中的预测,才能证明成型后的模型是有效的,因此在胜任素质模型成型后,还需要通过绩效考评进行效度检验。其中,胜任力模型的建立过程其实就是测评指标的确定过程。

④ 榜样分析法。榜样分析法是指通过选择少数典型的成功人物,对其工作状况、具体表现或工作角色特征进行深入分析,来确定测评指标的一种方法。榜样具有巨大的感染力和说服力,榜样的力量是无穷的,因此榜样的选择要典型,榜样应具备测评中的关键特征与特征中的关键要素。

⑤ 文献查阅法。文献查阅法就是通过搜集和分析各种现存的有关文献资料,从中寻查

有关的测评要素，利用前人研究的成果来设计所需要的测评目标。人员测评指标设计者可以从不同的文献中来设计测评目标，如《职业分类大典》《专业技术鉴定标准》《中华人民共和国海船船员考试发证规则》《各类干部岗位知识能力规范参考手册》等。

⑥ 历史概括法。历史概括法是把历史上一些典型人物的素质特征进行系统的研究，来确定测评指标的方法。其中，可以是成功的且被证实过的一些人物素质，也可以是失败的且被证实过的人物素质，可以将这些人物的素质进行搜集、整理将其作为正向测评指标或反向测评指标。如岳飞的素质特征可以作为正向测评指标，秦桧的素质特征可以作为反向测评指标。

另外，现今世界上很多企业家热衷于研读《孙子兵法》《道德经》《论语》等古代名著，并从这些中国传统文化中汲取管理智慧，这也属于历史概括法。

⑦ 头脑风暴法。头脑风暴法又称为畅谈法，集思法等，是邀请一些了解测评对象、测评方法的专家学者或管理人员，采用会议的方式，利用集体的思考，引导每个参加会议的人围绕中心议题广开言路，激发灵感，畅所欲言地提出所有可以想得到的测评指标。

由于与会者所处背景、所学专业、所考虑问题的角度等存在差异，每个人所提出的要素难免会存在大相径庭的现象，这有助于有效地实现测评指标收集的全面性。另外，使用头脑风暴法时，会议主持者要对一切意见均持赞赏的态度并进行积极引导，且会后要对众多的测评指标进行综合考评，并选出合理的测评指标。

8.1.2 人员测评指标标准建立

建立人员测评指标标准体系是人员测评的首要工作，为人员测评提供统一的标尺，有助于根据工作岗位要求来确定人员的素质范围、角度和程度等，是人员测评工作的基础。

人员测评指标标准体系的设计可以分为横向结构和纵向结构两方面，横向结构是对每个需要测评的员工素质的要素进行分解、细化，注重测评要素的明确性、完整性和独立性等。纵向结构是指将每一个测评要素用规范化的行为或表征进行规定或描述，它侧重于测评要素的针对性、可操作性、合理性等。

（1）建立人员测评指标标准体系的横向结构

人员素质是由多种要素连接组成的，在人员测评指标标准体系中，结构性要素、行为环境要素和工作绩效要素这3个方面比较全面地构筑了人员测评要素体系的基本模式。其具体内容如图8-3所示。

（2）建立人员测评指标标准体系的纵向结构

人员测评指标标准体系是一个群体概念，一般在测评目的下规定测评内容，在测评内容下设置测评目标，在测评目标下设置测评指标。

① 测评目的。人员测评的目的有很多，如为获取人力资源而进行测评、为人力资源使用提供参考而进行测评、为人力资源提升而进行测评等，在设计人员测评指标标准体系前，首先需要明确测评目的。

② 测评内容。测评内容是指测评所指向的具体内容和相应的范围，如面试中的"专业知识水平""礼仪知识""口才"等，测评内容选择的正确与否是实现测评目的的重要手段。在确定测评内容时，应先分析被测评对象的结构特点，找出该对象所有值得测评的因素，然后根据测评目的和职位要求有针对性地进行筛选。测评内容应尽最大的努力使测评内容具体化，切忌抽象和空洞。

人员测评要素体系的基本模式	内容	相关解释
结构性要素	主要包括身体素质和心理素质,其中身体素质主要包括生理方面的健康状况和体力状况,心理素质主要包括智能、文化和品德素质等	从静态角度反映员工素质及其功能行为特性
行为环境要素	主要考察员工的实际工作表现及其所处的内外部环境的变化,通过建立行为环境指标体系来反映员工素质特性	从动态角度反映员工素质及其功能行为特性
工作绩效要素	主要包括一个人的工作数量、工作质量、工作成果、团队影响力等	通过对工作绩效要素的考察,可以对员工素质及其功能行为进行合理评价

图 8-3 人员测评指标标准体系横向结构的组成

③ 测评目标。测评目标是对测评内容筛选、分析、综合后的产物,它是人员测评中直接指向的内容点。一些测评目标是测评内容点直接筛选的结果,而有些测评目标则是两个或两个以上测评内容点的综合,如"管理能力"中的"计划能力""组织能力""协调能力""控制能力","情商"中的"自我认知""自我管理""自我激励""对他人的认知""处理人际关系"等。

人员测评内容与测评目标具有相对性和转换性,如"情商"在这里是作为测评内容,而它相对于"心理测验"来说是另一个测评目标。

④ 测评指标。测评指标是人员测评目标操作化的表现形式,一个测评目标可能要用几个测评指标来展现,几个测评目标也可以共用一个测评指标来展现。如对工作满意度这一测评目标,可以从不同的方面来拟定,即工作任务的满意度、工作时间的满意度、工作环境的满意度等。

由上可知,测评内容、测评目标、测评指标是人员测评指标标准体系的不同层次,测评内容是人员测评所指向的具体对象或范围,测评目标是测评内容的抽象概括,测评指标是对测评目标的具体分解。

(3) 人员测评指标标准体系建立的步骤

人员测评指标标准体系建立具体可以分为7个步骤,即明确人员测评的客体与目的,确定测评内容,筛选并表述人员测评指标,制订测评标准,确定人员测评指标权重,规定人员测评指标的计量方法,试测、修改并完善测评指标体系。

① 明确人员测评的客体与目的。人员测评指标体系的建立,必须以一定的测评目的为依据。测评目的涉及企业人员的选拔、配置、考核、培训开发,或企业的诊断,测评目的不同,所指定的测评指标标准体系是不相同的。

人员测评指标体系的建立,还必须以一定的测评客体为对象,测评客体的特点一般由行业性质和职业特点决定，知识型企业的测评指标体系明显不同于生产型企业的测评指标体系，企业研发部门和行政部门人员的测评指标体系也完全不同。人员测评客体的特点不同，测评指标标准体系就会有所不同。

因此，企业应根据企业现状和实际工作需要，结合测评客体、测评目的的不同，制订相应的测评指标标准体系。

② 确定测评内容。运用调查法、访谈法、工作分析法、观察法等收集编制测评量表所需要的资料，并对其进行汇总、分类、分析等，结合测评客体和测评目的的需要，确定测评内容。

③ 筛选并表述人员测评指标。当测评内容确定后，需将其通过工作目标因素分析法、工作内容因素分析法、工作行为因素分析法等对其进行标准化，把测评内容变成可操作的测评目标。

在各测评目标的基础上设计测评指标，并坚持从概念和理论上对测评指标进行探讨，弄清其实质内涵和外延，以确保其测定的问题或条目准确地反映要测定的内容。测评指标的描述要坚持内涵明确、词义清晰、直观性强、有针对性的原则。另外，测评指标的设计还要坚持同质性、少而精、可操作性、独立性、不平等性等原则。

④ 制订测评标准。测评标准是人员测评指标标准体系的内在规定性，通常表现为各测评素质规范化行为特征或表征的描述与规定。清楚、准确地制订和表述测评标准是使测评指标和指标体系具有可操作性的关键步骤。设计者可根据实际情况制订评语句式、设问提示式、方向指示式、测定式或评定式等标准。

⑤ 确定人员测评指标权重。由于测评客体、测评目的等存在不同，使得各测评指标在测评体系中所处的地位和作用也不相同，所以不能将各测评指标用同一权重来表示，而应根据实际需求科学设置各指标的权重。

⑥ 规定人员测评指标的计量方法。在完成人员测评后，需要对各指标的测评标度进行综合分析以获得相应的测评结果，因此在设计人员测评体系时，还需对测评指标的计量问题进行规定。设计者可根据实际情况对其进行客观性计量或主观性计量。

⑦ 试测、修改并完善测评指标体系。为保证实际测评效果的准确性和客观性，人员测评指标标准体系在大规模施测之前，还需要在一定范围内进行试测，在试测时主体和客体的选择、情景的控制等都应与该测评体系所要求的相一致，试测组织者需要安排专人对试测过程进行记录。

针对试测的结果，需要对测评体系进行不断的修改与完善，以保证大规模测评时的可靠性和有效性。

8.2 人员素质测评方法

8.2.1 心理测试法

心理测试是间接对一组样本行为进行客观和标准化的测量，主要通过观察人们有代表性的行为，对贯穿在人们行为活动中的心理特征，依据事先确定的原则进行推论和数量化分析。

（1）心理测试的类型

心理测试的类型很多，根据不同的标准可以划分出不同的种类，图8-4列出了3种常用的划分方法。

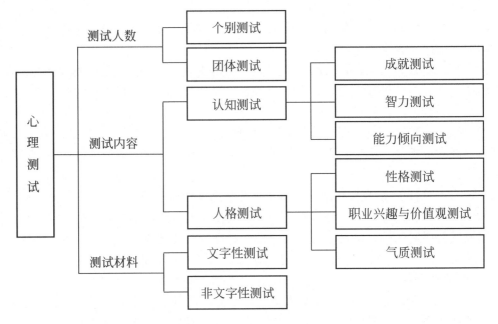

图8-4　心理测试常用类型

其中，最通用的一种划分方法是根据心理测试内容，将其划分为认知测试和人格测试。

① 认知测试。认知测试测的是一个人的认知行为，通过进一步细化，其又可将认知测试划分为成就测试、智力测试及能力倾向测试。

a. 成就测试，又称成绩测试，是通过笔试的方式测量被测人员的受教育效果，衡量其知识广度、深度及运用水平，从而用以衡量其在工作中所具有的实际能力。成就测试具体包括专业知识考试、综合知识考试和外语水平考试。

b. 智力测试，主要测量被测人员智力的高低，测试的结果用智商（IQ）表示，衡量其在工作中较为稳定的行为特征。

智力的实质就是一个人的智力与其同龄人相比所处的位置。用来衡量智力水平的量数称为智商，即人们在智力测试中获得的分数。智商有两种计算方法：一种为比率智商；另一种为离差智商。

常用于企业人员智力测试的工具是韦克斯勒成人智力量表和陆军甲／乙种测试。

韦克斯勒成人智力量表（WAIS-R）由11个分测验组成，其中常识、背诵数字、词汇、算术、理解、类同6个分测试构成言语分量表，填图、图画排列、积木图案、拼图、数字符号5个分测试构成操作分量表。所有分测试的分数都要转化成标准差为3、平均数为10的标准分数。

陆军甲／乙种测试主要用于第一次世界大战期间美国陆军的士兵测评和选拔，以提高军队的战斗力。战争结束后，这两种测试经过改进，成为企业专门用来选拔员工的重要工具。

c. 能力倾向测试，主要测量被测人员的潜在能力，深入了解其长处和发展倾向，衡量其在未来工作中的胜任能力，包括一般能力倾向测试和特殊能力倾向测试。

一般能力倾向测试是由美国劳工部就业保险局设计而成的综合性职业倾向测试。

本测试由15个分测试构成，其中11种是笔试、4种是操作测试。该测试可以通过不同测试项目的组合测试出个人的9种能力倾向：智能、言语能力、数理能力、书写知觉能力、空间判断能力、形状知觉能力、运动协调能力、手指灵活度和手腕灵活度。

特殊能力倾向测试主要包括文书能力测试、机械能力测试、创造力倾向测试、音乐能力测试、霍恩美术能力问卷测试等。

② 人格测试。人格是一个人区别于另一个人并保持相对稳定的非智能性心理特征和行为倾向的总和，在心理学上又称为个性。人格具有差异性、独特性、相对稳定性、社会性、整体性、功能性等特点。

a. 人格测试工具——自陈量表。用于人格测试的自陈量表很多，下面主要介绍3种代表性的量表——卡特尔16种性格因素测评量表、艾森克人格测试问卷、霍兰德职业兴趣与价值观测评量表。

b. 人格测试工具——投射测试。

投射是指个人把自己的思想、态度、愿望、情绪、性格等个性特征，不自觉地反映于外界事物或他人的一种心理作用过程。

投射测试是指向被测人员提供一些未经组织的刺激情境，让其在不受限制的情境下，自由地表现出其反应，通过分析反应的结果，就可以推断其人格特征；其主要包括联想法（如罗夏墨迹测试法）、构造法（如主题统觉测试法）、完成法、表露法（如画人测验、画树测验和逆境对话测验等）这4种类型。

罗夏克墨迹测试有两个实施阶段：一是自由联想阶段，要求被测人员根据所看到的说出所想，根据其反应记录；二是询问阶段，由测评人员按图片的顺序逐一询问被测人员。

8.2.2 笔试法

笔试法是要求被测人员根据试卷的内容把答案写在纸上，以便了解其各种知识的掌握程度、书面表达能力、思维分析能力等素质的一种方法。

笔试的形式有多种，包括多种选择题、是非题、匹配题、填空题、简答题、论述题等，每一种形式都有其自身的优缺点，具体可参见前面的成就测试相关内容。

笔试题的编写质量直接影响试卷乃至整个考试的质量。因此，测评人员在编写笔试题时，应根据测评项目的不同设计考题，确保编制的试题能够充分发挥应有的功能。

（1）选择题编写技巧

选择题要求被测试者从可供选择项中确定正确或者错误答案的题目，选择题在测评中使用较为普遍，其评分很少受到测评人员主观因素影响。选择题的编写技巧如图8-5所示。

（2）是非题编写技巧

是非题要求被测者对测试题做出肯定的或否定的判断。是非题可以看作是只有两个选项的选择题。是非题的编写技巧如图8-6所示。

（3）匹配题编写技巧

匹配题要求被测者从多个刺激项和反应项中，指出哪个反应项与哪个刺激项相适合。这个可以完全匹配，也可以不完全匹配。匹配题的编写技巧如图8-7所示。

（4）填空题编写技巧

填空题要求被测者对正确的词语或句子填充未完成句子的空白。测评人员在编写填空

1	选择题的题干必须明确，确保被测者在不看选项的情况下，也能够明确题干想要表达的意思
2	选项设计要简练，尽量将选项中共同的词句移至题干中，确保题意表达清楚
3	保证选项中有正确的答案，可将其他容易引起错觉或偏差的答案制成诱答
4	选项设计的长度应大致相等，并与题干联系紧密
5	避免给受测者提供选择正确答案或者删除不正确答案的线索

图 8-5　选择题的编写技巧

1	题目设计应该有意义，避免无关紧要的问题或琐碎的细节
2	每道题目只能包括一个重要的概念，避免两个以上的概念同时出现在一个题目中，避免让被测者有机会以次要的或琐碎的观念来作出判断
3	尽量避免否定的叙述，尤其应避免双重否定的叙述，以免误导被测者
4	题目正确与不正确的叙述长度、复杂性应尽量一致

图 8-6　是非题的编写技巧

1	刺激项和反应项的位置应明确，通常情况下将反应项安排在右边
2	最好使用不完全匹配，使反应项多于刺激项，而且不限制每个选项被选择的次数以降低猜测概率
3	刺激项和反应项性质相近，且将反应项按一定的逻辑顺序进行排列
4	对匹配方法、匹配依据等相关问题作出明确的说明
5	同一组刺激项与反应项最好印在同一张纸上，以免给被测者造成答题困扰

图 8-7　匹配题的编写技巧

题时应尽量将空格放在最后,并使用直接问句的形式,避免题意模糊不清,且空格设置不宜过多。

(5)简答题编写技巧

简答题要求被测试者提供一个正确的答案。测评人员在编写简答题时应注意:每题最好有一个答案,而且这个答案简单、具体,可以预先规定部分正确给多少分。

(6)论述题编写技巧

论述题要求被测者对题干中的问题进行论述,它主要测试被测者运用组织材料的能力、综合能力和文字表达能力。当某一事物能用客观题考查时,尽量不要用论述题形式。论述题的编写技巧如图8-8所示。

1　论述题设置数量不宜过多,必要时可对每道题的作答时间加以限制

2　尽量用清晰、准确的语言交代背景材料和问题,题目任务清楚、明确,使被测者了解任务要求

3　在编制试题时,也编制科学的答案大纲,以确保在测评人员评卷时达成理想答案的共识

图8-8　论述题的编写技巧

8.2.3　面试法

面试是指在特定的时间、地点进行的,通过测评人员与被测人员面对面地观察、交谈,收集相关信息,从而了解被测人员的素质状况、能力特征以及求职动机的一种测评技术。

面试是人力资源管理领域中应用最普遍的一种测评形式,本节只介绍常用的结构化面试在人员素质测评领域的应用。

(1)准备结构化面试

① 确定测评要素。分析被测人员工作岗位的《职位说明书》及工作规范,列举工作职责,所需知识、技能、能力倾向和其他的资格,从中分析确定测评要素,主要包括但不限个人修养及礼仪、求职动机及价值观、职业兴趣与偏好、一般能力倾向、可发展的潜力5个方面。

② 确定测评要素的权重。根据完成任务的重要性对每一个要素进行排序,识别出相应岗位所需要的主要测评要素,并确定各个要素所占的权重。

③ 依据测评要素命题。根据鉴别出来的主要测评要素确定面试的问题,同时拟定评价要点。

④ 组建面试小组。结构化面试的面试评委需要经过严格的筛选、培训,并针对招聘的岗位组合不同人员。一般来说,面试小组设有5～7名评委,从工作经验、专业领域、资历水平等方面进行区分和组合。

⑤ 安排面试的场地。面试场地的首要条件要有助于消除面试双方因地位不同而存在的隔阂。在安排座位时,应力求淡化面试双方的地位差异,图8-9是结构化面试时常用的两种座位安排方法。

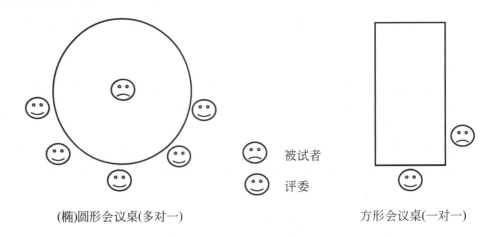

图 8-9　结构化面试评委与被试者的位置安排示意图

（2）实施结构化面试

实施面试即是测评开始的时候，为了获得客观真实的测评资料，面试小组成员需要把握好面试的每一个阶段和每一个动作。

① 结构化面试三阶段。

a. 开始阶段。在结构化面试的开始阶段，面试评委可通过寒暄式的问题导入面试的正题，通过轻松易答的话题消除被测人员的紧张情绪。

b. 面试进行中。结构化面试的实施需要面试评委引导被测人员描述其经历过的特定工作情景或任务，在那种情境当中所要达到的目标，为达到特定的目标所做出的行动及这种行动所带来的结果（包括积极的和消极的结果、生产性的和非生产性的结果）。

c. 结束阶段。结构化面试进入查漏补缺阶段，面试评委的主要任务是检查是否遗漏了某些关键性的问题，同时还可安排被测人员对自己的表现及情况做出补充的机会。

② 结构化面试的四动作——问、听、观、评。在结构化面试的过程中，问、听、观的实施会直接影响测评材料的准确性。表8-1列出了结构化面试测评4个动作的实施要点。

表 8-1　结构化面试的动作实施技巧列表

结构化面试的动作	实施技巧
问	◎自然、亲切、渐进、聊天式的导入——今天到达这里的交通顺利吗？ ◎问题的安排要先易后难、通俗易懂、简明有力 ◎选择适当的提问方式达到问准、问实的目的，所问的问题要适合职位要求 ◎善于恰到好处地转换话题、收缩与扩展话题、结束面试过程 ◎为被测人员提供弥补缺憾的机会——你还有什么需要了解的
听	◎一般在结构化面试中，面试人员提问的时间占总时间的20%，听的时间占总时间的80% ◎把握与调动被测人员的情绪 ◎注意从言辞、音色、音质、音量等方面判断被测人员的素质水平

续表

结构化面试的动作	实施技巧
观	◎谨防以貌取人 ◎发挥目光、点头的作用（例如，观察被测人员有无目光接触：若有，可以反映出被测人员友好、自信、果断；若无，可能反映了被测人员紧张、害怕、说谎） ◎有目的地、客观地、全面地观察 ◎注意被测人员的反应过程及面试结束场景的观察 ◎充分发挥感官的综合效应与直觉效应
评	◎选择适当的评价标准 ◎分项测评与综合印象测评相结合 ◎纵横观察、比较批判

（3）评定结构化面试结果

面试既是实施测评的过程，也是收集测评数据的过程。面试结束后，需要根据测评目的处理这些数据。若企业条件许可，可借专业的数据处理软件来处理所收集的数据；否则，需要测评工作人员手工统计分析所得的数据。

8.2.4 书面信息分析法

在人员素质测评的实际工作中，除了心理测试、笔试、面试和评价中心这4种主要技术外，还有一些其他的测评方法，如较易实施的纸笔测试法，及推荐信、个人履历、申请表等书面信息的分析法。这些方法可用于人员招聘、选拔初期的素质测评。

（1）推荐信分析法

推荐信是指熟悉被测人员和用人企业的第三方以信函形式向用人单位介绍和推荐被测人员的文字材料。

① 分析推荐人的资格。

a. 推荐人要非常熟悉被测人员的情况，并能对被测人员的素质做出属实、公正的评价。

b. 推荐人需要给出自己直率的意见。

c. 推荐人能够正确地表达自己的意见，以使测评人员能理解其意见。

② 与推荐人沟通。测评人员需要根据推荐信的内容，运用电话访谈推荐人，间接了解并确认推荐人是否具备诚实的素质。

（2）个人履历分析法

① 履历表内容。履历分析法是根据履历表中记载的事实，了解一个人的成长历程和工作业绩，从而对其人格、兴趣等背景有一定了解。履历表描述了被测人员过去的背景情况，既包括测评者能够核实的项目，如家庭住址、家庭状况、年龄、学历、工龄、工作经历等，又包括测评者无法核实的项目，如述职报告、自我评价等内容。

履历表的形式多样，各组织、各岗位可根据具体情况和需要进行设计。

② 履历分析技巧。测评人员应掌握履历分析的技巧，从履历中挖掘出更有价值的信息，更深入地了解应聘者，提高录用决策的准备性。图8-10提供了几种常见的履历分析技巧。

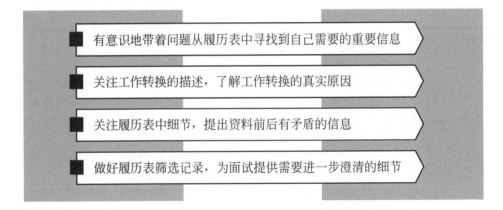

图8-10 履历分析技巧

(3) 申请表分析法

与个人履历相反，申请表描述了被测人员当前的情况，一般包括姓名、性别、住址、婚姻状况、直系亲属、学历、工作经历、特长、社会关系、工资等级、业余爱好等内容。在设计申请表时，主要考虑每个项目与胜任某项工作的关系，以便核查。

(4) 个人档案分析法

个人档案记录着一个人从上学迄今为止的所有经历，包括学习、工作、家庭情况，社会关系，组织及其负责人的评价意见等。而个人档案分析则是根据这些信息，了解一个人的成长历程和资历，进而了解其工作成就、人格背景等素质。

8.2.5 评价中心技术

评价中心技术是由一系列的测评方法有机组成的，依据情景模拟测评的原理，通过观察被测人员在不同测试中的表现，对其能力、技能等特征做出综合评价的一套标准化程序。

(1) 评价中心技术的实施流程

一般来说，评价中心技术的实施过程主要包括7个步骤，企业可根据实际情况加强或弱化其中的某些环节。

① 确定评价中心要测评的素质。通过工作分析和胜任素质模型，确定评价中心技术所要测评的素质（包括既定岗位所需要的具体胜任素质，尤其是那些运用其他测评方法未能得到彻底测评的素质，以及那些非常重要的素质），这是实施评价中心技术的核心工作。

在运用评价中心技术时，所确定的测评素质不宜太多，以7～9项为宜；否则，会造成评价中心技术太复杂，实施起来费时费力。

② 分析企业可用的资源。确定需要测评的素质之后，评价中心技术的设计者需要了解并分析企业能够提供的各种资源，包括人、财、物。这些资源对于评价中心技术的设计有很大的制约作用，评价中心技术所需要的资源支持能否得到满足与保障，将直接影响到某些素质能否得到测评及测评结果的准确性，还会影响到评价中心技术的复杂程度和测评时间的长短。

③ 设计或选择测评方法的组合。评价中心技术本质上就是多种测评方法及工具的有机组合，设计评价中心技术的主要问题就是选择可行的方法及工具，对需要测评的素质进行有效的测评。

这里所说的"可行的方法及工具"具体体现在三个方面：一是这些方法及工具适合用来测评相关素质；二是这些方法的工具能够购买到或设计出来；三是这些方法及工具能够被合理的使用。

④ 培训并协调测评项目相关人员。对测评人员培训的内容具体体现在以下4个方面。

a. 评价中心技术的各项政策和规定，包括被测人员的详细资料和信息的使用限制。

b. 测评方法和工具的使用，测评人员应熟练掌握在每项测评的过程中所要观察的维度和典型的行为表现。

c. 所要测评的要素及具体的维度，以及测评要素与行为表现之间的关系。

d. 测评及评分的具体过程，以及处理、整合数据资料的各种方法与技巧。

⑤ 制订详细的测评日程表。评价中心技术的测评日程依具体需要来定。一般来说，基层管理职位的测评可能需要1天时间；中高层职位需要2~3天；若与培训相结合，可能需要5~6天。

⑥ 制订详细的实施方案。在实施评价中心技术之前，需要指派1人专门负责所有的实施细节，并制订出详细而完备的实施方案，包括安排场地、准备资料和材料拟订评价标准和决策规则等。

⑦ 监督并评估执行的过程。评价中心技术的正常运行，需要专人负责监督与评估，及时发现问题以便进行及时的调整。在监督的过程中，需要做详尽的记录。

（2）评价中心技术所使用的测评方法

评价中心技术的"情景性"特性，决定了其具体测评方法，包括无领导小组讨论、公文筐测试、案例分析、信息搜寻、角色扮演、演讲、模拟面谈等若干种。在测评不同的素质时需要选择不同的测评方法和工具。

① 无领导小组讨论。无领导小组讨论是一种情景模拟的测评方法，指一组无具体负责人的被测人员在一定时间（一般是1小时左右）内，围绕给定的问题或在既定的背景之下展开讨论，并得出小组意见；以此来评价被测人员各方面的能力、个性特点及风格，为人事决策提供可行的依据。

② 公文筐测试。公文筐测试，又称公文处理练习，是一种情景模拟测评方法，要求被测人员在一定时限内处理与管理岗位相关的报告、信函、备忘录、请示等文件（涉及人事、资金、财务、工作程序等内容），用来测评其实际工作能力或管理潜力。

公文筐测试通常用于管理人员的选拔，考查被测人员分析资料、信息处理、授权、计划、组织、控制、判断等多项素质，是评价中心技术测评中、高层管理人员素质的重要工具。

③ 评价中心技术所使用的其他方法。可用于评价中心技术的还包括模拟面谈、案例分析、角色游戏、信息搜寻、演讲等具体的方法或技术。

a. 模拟面谈。模拟面谈是指由经过培训的人物扮演某个角色与被测人员谈话，在此过程中，测评人员对面谈的过程进行观察和评价。有时，测评人员本人还会直接扮演与被测人员谈话的角色。

b. 案例分析。案例分析是指要求被测人员阅读一些组织中的相关问题及材料，准备出相应的建议、对策及分析报告的测评方法，以便考查其综合分析能力、决策判断能力，及某些特殊技能。

c. 角色扮演游戏。角色扮演游戏是一种比较复杂的测评方法，要求被测人员通过扮演一定的角色,来模拟完成工作情景中的一些活动和过程,用来考查被测人员的说服能力、表达能力、处理冲突的能力及其思维灵活性和敏捷性。

d. 信息搜寻。信息搜寻是指通过提供某个特定的问题,要求被测人员通过不断提问来获取能合理解释这个问题的详细信息的方法,主要用来考查想象力、推理能力、分析能力,以及面对压力时的反应和表现。

e. 演讲。演讲是指被测人员按照给定的材料组织自己的观点,向测评人员阐述自己观点的方法,主要用来考查被测人员的分析推理能力、语言表达能力等。

8.3 测评组织与实施

8.3.1 人员测评组织

(1) 分析企业测评需求

通过了解企业的经营性质、管理体制、经营理念、企业文化等各个方面的内容,把握企业所追求的人员素质水平,从而更好地鉴别测评要素、确定测评内容。

(2) 选择测评方法和测评工具

根据测评目标和测评内容来选择测评方法和具体的工具,并合理运用方法及工具组合。

(3) 确定测评时间和测评地点

① 确定测评时间。测评内容和测评方法共同决定了测评过程所花费时间的长短。例如,一般的心理测验试卷可能只需1～2个小时就可以完成,而选拔管理者的评价中心技术可能需要3天甚至1周的时间才能完成。

应该选择合适的测评时间段,以使被测人员能够正常、充分地展现其素质水平。因此,不宜在中午、晚上及人们易疲劳的生理时间段里实施测评。

② 确定测评地点。为了提高测评的可靠性和有效性,应选择宽敞、光线充足、无噪声的地点实施测评,以避免影响被测人员的注意力、思维反应及答题思路。

(4) 安排测评项目的实施顺序

人员素质测评项目一般是由多种测评方法、多个子项目构成的,因此需要妥当安排不同项目的先后顺序。在安排测评子项目的顺序时,要考虑以下4个方面的因素。

① 测评项目的复杂程度。将简便易行的测评放在前面实施,将容易使人产生疲劳的测评放在后面进行。

② 测评项目的成本。当测评是用来招聘、选拔人才时,采用单项淘汰策略,就可以先实施低成本测评项目。前一项测评不合格的人就不用再进入后一项测评了,减少后面测评的工作量和时间。

③ 测评内容的敏感性。如果某项测评的内容比较敏感,会影响、暗示、帮助其余测评项目的正常发挥,应放在后面实施。

④ 测评对被测人员的影响程度。如果某项测评易给被测人员造成较大的压力,会影响被测人员的自信心,从而影响到其他项测评的发挥,则应放在后面进行。

(5) 具体实施准备事项

准备事项包括准备测评设备、准备测评辅助材料、布置测评现场等一些具体工作的安排与落实。

（6）预算测评费用

若聘请专业的测评机构来实施人员素质测评，则其报价是整个项目费用中最主要的构成部分。

若是由企业内部人员自行实施测评项目，需要考虑相关人员的培训费用、时间成本、测评工具制作费用、测评设备及辅助材料费用、测评现场布置费用等。

8.3.2　人员测评实施

（1）人员测评的实施步骤

实施测评就是按照实施方案、运用测评方法对被测人员进行现场测评、获得测评数据的过程，施测质量会直接影响数据的准确性和测评误差的大小。

① 动员被测人员。在真正开始测评前，调动被测人员的积极性，促使其以积极主动的心态参与到测评过程中，可保证测评工作的顺利开展。

② 指导培训被测人员操作测评工具。测评的过程是测评人员与被测人员的互动过程，测评人员要确保自己了解测评规范，也要使被测人员了解测评的目的和实施规范，其工作主要包括以下两项。

a. 宣读或引导阅读测评指导语。测评指导语是对测评的目的、内容、作答、方法及要求等细节进行概括性的解释或说明。

指导语可由测评小组组长宣读，也可将其做成书面材料分发给被测人员引导其自行阅读。时间应该控制在5分钟之内，因此指导语的内容应言简意赅。

b. 指导正确使用测评工具。在测评开始之前，需要将测评工具的具体使用方法详细解说给被测人员，直至确定所有人都能正确使用才能开始测评；在测评进行的过程中，测评人员应随时协助被测人员解决遇到的问题，及时纠正错误的操作方法。

③ 协调控制测评过程。整个测评过程可能会受到现场各种因素的影响，尤其是人们的心理因素干扰。因此，在测评过程中除了要协调好各种条件，还需要控制首因效应、近因效应、定势效应、光环效应等各种心理效应的干扰，以减少测评的误差，尽可能保证测评的准确性。

④ 收集、记录测评数据。实施测评是为了获得有利于素质评价的充分、准确的信息，所以在实施测评的过程中，测评者要实时、准确地记录测评数据。

记录数据要遵守真实性、代表性、准确性、及时性等原则，可采取定性、定量及二者相结合的方式，也可以采取录音机、摄像机等现代技术进行现场录音、摄像。

（2）掌握人员测评实施的基本原则

为了确保人员测评作用的发挥，人员测评实施时必须注意以下原则。

① 客观可行原则。实事求是地实施测评，保证测评效度，且要简单、有效、经济。

② 定性与定量结合的原则。定性与定量结合以保证测评手段的科学性。

③ 综合动态性原则。全面、系统地反映测评对象的素质，且具有一定的变化性。

④ 行为方向性原则。要以被测评者行为为依据，与测评目的保持一致。

⑤ 标准化原则。保持测评的一致性。

（3）人员测评中的误差及防范措施

① 测评本身引起的误差及防范措施。测评本身引起的误差主要是指测评方法和工具本身引起的误差，由于人的个性、能力、品德等特征很多是无法直接进行精确测量的，且人

员测评常常会受到主观因素的影响,所以测评工具和方法所引起的误差一般比物理化学测量的误差要大得多。

防范测评方法和工具引起的误差主要有以下措施,如图8-11所示。

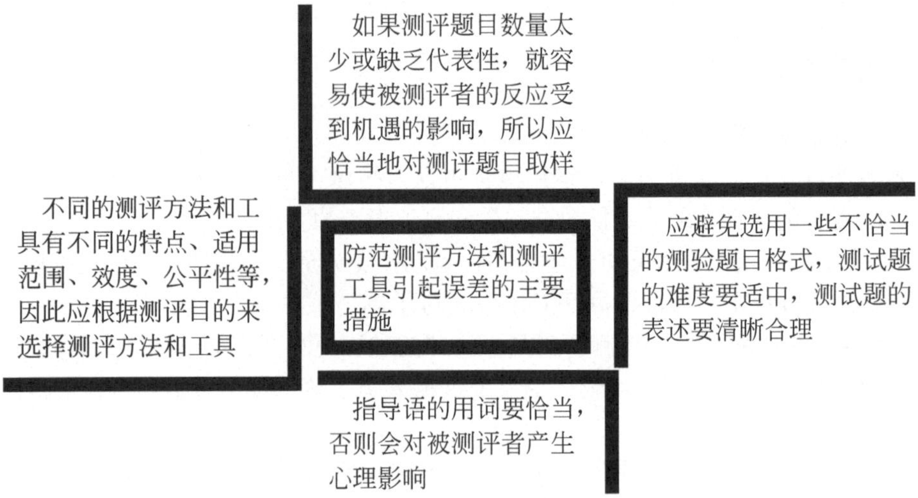

防范测评方法和测评工具引起误差的主要措施：
- 如果测评题目数量太少或缺乏代表性,就容易使被测评者的反应受到机遇的影响,所以应恰当地对测评题目取样
- 不同的测评方法和工具有不同的特点、适用范围、效度、公平性等,因此应根据测评目的来选择测评方法和工具
- 应避免选用一些不恰当的测验题目格式,测试题的难度要适中,测试题的表述要清晰合理
- 指导语的用词要恰当,否则会对被测评者产生心理影响

图8-11 防范测评方法和工具引起误差的主要措施

② 施测过程引起的误差及防范措施。在施测过程中由于测评前的准备不充分、施测现场不合适、测评者的工作不到位等都会造成误差的产生。此时,其防范措施主要有以下4点。

a. 在人员测评前,测评人员应做好充分的准备,熟悉人员的测评目的、测评程序、测评方法和工具、测评时间安排和场地等。

b. 施测现场的温度、光线、背景声音、桌椅布置等环境要适宜。

c. 与人员测评相关的工作人员必须受过施测前的培训,如指导语的表达、礼仪培训等。

d. 测评者要按照规定实施测验,在测评期间不得给被测评者提供暗示、不得对指导语进行错误解释等,以减少测评误差的产生。

③ 被测评者自身引起的误差及防范措施。当被测评者知道自己被列为被测评对象时,相当多的人会产生自我防卫、疑虑丛生、消极应付等心理作用,这也会使测评产生很大的误差。防范此种误差的措施主要有以下3点。

a. 测评工作人员要做好被测评者的思想动员工作,向其开诚布公地说明测评的意义、目的和方法等,并征询被测评者的意见或建议,以使其克服心理干扰。

b. 测评人员要正确发挥评定法的作用,制订明确的测评标准和评分标准,历史地、全面地、客观地进行测评,以使被测评者打消疑虑,积极主动地配合测评工作。

c. 组织内部开展教育工作,为被测评者树立正确的价值观,使被测评者正确对待自己,及时纠正错误倾向和行为。

④ 评价者引起的误差及防范措施。人员测评中,评价者的评价对被测评者的最终成绩起着至关重要的作用,大多数评价人员能以负责的态度仔细地进行评价,但评定过程中也会产生诸如晕轮效应、社会回归效应、优先效应、近期效应、陈腐观念等心理干扰的影响。

此时，防范测评误差的措施主要有以下5种。
a. 科学编制人员测评量表，并认真做好量表的解释工作。
b. 选择熟悉被测评者的人员担任评价者，以对被测评者做出合理的评价。
c. 合理确定评价标准和评价等级。
d. 对评价者进行培训，如与人员测评相关的量表、评价标准和等级、评价原则等。
e. 统计整理原始评价数据时，把带有明显感情色彩和不负责任的评语和数据剔除。

8.4 测评报告分析与运用

基于对测评结果和效果的检验，最终得出人员测评与选拔结果报告，之前所做的人员测评的标准设计、工具选择、测评选拔的实施以及检验都是为了能够撰写出一份高质量的人员测评报告。作为一个定量性的测评内容，人员测评报告在一定程度上能够反映企业人员的能力素质、绩效发展等方面的具体情况，并且能够进一步提出相应的解决措施和手段。

8.4.1 测评报告分析

测评结果的分析需要从以下2个方面来进行。

（1）测评结果的质量分析

分析测评结果的质量是为了检验测评结果的真实性、准确性和可靠程度。检验测评结果的真实性和准确性即为效度分析，而检验测评结果的可靠程度即为信度分析。

① 效度分析。效度分析主要从内容效度、结构效度、关联效度3个方面来进行。

a. 内容效度，指测评结果与想要测到的内容之间的一致性程度。如果实际测到的内容与事先想测到的内容越一致，那么测评结果的内容效度越高；反之，就越低。

例如，某一个智力测试中是否包含了想要测评的逻辑思维能力和判断推理能力？是否包含了非智力（如价值观、性格）方面的测评要素？

b. 结构效度，指测评结果与想要测评的素质之间的同构程度。

采用工作分析法对想要测评的素质进行结构分析与行为分析，确定其代表行为，进而对其进行行为定义或描述。将实际测到的结果与上述行为进行比较，判断结构效度。

c. 关联效度，指测评结果与用来评价测评结果有效性的标准之间的一致性程度。这个用来评价测评结果有效性的标准称之为效标，即关联程度实际上是指测评结果与其效标的一致性程度。

例如，若要检验《心理健康状况问卷》的有效性，就可用医生的评分作为效标。

② 信度分析。由于人员素质测评的过程受多种因素影响，所以素质测评的可靠程度会偏离理想的状态，具体如图8-12所示。

（2）差异情况分析

常用来进行差异情况分析的主要有平均差、方差（标准差）、差异系数等多种形式。

① 平均差。平均差反映的是所有被测人员得分与平均数的差异情况，其计算步骤如下。

首先，求出所有被测人员得分的平均数，设为 $\overline{X}$。

其次，求出每个被测人员得分与平均分 $\overline{X}$ 的离差，取其绝对值，设为 $D_i = |X_i - \overline{X}|$。

最后，对所有的 D_i 求算术平均数，设为 $\overline{D}$，则 $\overline{D} = \frac{1}{n}\sum_{i=1}^{n} D_i$，其中 n 为被测人员个数。

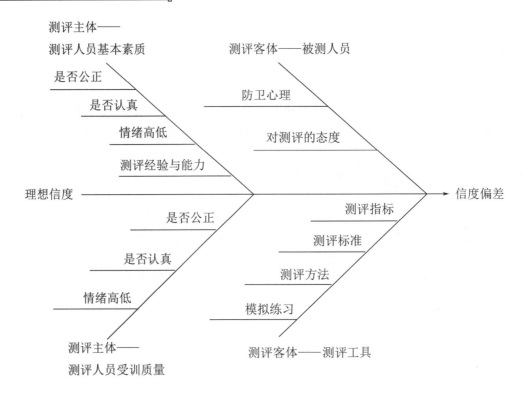

图 8-12 信度偏差分析图

② 方差。方差是每个被测人员的得分与其算术平均数之差的平方和与总人数的比值,其计算公式是 $\sigma^2 = \frac{1}{n}\sum_{i=1}^{n}(X_i - \overline{X})^2$。由此,即可计算标准差,标准差即为方差的算术平方根。

③ 差异系数。差异系数是标准差与平均数的比值,其计算公式是 $C_i = \frac{\sigma}{\overline{X}}$,公式中 C_i 是差异系数,σ 是标准差,$\overline{X}$ 是算术平均数。

8.4.2 测评报告的运用

(1) 人员甄选

人员测评报告提供的数据能够提高企业人员选聘过程中甄选的效率和准确度,保证在人员甄选中录用到最合适的人选,降低错误录用不适当人员的风险成本,进而为组织进行员工职业生涯规划提供可靠的数据资料。

(2) 选拔晋升

晋升是员工职业生涯规划的目标和激励手段,组织管理者可以根据人员测评报告的结果,结合其他相关绩效考核以及员工自身职业生涯规划目标,进行全面的评估,决定晋升的适当人选。

(3) 培训和员工发展

人员测评对员工进行绩效诊断,并以此为依据安排针对性的培训项目。同时,测评报告数据还可以帮助员工分析自己的能力、动力、个性等方面的特性,进而协助员工解决职业适应、定位以及发展等问题,帮助其进行职业规划。

第9章 职业生涯规划设计实务

9.1 员工职业生涯规划

9.1.1 员工职业生涯规划调查

职业生涯规划管理是指企业及其员工把个人发展目标与企业发展目标紧密结合，对影响员工职业生涯的个人因素和环境因素进行分析，制订员工个人职业发展战略规划，并创造各种条件促成这种规划得以实现，从而促进企业和员工共同发展的人力资源管理模式。

了解某人员是否有明确的职业生涯规划及相关知识，可通过职业生涯规划调查完成，职业生涯规划调查表如表9-1所示。

表9-1 职业生涯规划调查表

姓名：_____ 填表日期：___年___月___日
1. 您的个人职业规划是？
2. 您觉得要达到自己的职业规划欠缺的是什么？需要什么帮助？（如轮岗、培训学习等）
3. 为达到个人的职业规划，您接下来会怎么做，年度行动计划是什么？
4. 您两年（中期）计划是什么？您五年（长期）计划是什么？
5. 您是如何看待职业规划的：   （1）可以相信　（2）不太了解　（3）不相信　（4）其他
6. 您对目前的职业生涯满意吗？   （1）满意　（2）一般　（3）不满意　（4）其他
7. 您的职业困惑是什么？   （1）不知道自己适合做什么　（2）发展遇到瓶颈　（3）工作压力大   （4）职业倦怠　（5）其他
8. 您若是在职业发展上遇到困惑一般通过何种途径解决？   （1）找同事或前辈　（2）找朋友　（3）找专业咨询师　（4）其他
9. 您若是提升一般倾向通过何种途径？   （1）自学　（2）参加培训　（3）视情况而定
10. 您是否了解专业咨询领域，您怎么看待他们的服务？
11. 您对专业咨询服务有何建议？

9.1.2 员工职业通道设计

（1）员工职业通道划分

职业发展通道是指企业为员工设计的成长和晋升的管理方案，是员工在企业中所经历的一系列结构化的岗位变换，包括纵向和横向职业发展通道。进行职业发展通道设计就是打通人才流通的渠道，使人尽其才、人事相宜，更加有效地激励人才。

① 纵向职业发展通道，主要表现为岗位的晋升以及相应的薪酬福利水平和地位的提高。目前，大多数企业选择管理晋升通道与专业晋升通道作为纵向职业发展通道的主要方面。

② 横向职业发展通道，是对纵向职业通道的辅助与补充，畅通、合理职业发展通道的设计必须有横向职业发展通道作为保障。

（2）职业发展通道设计步骤

① 收集和梳理现有岗位信息和资料。明确公司现有岗位的数量，每一岗位对知识、技能和态度的具体要求，岗位信息和资料的内容包括岗位招聘要求、岗位说明书、岗位考核标准文件、岗位胜任素质模型等内容。

② 确定企业关键岗位。根据岗位对企业经营和发展影响程度不同，确定关键岗位和有价值岗位，进行职业发展通道设计必须确保公司关键岗位员工的胜任和稳定。

③ 根据岗位相近性划分岗位簇。按照岗位性质相近性将各个岗位划分为岗位簇，以有效控制岗位晋升和转换成本和效果，并节约培训成本。岗位簇可分为专业类、营销类、管理类、技术类等。相关职业发展通道划分如表9-2所示。

表9-2 职业发展通道划分表

序号	员工类别	岗位簇	发展通道
1	科研人员	专业类	研究员→工程师→高级工程师→主任工程师→总工程师 （初级→中级→高级）
2	营销人员	营销类	业务员→营销专员→营销主管→营销经理→营销总监 （初级→中级→高级）
3	一般管理人员	管理类	助理→专员→部门主管→部门经理→总监 （初级→中级→高级）
4	技工	技术类	操作工→助理技师→技师→高级技师→技术总监 （初级→中级→高级）

④ 调研各岗位簇员工职业发展需求。企业可采用面谈、问卷调查形式掌握不同岗位簇具体职业发展要求。为制订符合实际和适应当前企业发展要求的职业发展通道提供支持。

⑤ 设置纵向职业发展通道。设计纵向职业发展通道需要考虑员工的平均任职年限、员工的成长时间以及企业可以承受的费用和其他支出等。

⑥ 设置横向职业发展通道。为员工进行横向发展或满足员工兴趣、特长而设计，基于员工晋升目标岗位对员工能力、知识、经验和技能的要求而定。

⑦ 设计职业发展通道的条件和标准。要求条件和标准明确、可量化或可观察，避免模棱两可。并且，条件和标准符合企业员工的实际，避免过高或过低。

⑧ 编制职业发展通道管理制度。有效的职业发展通道设计必须通过制度固化下来，被

员工认可和遵守。

（3）职业发展通道设计示例

① 营销类人员职业发展通道设计。通常情况下，企业可以为营销类人员创造的职业发展通道如图9-1所示。

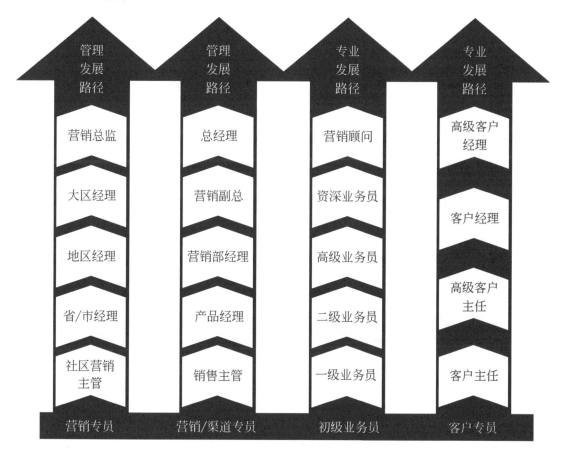

图9-1　企业营销类人员常见职业发展通道

② 生产类人员的职业发展通道设计。通常情况下，企业可以为生产类人员创造的职业发展通道如图9-2所示。

③ 技术类人员的职业发展通道设计。通常情况下，企业可以为技术类人员创造的职业发展通道如图9-3所示。

9.2　组织职业生涯规划

组织职业生涯管理作为一项专业化管理，有其本身的复杂性和系统性。因此，组织通常采用组织职业生涯咨询、组织职业生涯辅导计划、组织职业生涯研讨会议和编制职业生涯手册4种方法来协助管理组织职业生涯，以更好地实现组织职业生涯管理的目的和作用。

9.2.1　组织职业生涯规划计划

（1）明确职业生涯规划要素

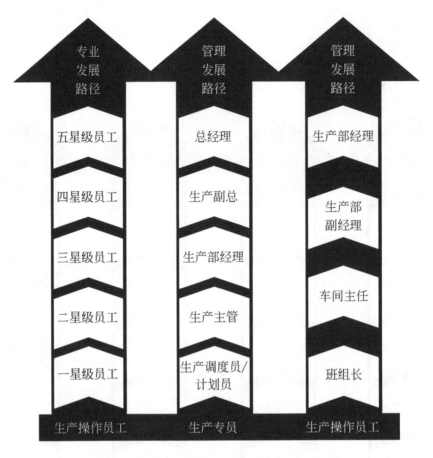

图 9-2　企业生产类人员常见职业发展通道

职业生涯规划要素如图 9-4 所示。

（2）明确职业生涯规划的主要任务

不同企业基于本公司人力资源发展战略的要求而制订的职业生涯规划的目标不尽相同。但是，绝大多数企业进行职业生涯规划工作的任务一般包括 3 个方面，具体如图 9-5 所示。

（3）划分工作职责

划分职业生涯规划职责的目的是为了明确相关部门和人员在完成职业生涯规划工作计划中所承担的责任，以确保制订有效、合理的职业生涯规划工作计划。制订职业生涯规划工作职责分工如表 9-3 所示。

表 9-3　制订职业生涯规划工作职责分工

参与人员	履行的职责
公司总经理	① 指导职业生涯规划设计方向 ② 确定职业生涯规划的指导策略 ③ 明确职业生涯规划的关键能力 ④ 审批职业生涯规划的工作计划
人力资源总监	① 确定职业生涯规划制订的时间、要求和人员配置 ② 对职业生涯规划工作计划的制订提出指导意见 ③ 审核职业生涯规划的工作计划

续表

参与人员	履行的职责
人力资源部	① 编写职业生涯规划工作计划 ② 组织开展关于职业生涯规划的讨论会 ③ 根据职业生涯规划的需要开展调研工作 ④ 编制开展职业生涯规划各项规章制度 ⑤ 执行职业生涯规划的各项规章制度 ⑥ 建立并及时更新员工的职业发展档案
各部门	① 配合人力资源部完成同本部门相关的调研项目 ② 参加人力资源部组织的职业生涯规划相关讨论会
员　工	① 配合人力资源部完成各类调研项目 ② 正确填写个人的《职业生涯规划表》和《员工所需能力开发表》 ③ 自觉履行员工职业生涯规划的各项管理制度和规范

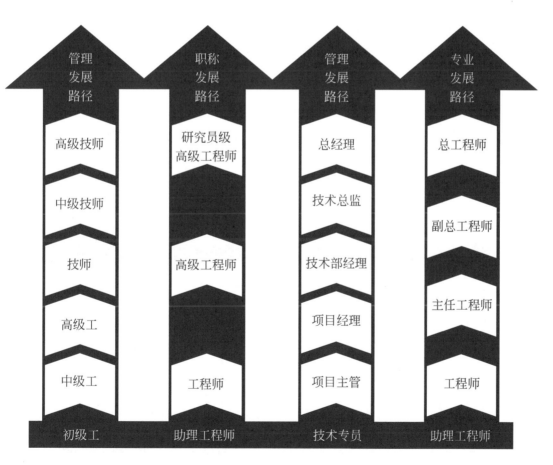

图 9-3　企业技术类人员常见职业发展通道

组织要素
① 组织结构与组织规模：主要指组织的架构形式，企业的经营规模
② 企业目标与发展战略：企业发展战略决定了组织的各条职业生涯发展道路
③ 企业文化：企业文化是员工能否接受、从而能在本组织找到发展可能性的条件
④ 岗位供给情况：岗位供给的评估能够更具体地展现员工职业生涯发展图
⑤ 企业决策者：包括企业决策者的管理哲学、事业心、能力、管理风格等因素
⑥ 其他：企业经济实力、时间等因素会影响员工的职业生涯规划

个人要素
① 健康状况：健康状况不仅指身体健康，还包括在身体健康基础上的生理特点，如性别、体能等
② 能力：能力是职业生涯发展的根本因素，决定一个人职业生涯发展状态
③ 个性：不同的职业有不同的性格要求
④ 兴趣爱好：兴趣爱好影响个人职业生涯规划的选择方向
⑤ 价值观：员工职业生涯规划必然会受到个人和社会价值观的影响

图 9-4　职业生涯规划要素

9.2.2 组织职业生涯规划实施

（1）组织职业生涯规划实施的前提

组织对企业内员工进行职业生涯规划实施，必须具备以下5个方面的条件，才能确保员工职业生涯的顺利完成。

① 正确的职业理想。明确的职业目标、职业理想在员工的职业生涯规划过程中起着调节和指南作用。一个人选择什么样的职业，以及为什么选择某种职业，通常都是以其职业理想为出发点的。任何人的职业理想必然要受到社会环境、社会现实的制约。

② 正确进行自我分析和职业分析。

a. 要通过科学认知的方法和手段，使员工对自己的职业兴趣、气质、性格、能力等进行全面认识，清楚自己的优势与特长、劣势与不足，避免组织在职业生涯管理中产生盲目性。

b. 员工必须要清楚认识到现代职业具有自身的区域性、行业性、岗位性等特点，并对

① 明确企业对员工的基本要求：企业对员工的基本要求包括知识、行为、能力、价值观、职业道德和业绩考核标准等	② 建立职业生涯管理运作体系：主要表现为建立规范的员工职业生涯的制度和合理的业务流程，并确保这些制度和流程的稳定性	③ 确立健全规范的职业发展通道：即根据企业规模和企业的长期发展规划，确立员工发展的纵向职业发展通道和横向职业发展通道

图 9-5　职业生涯规划的主要任务

该职业所在的行业现状和发展前景有比较深入的了解,如人才供给情况、平均工资状况、行业的非正式团体规范等。

③ 构建合理的知识结构。知识的积累是员工发展和职业生涯规划的基础和必要条件,员工不仅要具有相当数量的知识,还必须形成合理的知识结构,没有合理的知识结构,就不能发挥其创造的功能。

④ 培养职业需要的实践能力。综合能力和知识面是用人单位选择人才的依据。一般来说,进入岗位的新人,应重点培养满足社会需要的决策能力、创造能力、社交能力、实际操作能力、组织管理能力和自我发展的终身学习能力、心理调适能力、随机应变能力等。

⑤ 参加有益的职业训练。职业训练主要包括职业技能的培训,对自我职业的适应性考核、职业意向的科学测定等。

(2) 职业生涯规划实施方案示例

职业生涯规划实施方案示例如表9-4所示。

表9-4 ××公司职业生涯规划实施方案

文案名称	××公司职业生涯规划实施方案	编制部门	
		编 号	
一、背景介绍 ××技术工程有限公司成立于1999年10月12日,主营业务为工业电气自动化控制系统的研究开发、工程设计、设备供货及施工安装的总承包服务。 由于公司经营战略定位准确,公司在最初发展的几年中取得了可观的成绩,市场范围不断扩大,经营业务持续扩展,员工经常是超负荷工作,人力资源出现了供给不足的情况。 公司为了满足市场不断扩大的需求并为开拓国外市场奠定基础,实施了"人才工程建设",公司在2005年中所招聘的技术人员从2004年的45人增加到了68人,销售、生产部门的工作人员也增加了300多人,急剧扩张的人员规模并没有给企业带来良好的预期,由于人员管理不到位,员工的流失率加大,不仅没有提高工作效率和工作质量,反而导致原有工作效率的下降。 公司人力资源部王经理感到非常着急,凭着多年的工作经验,他意识到,尽管随着人员规模的扩张和公司业务的急剧扩充,最初会出现一些人员管理不到位的情况,但是,这种情况存在时间却跟人力资源管理部门一系列的人员管理措施实行的有效性密切相关。为了改变这种情况,到底应该采取哪些治标又治本的措施呢?思虑良久,王经理决定从职业生涯规划体系的建立入手,从根本上解决公司存在的问题。 二、问题诊断 (一)诊断因素 要构建公司的职业生涯规划体系要考虑两大要素。 1. 公司价值基础 2. 个人价值追求 (二)诊断的实施 1. 针对公司价值 针对公司价值基础,进行组织环境与管理现状诊断,以期发现公司价值追求和现实基础的差距。诊断时间为15天,诊断方法包括公司常规文件资料调研、关键人员访谈和问卷调查等。 通过调研发现公司的基本特征包括以下4个方面。 (1)公司具有技术型和知识型特性 除了生产线的工人以外,公司100%的员工具有本科及以上的学历;技术人员在公司中占据主导			

续表

文案名称	××公司职业生涯规划实施方案	编制部门	
		编　　号	

和核心的地位,所有职能部门的管理人员也都来自技术骨干,用公司领导的话讲就是"不懂得技术怎么做管理啊",也由此看出,技术的权威在公司发挥着更为重要的作用和影响力。

(2) 公司正处于业务成长期

业务成长期的特点表现为,公司业务和公司规模的急剧扩张,公司在2006年制订的经营目标是3亿元人民币,但是在年终时却完成了4个多亿的销售额,公司的固定客户由2006年的36家,增加到了2007年的78家。这给公司的人力资源管理带来挑战。

(3) 人力资源管理体系的滞后性

由于公司在初创时期注重公司业务的拓展,而忽视了人力资源管理体系的建设,在人力资源体系中,又较多地考虑了薪酬和考核的作用,而忽视了对人员的可持续利用的深入探索。

(4) 正处于整合时期的企业文化

主要表现特征在如下表所示的3个方面。

整合时期企业文化的表现特征

序号	内容
1	公司人员结构复杂,既有学历低的一线生产员工,也有从事研发设计的高端人才,既有工作经验丰富的高级技师,也有刚刚毕业的个性较强的大学生
2	没有形成主导的公司文化,不同部门、不同生产单位公司文化存在差异性
3	公司项目地区跨越范围广,不少员工一年在公司中待的时间很短,缺少了解公司文化的时间和机会

2. 针对个人价值

针对个人价值追求,实施了职业发展调查与人员测评,以发现个人的价值追求和现实素质的差距。

实施人员测评和评价目的在于全面、深入测量个人的能力状况、动力状况和个性倾向,准确探寻每位员工能力区域、愿望区域和适合区域,以达到"能做、想做和适合做"的高效统一模式。

(1) 员工能力评价

员工能力水平普遍较高,具有很强的逻辑思维能力和解决问题的能力,但人际技能普遍偏弱,尤其言语表达和沟通能力均表现不足。

(2) 员工动力评价

员工对于自我成就期望和目标设置较低,缺乏积极进取的动力,相对更喜欢安稳,同时回避矛盾和挫折,缺乏积极决策的胆识和魄力,体现在组织层面的表现更多的是一种本位意识和任务导向,公司员工具有较强的服从愿望,而积极影响和控制他人的愿望普遍较低。

(3) 员工个性评价

① 有×%的员工性格偏内向型,在组织活动中更多的是关注自己的内心活动,风格较为独立。

② 有×%的员工性格偏向直觉型,有很好的系统性和完整性,关注变化,对于现实、具体问题关注不够,比较粗心。

③ 有×%的员工性格偏向理智型,注重通过理智的分析和逻辑推理解决问题,对待工作事务比较客观,但对于人际不敏感,较为忽略他人的情绪感受,刚性有余,柔性不足。

④ 有×%的员工性格偏向判断型,做事有很强的条理性和计划性,遵从规范和程序,但处理变

续表

文案名称	××公司职业生涯规划实施方案	编制部门	
		编　号	

化的能力稍弱，灵活性和适应性不足。

（4）员工职业性向评价

绝大部分员工喜欢技术操作型和研究型的工作和活动，缺乏社交和经营管理的兴趣，导致公司信息沟通不畅和对经营管理工作的忽略。

三、职业生涯规划方案

针对诊断过程中发现的问题，提出了针对个人、团队和组织3个层面的职业生涯规划和开发的实施方案。

1. 个人层面

① 帮助员工加强自我认知。客观审视自我，明晰自我发展的能力、动力和个性适合范围。

② 开展职业生涯规划和开发的系列培训，包括自我认知与管理的技巧。

③ 明确员工在知识、技能、个性、动力等方面的差距，包括与现任岗位要求的差距、与企业战略发展和创新变革发展的差距、与自我价值实现要求的差距等方面。

④ 实施员工职业生涯规划管理

a. 确定职业发展目标、发展重点和实施步骤。

b. 制订详细的年度工作目标和工作计划。

c. 制订月度职业生涯规划评审办法和选择生涯规划合作伙伴。

d. 制订个人培训计划，员工根据个人培训计划向公司提出培训申请，公司根据培训体系的安排尽可能地满足员工的申请。

⑤ 定期接受职业顾问咨询和辅导。

2. 团队层面

（1）实施内部团队管理

① 确定员工在工作上的合作伙伴，组建互助小组。

② 配合公司知识管理，确立企业内部技术方向的导师制度，以"师带徒"的方式进行人才培养。

（2）确定内部讲师制度

提高关键员工的人际技能和沟通技能，适时在关键员工中培养内部讲师，促进公司专业团队的建设。

（3）加强小组研讨活动

以专业和项目为单位定期或不定期组织讨论活动，在问题解决过程中加强不同个人风格人员的磨合和高效团队的养成。

（4）修订现有培训管理规定，兼顾组织和个人发展需要，制订统一的有时效性的培训计划。

3. 组织层面

① 成立职业生涯规划领导小组，领导小组的成员包括外聘专业规划单位、公司高层管理者和人力资源主管等，领导与指导全公司的职业生涯规划，提供职业生涯规划的组织保障。

② 建设公司内部的信息网络平台，制订统一的信息发布标准和平台。

③ 建立企业"人才评价中心"，提供对个人和团队管理的资源支持和咨询辅导，并以"人才评价中心"为基础，建立和完善以提高内部员工满意度为目标的职业生涯规划服务体系。

编制日期		审核日期		批准日期	
修改标记		修改处数		修改日期	

9.2.3 组织职业生涯规划评估

（1）职业生涯评审范围

职业生涯评审是周期性地对企业实施职业生涯发展规划进行评估，有利于企业检查员工职业生涯发展效果，发现存在的问题，及时调整职业生涯规划，同时也可以让员工了解情况，积极参与并及时做出调整。职业生涯评审范围主要包括但不局限于7个方面，具体如图9-6所示。

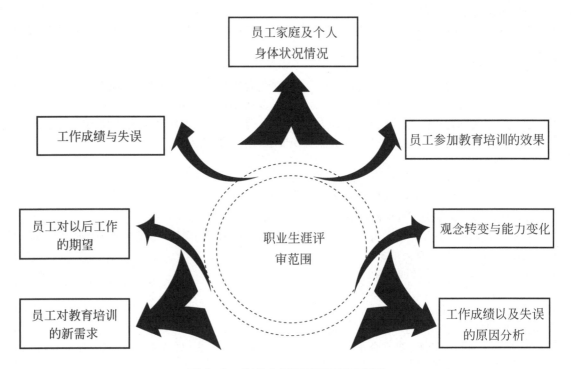

图 9-6　职业生涯评审范围示意图

（2）职业生涯年度评审

企业进行员工职业生涯规划评估的主要形式是年度评审，通过年度评审，企业可以发现员工自身的缺点和潜力，及时修正职业生涯规划。职业生涯年度评审是周期性地对企业实施职业生涯发展规划进行的评估，它有利于企业检查员工职业生涯发展的效果，发现存在的问题，及时调整职业生涯规划工作，同时也让员工了解情况，积极参与并及时做出调整。

① 职业生涯年度评审内容。职业生涯年度评审方式包括员工与直接上级，员工、直接上级与主管上级以及多人进行的小组式评审3种。评审内容包括如图9-6所示的7个方面。

② 职业生涯年度评审会谈表。企业在进行职业生涯年度评审会谈时，可以参照表9-5提供的评审会谈表。

表 9-5 职业生涯年度评审会谈表

	姓名		职位名称	
	填写日期		任职时间	
员工填写内容	本年度主要成就			
	本年度最大的进步			
	成就及进步原因分析			
	对未来工作内容的需求			
	对未来工作内容及培训的需求			
	对职业生涯规划调整的需求			
	个人职业生涯的中长期计划			
主管填写内容	对员工工作绩效的评价			
	对员工工作能力的评价			
	员工需改进的内容及改进形式			
	对员工目前担任职务的建议			
	对员工中长期发展目标的建议			

第10章 员工关系管理实务

10.1 劳动合同管理

10.1.1 劳动合同的订立

劳动合同,是指劳动者(雇员)与用人单位(雇主)确立劳动关系、明确双方权利和义务的协议。

(1)订立劳动合同的原则

按照《中华人民共和国劳动合同法》(以下简称《劳动合同法》)规定,订立劳动合同应当采取书面形式,并本着合法、公平、平等自愿、协商一致、诚实信用的原则。

① 合法原则。合法是劳动合同有效的前提条件。所谓合法,就是劳动合同的形式和内容必须符合法律、法规的规定。

a. 劳动合同的形式要合法。除非全日制用工外,劳动合同需要以书面形式订立,这是对劳动合同形式的基本要求。

b. 劳动合同的内容要合法。如果劳动合同的内容违法,劳动合同不仅不受法律保护,当事人还要承担相应的法律责任。

随着我国企业合规管理的推进,合法原则越来越受到企业经营者和监管者的重视,其内涵也不断丰富,人力资源工作人员对此一定要高度重视,不断学习,提升劳动合规意识与合规管理能力。

② 公平原则。公平原则,是指劳动合同的内容应当公平、合理,也就是在符合法律规定的前提下,劳动合同双方要公正、合理地确立双方的权利和义务。公平原则是社会公德的体现,将公平原则作为劳动合同订立的原则,可以防止劳动合同当事人尤其是用人单位滥用优势地位,损害劳动者的权利,公平原则有利于平衡劳动合同双方当事人的利益,有利于建立和谐稳定的劳动关系。

③ 平等自愿。平等自愿原则包括两层含义:一是平等原则;二是自愿原则。平等原则,是指劳动者和用人单位订立劳动合同时在法律地位上是平等的,没有高低、从属之分,不存在命令和服从、管理和被管理关系。用人单位不得用优势地位,在订立劳动合同时附加不平等的条件。自愿原则,是指订立劳动合同完全是出于劳动者和用人单位双方的真实意志,是双方协商一致达成的,任何一方不得把自己的意志强加给另一方。根据自愿原则,任何单位和个人不得强迫劳动者订立劳动合同。

④ 协商一致。协商一致,是指用人单位和劳动者要对劳动合同的内容达成一致意见。劳动合同的订立需要劳动者和用人单位双方协商一致,达成合意,任何一方不能凌驾于另一方之上,不得把自己的意志强加给对方,也不能强迫命令、胁迫对方订立劳动合同。

⑤ 诚实信用。诚实信用，是指劳动者和用人单位在订立劳动合同时要讲诚实，讲信用，双方都不得有欺诈行为。诚实信用是《劳动合同法》的一项基本原则，同时还是一项社会道德原则。《劳动合同法》第八条规定，用人单位招用劳动者时，应当如实告知劳动者工作内容、工作条件、工作地点、职业危害、安全生产状况、劳动报酬，以及劳动者要求了解的其他情况；用人单位有权了解劳动者与劳动合同直接相关的基本情况，劳动者应当如实说明。

（2）必备条款和约定事项

劳动合同的订立，应该包括必备条款和劳动者与用人单位约定的其他事项。

① 劳动合同必备条款。根据《劳动合同法》第十七条规定，劳动合同应当具备以下条款。

a. 用人单位的名称、住所和法定代表人或者主要负责人。

b. 劳动者的姓名、住址和居民身份证或者其他有效身份证件号码。

c. 劳动合同期限。

d. 工作内容和工作地点。

e. 工作时间和休息休假。

f. 劳动报酬。

g. 社会保险。

h. 劳动保护、劳动条件和职业危害防护。

i. 法律、法规规定应当纳入劳动合同的其他事项。

② 劳动合同约定事项。劳动合同除前款规定的必备条款外，用人单位与劳动者还可以约定试用期、培训、保守秘密、补充保险和福利待遇等其他事项。

a. 试用期。试用期是指对新录用的劳动者进行试用的期限。

b. 培训。培训是按照职业或者工作岗位对劳动者提出的要求，以开发和提高劳动者的职业技能为目的的教育和训练过程。

c. 保守商业秘密。商业秘密是不为大众所知悉，能为权利人带来经济利益，具有实用性并经权利人采取保密措施的技术信息和经营信息。

d. 补充保险。补充保险是指除了国家基本保险以外，用人单位根据自己的实际情况为劳动者建立的一种保险，它用来满足劳动者高于基本保险需求的愿望，包括补充医疗保险、补充养老保险等。

e. 福利待遇。福利待遇主要包括住房补贴、通信补贴、交通补贴、子女教育等。

（3）劳动合同期限

劳动合同期限，是指企业与劳动者在劳动合同中表明的建立的劳动关系自何时开始至何时结束。根据《劳动合同法》第十二条规定，劳动合同分为固定期限劳动合同、无固定期限劳动合同和以完成一定工作任务为期限的劳动合同。

① 固定期限劳动合同。固定期限劳动合同，是指用人单位与劳动者约定合同终止时间的劳动合同。用人单位与劳动者协商一致，可以订立固定期限劳动合同。

② 无固定期限劳动合同。无固定期限劳动合同，是指用人单位与劳动者约定无确定终止时间的劳动合同。

③ 以完成一定工作任务为期限的劳动合同。以完成一定工作任务为期限的劳动合同，是指用人单位与劳动者约定以某项工作的完成为合同期限的劳动合同。

10.1.2 劳动合同的履行

劳动合同的履行是指劳动者与用人单位按照劳动合同规定的条件，履行自己所应承担义务的行为。

在履行劳动合同的过程中，劳动关系双方应当注意以下几个原则。

（1）全面履行原则

该原则主要体现在两个方面：一是要求劳动者一方按照劳动合同规定的时间、地点和方式，保质保量地完成劳动任务；二是要求用人单位全面按照有关法律规定和劳动合同规定，向劳动者提供劳动保护条件以及劳动报酬和保险福利待遇等。

（2）亲自履行原则

劳动合同是特定人之间的合同，即用人单位与劳动者之间签订的合同，它必须由劳动合同明确规定的当事人来履行。

（3）实际履行原则

即除了法律和劳动合同另有规定或者客观上已不能履行的以外，当事人要按照劳动合同的规定完成义务，不能用完成别的义务来代替劳动合同约定的义务。

（4）协作履行原则

即劳动合同的双方当事人在履行劳动合同的过程中，有互相协作、共同完成劳动合同规定的义务，任何一方当事人在履行劳动合同遇到困难时，他方都应该在法律允许的范围，尽力给予帮助，以便双方尽可能地全面履行劳动合同。

10.1.3 劳动合同的变更

劳动合同的变更，是指在劳动合同开始履行但尚未完全履行之前，因订立劳动合同的主客观条件发生了变化，劳动关系当事人依照法律规定的条件和程序，对原合同中的某些条款修改、补充的法律行为。

（1）劳动合同的变更条件

以下是劳动合同变更的条件，主要包括两方面内容。

① 订立劳动合同所依据的法律、行政法规、规章制度发生变化，应变更相关的内容。

② 订立劳动合同所依据的客观情况发生重大变化，致使劳动合同无法履行，应变更相关的内容。涉及的客观情况主要包括发生自然灾害或企业事故、企业调整生产任务、企业分立、合并、迁移厂址，以及劳动者个人情况发生变化需要调整工作岗位或职务等。

（2）劳动合同变更程序

① 提出要求。及时向对方提出变更劳动合同的要求，即提出变更劳动合同的主体可以是企业，也可以是职工，无论哪一方要求变更劳动合同，都应当及时向对方提出变更劳动合同的要求，说明变更劳动合同的理由、内容、条件等。

② 做出答复。按期向对方作出答复，即当事人一方得知对方变更劳动合同的要求后，应在对方规定的期限内作出答复。

③ 双方达成书面协议。即当事人双方就变更劳动合同的内容经过协商，取得一致意见，应当达成变更劳动合同的书面协议，书面协议应指明对哪些条款作出变更，并应订明变更后劳动合同的生效日期，书面协议经双方当事人签字盖章生效。

表10-1是一个劳动合同变更协议书的范例,读者可以借鉴。

表10-1　劳动合同变更协议书

甲方：××××公司 乙方： 经甲乙双方协商一致，对双方在 ____ 年 ____ 月 ____ 日签订／续订的劳动合同作如下变更。 一、变更后的内容 二、本协议书一式二份，甲乙双方各执一份。 甲方（盖章）　　　　　　　　　　　　　　　乙方（签章） 法定代表人： 或委托代理人（签章） 日期：　　　年　　月　　日　　　　　　　　日期：　　　年　　月　　日

10.1.4　劳动合同的续订

劳动合同的续订，是指劳动合同期满后，劳动关系当事人双方经协商达成协议，继续签订与原劳动合同内容相同或者不同的劳动合同的法律行为。

以下情形，符合劳动合同续订的条件。

① 双方协商一致续订劳动合同。

② 劳动合同期满，存在用人单位不得解除合同的情况之一的（下面所列的6种情形），劳动合同应当续延至相应的情形消失时终止。

a. 从事接触职业病危害作业的劳动者未进行离岗前职业健康检查，或者疑似职业病病人在诊断或者医学观察期间的。

b. 在本单位患职业病或者因工负伤并被确认丧失或者部分丧失劳动能力的。

c. 患病或者非因工负伤，在规定的医疗期内的。

d. 女职工在孕期、产期、哺乳期的。

e. 在本单位连续工作满15年，且距法定退休年龄不足5年的。

f. 法律、行政法规规定的其他情形。根据《中华人民共和国劳动法》（以下简称《劳动法》）第二十条规定，劳动者在同一用人单位连续工作满10年以上，当事人双方同意续延劳动合同的，如果劳动者提出订立无固定限期的劳动合同，应当订立无固定限期的劳动合同。

10.1.5　劳动合同的解除与终止

（1）劳动合同的解除

① 双方协商一致依法解除。《劳动法》第二十四条规定："经劳动合同当事人协商一致，劳动合同可以解除。"

② 用人单位单方面解除。

a. 劳动者过失性解除，《劳动法》第二十五条规定："劳动者有下列情形之一的，用人单位可以解除劳动合同：（一）在试用期间被证明不符合录用条件的；（二）严重违反劳动纪律或者用人单位规章制度的；（三）严重失职、营私舞弊，对用人单位利益造成重大损害的；（四）被依法追究刑事责任的。"

b. 劳动者无过失性解除，关于劳动者无过失性解除，《劳动合同法》第四十条规定："有下列情形之一的，用人单位提前三十日以书面形式通知劳动者本人或者额外支付劳动者一个月工资后，可以解除劳动合同：（一）劳动者患病或者非因工负伤，在规定的医疗期满后不能从事原工作，也不能从事由用人单位另行安排的工作的；（二）劳动者不能胜任工作，经过培训或者调整工作岗位，仍不能胜任工作的；（三）劳动合同订立时所依据的客观情况发生重大变化，致使劳动合同无法履行，经用人单位与劳动者协商，未能就变更劳动合同内容达成协议的。"

c. 用人单位经济性裁员，《劳动合同法》第四十一条规定："有下列情形之一，需要裁减人员二十人以上或者裁减不足二十人但占企业职工总数百分之十以上的，用人单位提前三十日向工会或者全体职工说明情况，听取工会或者职工的意见后，裁减人员方案经向劳动行政部门报告，可以裁减人员：（一）依照企业破产法规定进行重整的；（二）生产经营发生严重困难的；（三）企业转产、重大技术革新或者经营方式调整，经变更劳动合同后，仍需裁减人员的；（四）其他因劳动合同订立时所依据的客观经济情况发生重大变化，致使劳动合同无法履行的。"

③ 劳动者单方解除。

a. 提前通知解除。《劳动合同法》第三十七条规定："劳动者提前三十日以书面形式通知用人单位，可以解除劳动合同。劳动者在试用期内提前三日通知用人单位，可以解除劳动合同。"

b. 有条件随时通知解除。《劳动合同法》第三十八条规定："用人单位有下列情形之一的，劳动者可以解除劳动合同：（一）未按照劳动合同约定提供劳动保护或者劳动条件的；（二）未及时足额支付劳动报酬的；（三）未依法为劳动者缴纳社会保险费的；（四）用人单位的规章制度违反法律、法规的规定，损害劳动者权益的；（五）因本法第二十六条第一款规定的情形致使劳动合同无效的；（六）法律、行政法规规定劳动者可以解除劳动合同的其他情形。"用人单位以暴力、威胁或者非法限制人身自由的手段强迫劳动者劳动的，或者用人单位违章指挥、强令冒险作业危及劳动者人身安全的，劳动者可以立即解除劳动合同，不需事先告知用人单位。

（2）劳动合同的终止

《劳动法》第二十三条规定："劳动合同期满或者当事人约定的劳动合同终止条件出现，劳动合同即行终止。"

《劳动合同法》第四十四条规定："有下列情形之一的，劳动合同终止：（一）劳动合同期满的；（二）劳动者开始依法享受基本养老保险待遇的；（三）劳动者死亡，或者被人民法院宣告死亡或者宣告失踪的；（四）用人单位被依法宣告破产的；（五）用人单位被吊销营业执照、责令关闭、撤销或者用人单位决定提前解散的；（六）法律、行政法规规定的其他情形。"

10.2 劳动权益保护

10.2.1 安全生产

（1）安全教育培训

安全教育培训可以赋予员工安全生产风险知识和风险防范意识与技能，使其能胜任工作，从而减轻职业危害，防止各类事故的发生。为确保安全培训教育的贯彻，防止和减少生产安全事故，保障员工生命和财产安全，我国制订了多项涉及安全教育培训法律法规。企业人力资源工作人员对此要有一定的了解，以提升自己的安全合规意识和能力。

① 《劳动法》关于安全教育培训的规定。《劳动法》第五十二条规定："用人单位必须建立、健全劳动安全卫生制度，严格执行国家劳动安全卫生规程和标准，对劳动者进行劳动安全卫生教育，防止劳动过程中的事故，减少职业危害。"

《劳动法》第六十八条规定："用人单位应当建立职业培训制度，按照国家规定提取和使用职业培训经费，根据本单位实际，有计划地对劳动者进行职业培训。从事技术工种的劳动者，上岗前必须经过培训。"

由上述法律法规可知，用人单位有对员工进行安全教育培训的义务，而且对于从事技术工种的员工，未经培训不得安排上岗。

② 《中华人民共和国安全生产法》（以下简称《安全生产法》）关于安全教育培训的规定。《安全生产法》第六条规定："生产经营单位的从业人员有依法获得安全生产保障的权利，并应当依法履行安全生产方面的义务。"

《安全生产法》第二十五条规定："生产经营单位应当对从业人员进行安全生产教育和培训，保证从业人员具备必要的安全生产知识，熟悉有关的安全生产规章制度和安全操作规程，掌握本岗位的安全操作技能，了解事故应急处理措施，知悉自身在安全生产方面的权利和义务。未经安全生产教育和培训合格的从业人员，不得上岗作业。

生产经营单位使用被派遣劳动者的，应当将被派遣劳动者纳入本单位从业人员统一管理，对被派遣劳动者进行岗位安全操作规程和安全操作技能的教育和培训。劳务派遣单位应当对被派遣劳动者进行必要的安全生产教育和培训。

生产经营单位接收中等职业学校、高等学校学生实习的，应当对实习学生进行相应的安全生产教育和培训，提供必要的劳动防护用品。学校应当协助生产经营单位对实习学生进行安全生产教育和培训。

生产经营单位应当建立安全生产教育和培训档案，如实记录安全生产教育和培训的时间、内容、参加人员以及考核结果等情况。"

《安全生产法》第九十四条规定，生产经营单位有"未按照规定对从业人员、被派遣劳动者、实习学生进行安全生产教育和培训，或者未按照规定如实告知有关的安全生产事项"或"未如实记录安全生产教育和培训情况"的行为，责令限期改正，可以处五万元以下的罚款；逾期未改正的，责令停产停业整顿，并处五万元以上十万元以下的罚款，对其直接负责的主管人员和其他直接责任人员处一万元以上二万元以下的罚款。

根据上述法律条款规定可知，用人单位必须对从业人员进行安全生产教育和培训，不得安排未经安全生产教育和培训合格的从业人员上岗，否则将会受到处罚。《安全生产法》比《劳动法》对从业人员上岗的要求更为严苛，《劳动法》只要求经过培训，而《安全生产法》要求必须经教育培训，且合格。用人单位在实际工作中，应按照《安全生产法》的相关要求，即按照图10-1所示的步骤实施安全教育培训。

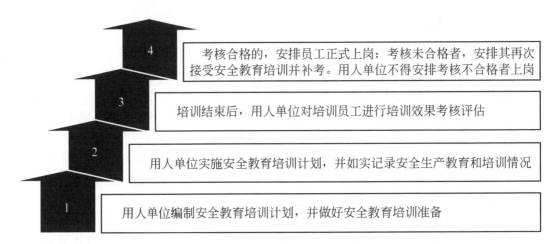

图10-1 安全教育培训实施步骤

（2）劳动防护用品

劳动防护用品，是指保护生产人员在生产过程中免受或减轻事故伤害和职业危害的一种防御性装备。用人单位应根据实际安全生产、防止职业性伤害的需要，按照不同工种、不同劳动条件，向员工发放劳动防护用品，并确保劳动防护用品的有效性及使用的合规性。

劳动防护用品按照防护部位可分为9类，具体如表10-2所示。

表10-2 劳动防护用品分类表

分类	说明
头部护具类	★其是用于保护头部，防撞击、挤压伤害、防物料喷溅、防粉尘等的护具。主要有防尘帽、防水帽、防寒帽、安全帽、防静电帽、防高温帽、防电磁辐射帽、防昆虫帽等
呼吸护具类	★其是预防尘肺和职业病的重要护品，如活性炭口罩、动力呼吸保护器、防毒面具
眼防护具	★其用以保护作业人员的眼睛、面部，防止外来伤害。分为焊接用眼防护具、炉窑用眼护具、防冲击眼护具、微波防护具、激光防护镜以及防X射线、防化学、防尘等眼护具
听力护具	★其有耳塞、耳罩和帽盔三类
防护鞋	★其用于保护足部免受伤害，如防尘鞋、防水鞋、防寒鞋、防冲击鞋、防静电鞋、防高温鞋、防酸碱鞋、防油鞋、防烫脚鞋、防滑鞋、防穿刺鞋、电绝缘鞋、防震鞋等
防护手套	★其用于手部保护，主要有耐酸碱手套、电工绝缘手套、电焊手套、防X射线手套、石棉手套等
防护服	★其用于保护职工免受劳动环境中的物理、化学因素的伤害，分为特殊防护服和一般作业服两类

续表

分类	说明
防坠落护具	★其用于防止坠落事故发生，主要有安全带、安全绳和安全网
护肤用品	★其用于外露皮肤的保护，分为护肤膏和洗涤剂

（3）特种作业管理

特种作业，指容易发生事故，对操作者本人、他人的安全健康及设备、设施的安全可能造成重大危害的作业。凡是从事特种作业的人员称为特种作业人员。

《安全生产法》第二十七条规定："生产经营单位的特种作业人员必须按照国家有关规定经专门的安全作业培训，取得相应资格，方可上岗作业。

特种作业人员的范围由国务院安全生产监督管理部门会同国务院有关部门确定。"

该法律条款明确规定，生产经营单位的特种作业人员必须持证上岗，特种作业人员的范围由国务院安全生产监督管理部门会同国务院有关部门确定。此外，《特种作业人员安全技术培训考核管理规定》对特种作业人员的范围、必须具备的条件、持证上岗要求等进行了规定。

① 特种作业人员的范围。国家安全生产监督管理总局令第30号发布《特种作业人员安全技术培训考核管理规定》中规定，特种作业人员是指直接从事特种作业的从业人员，而特种作业的范围由特种作业目录规定。根据《特种作业人员安全技术培训考核管理规定》附件中的特种作业目录，结合该法律的相关规定，特种作业人员即从事以下11类特种作业的人员，具体如表10-3所示。

表10-3 特种作业的范围

编号	范围	编号	范围	编号	范围
1	电工作业	5	煤矿安全作业	9	危险化学品安全作业
2	焊接与热切割作业	6	金属非金属矿山安全作业	10	烟花爆竹安全作业
3	高处作业	7	石油天然气安全作业	11	安全监管总局认定的其他作业
4	制冷与空调作业	8	冶金（有色）生产安全作业		

② 特种作业人员必须具备的条件。根据《特种作业人员安全技术培训考核管理规定》，特种作业人员应当符合下列条件，不符合条件的员工用人单位不得安排其从事特种作业。

a. 年满18周岁，且不超过国家法定退休年龄。

b. 经社区或者县级以上医疗机构体检健康合格，并无妨碍从事相应特种作业的器质性心脏病、癫痫病、美尼尔氏症、眩晕症、癔症、帕金森病、精神病、痴呆症以及其他疾病和生理缺陷。

c. 具有初中及以上文化程度。

d. 具备必要的安全技术知识与技能。

e. 相应特种作业规定的其他条件。

危险化学品特种作业人员除符合② 中a、b、d、e项规定的条件外，应当具备高中或者相当于高中及以上文化程度。

③ 特种作业人员持证上岗要求。根据《特种作业人员安全技术培训考核管理规定》，特种作业人员必须经专门的安全技术培训并考核合格，取得《中华人民共和国特种作业操作证》后，方可上岗作业。具体来说，特种作业人员应先参加相关培训，再申请考试，考试合格后，申领特种作业操作证。取证培训及考试的相关要求如下所示。

a. 取证培训要求。《中华人民共和国特种作业操作证》取证培训的要求如图10-2所示。

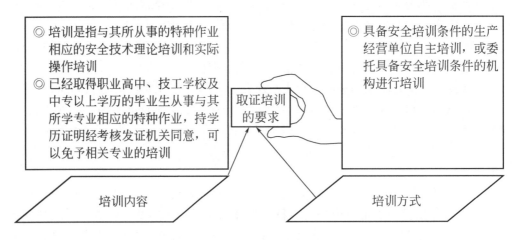

图10-2　取证培训的要求

b. 取证考试要求。《中华人民共和国特种作业操作证》取证考试的要求如图10-3所示。

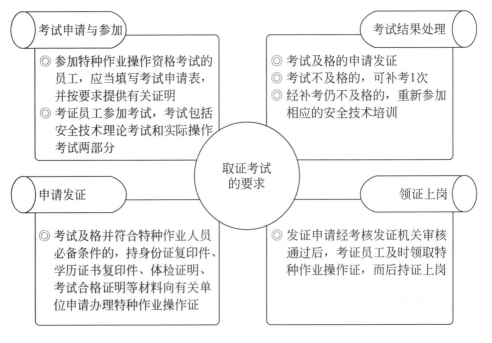

图10-3　取证考试的要求

10.2.2 职业健康与卫生

（1）职业健康

职业健康的定义有很多，最为权威的是1950年由国际劳工组织和世界卫生组织的联合职业委员会给出的定义：职业健康以维持各行业劳动者的生理、心理及社交处在最好状态为目的，保护劳动者不受健康危害因素伤害，并将劳动者安排在适合的工作环境中。

为了保证劳动者的职业健康，用人单位应根据劳动者的实际工作情况，对其进行职业健康检查，以保护劳动者免受职业病的危害。

职业健康检查是指根据员工的职业接触史，对员工进行有针对性的定期或不定期的健康体检。

① 必须进行职业健康检查的情形。根据相关法律法规的要求，用人单位必须对从事有职业危害作业的员工进行职业健康检查，具体情形如表10-4所示。

表10-4 职业健康检查的情形

情形	检查对象
员工上岗前	◎拟从事接触职业病危害作业的新录用员工，包括转岗到该作业岗位的员工 ◎拟从事有特殊健康要求作业的员工
员工在岗期间	◎接触职业病危害因素的员工
员工离岗前	◎准备脱离从事的职业病危害作业或者岗位的员工
用人单位发生应急情况时	◎接触职业病危害因素的员工在作业过程中出现与接触职业病危害因素相关的不适症状的 ◎员工受到急性职业中毒危害或者出现职业中毒症状的
用人单位发生分立、合并、解散、破产等情形时	◎用人单位员工

② 职业健康检查的费用承担。根据法律法规的规定，职业健康检查的费用由用人单位承担，且员工接受职业健康检查的时间也视同正常出勤，用人单位不得擅自将其计入事假、病假等，不得借此扣减员工工资。

③ 职业健康检查的档案管理。《中华人民共和国职业病防治法》第三十六条规定："用人单位应当为劳动者建立职业健康监护档案，并按照规定的期限妥善保存。

职业健康监护档案应当包括劳动者的职业史、职业病危害接触史、职业健康检查结果和职业病诊疗等有关个人健康资料。

劳动者离开用人单位时，有权索取本人职业健康监护档案复印件，用人单位应当如实、无偿提供，并在所提供的复印件上签章。"

④ 职业健康检查结果的处理。根据《用人单位职业健康监护监督管理办法》第十七条规定，用人单位应当根据职业健康检查报告，采取下列措施，具体如图10-4所示。

（2）职业卫生

职业卫生是研究人类从事各种职业劳动过程中的卫生问题，它以员工的健康在职业活

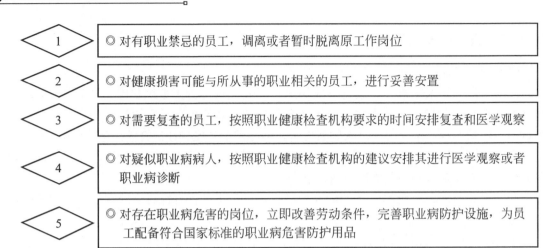

图 10-4　职业健康检查结果的处理措施

动过程中免受有害因素侵害为目的,其中包括劳动环境对劳动者健康的影响以及防止职业性危害的对策。其实质是对各种工作中的职业病危害因素所致损害或疾病的预防,属预防医学的范畴。

① 职业卫生相关法律法规。职业卫生相关法律法规如表 10-5 所示。

表 10-5　职业卫生相关法律法规

法律法规	内容
法律	《中华人民共和国宪法》《中华人民共和国职业病防治法》《劳动法》《中华人民共和国工会法》《中华人民共和国矿山安全法》《中华人民共和国妇女权益保障法》《中华人民共和国乡镇企业法》《中华人民共和国民法通则》《中华人民共和国刑法》《中华人民共和国建筑法》《中华人民共和国执业医师法》《中华人民共和国行政处罚法》《中华人民共和国行政复议法》《中华人民共和国行政诉讼法》《中华人民共和国国家赔偿法》
法规	《中华人民共和国尘肺病防治条例》《使用有毒物品作业场所劳动保护条例》《突发公共卫生事件应急条例》《放射性同位素与射线装置安全和防护条例》《工伤保险条例》
部门规章	《放射事故管理规定》(卫生部令第16号2001年8月26日)、《放射防护器材与含放射性产品卫生管理办法》(卫生部令第18号2002年1月4日)、《国家职业卫生标准管理办法》(卫生部令第20号2002年3月28日)、《职业病危害项目申报管理办法》(卫生部令第21号2002年3月28日)、《建设项目职业病危害分类管理办法》(卫生部令第49号2006年7月27日)、《职业健康监护管理办法》(卫生部令第23号2002年3月28日)、《职业病诊断与鉴定管理办法》(卫生部令第6号2021年1月4日)《职业病危害事故调查处理办法》(卫生部令第25号2002年3月28日)、《职业卫生技术服务机构管理办法》(国家卫健委令第4号2021年3月5日)

续表

法律法规	内容
规范性文件	《职业病危害因素分类目录》（国卫疾控发〔2015〕92号）、《建设项目职业病危害评价规范》（卫法监发〔2002〕63号）、《职业病分类和目录》（国卫疾控发〔2013〕48号）、《卫生部关于职业卫生监督管理职责分工意见的通知》（卫监督发〔2005〕31号）、《卫生部关于开展建设项目职业卫生审查有关问题的通知》（卫法监发〔2009〕24号）、《卫生部职业卫生技术服务机构资质审定工作程序》（卫监督发〔2005〕318号）、《卫生部关于实施〈建设项目职业病危害分类管理办法〉有关问题的通知》（卫监督发〔2006〕415号）、《卫生部关于印发放射诊疗许可证发放管理程序的通知》（卫监督发〔2006〕479号）
标准	◎职业卫生专业基础标准 ◎工作场所作业条件卫生标准（GBZ1—2002） ◎职业接触限值（化学330、粉尘47、物理因素9、生物因素1） ◎职业病诊断标准［GBZ3—112（209）］ ◎职业照射放射卫生标准 ◎职业防护用品卫生标准 ◎职业危害防护导则 ◎劳动生理卫生、工效学标准 ◎职业危害因素检测、检验方法

② 职业病的危害因素的分类。

a. 按职业病危害因素来源分类。生产现场的作业人员，在日常的生产作业过程中，可能会接触到各种各样的职业性危害因素。这些职业性危害因素，按其来源可以分为3类，具体如表10-6所示。

表10-6 职业病危害因素按来源分类表

职业病危害因素分类		具体
生产过程中接触的危害因素	化学因素	◆有毒物质，如铅、汞、锰、镉、磷等金属或非金属 ◆刺激性气体，如氨、氯、二氧化硫、二氧化氮、光气等 ◆窒息性毒物，如一氧化碳、硫化氢、二氧化碳和氰化物等 ◆有机溶剂，如醇类、酯类、氯烃、芳香烃等 ◆高分子化合物及农药等 ◆生产性粉尘如二氧化硅粉尘、石棉尘、煤尘、毛、羽、丝等
	物理因素	◆异常气象条件，如高温、高湿和低温等 ◆异常气压，如高气压、低气压等 ◆噪声、振动、超声波等 ◆非电离辐射，如紫外线、红外线、射频、微波、激光等 ◆电离辐射，如X射线、γ射线等

续表

职业病危害因素分类		具体
生产过程中接触的危害因素	生物因素	◆细菌、寄生虫或病毒如病原微生物、炭疽杆菌、布氏杆菌等 ◆医务人员接触含有病原微生物的病人体液，有可能受到感染 ◆致害动物如接触带病菌的狗、猫等 ◆致害植物如有毒的花草、过敏的花粉等
劳动过程中接触的危害因素	不合理制度	◆劳动时间过长、工休制度不健全或不合理等
	精神过度紧张	◆如在生产流水线上的装配作业人员精神过度紧张等
	劳动强度大或安排不合理	◆如超负荷加班加点，安排的作业与劳动者生理状况不适应等
	个别器官或系统过度紧张	◆如由于光线不足而引起的视力紧张等
	工具、设备不合理	◆长时间使用不合理的工具、设备等
作业环境中的危害因素	自然环境中的因素	◆如炎热季节的太阳辐射、寒冷季节的低温等
	生产场所设计不合理	◆如厂房矮小、狭窄，车间布置不合理等
	生产过程不合理或管理不当	◆环境污染，作业环境的卫生条件不符合国家卫生标准
	缺少必要的卫生设施	◆如没有通风换气、照明设施或净化烟尘、污水的设施等
	安全用品配置有缺陷	◆不配备应有的安全用品、使用已淘汰的安全用品等

b. 按职业病危害因素性质分类。职业病危害因素按其性质分类，如表10-7所示。

表10-7 职业病危害因素按性质分类表

职业病危害因素分类	具体
环境因素	★物理因素（如异常气象条件、异常气压、噪声、振动、电离辐射） ★化学因素（如生产性毒物和粉尘） ★生物因素（如炭疽杆菌、霉菌、布氏杆菌、病毒等）
与职业有关的其他因素	★不适合的生产布局 ★不适合的劳动制度等
其他因素	★如劳动过程有关的劳动者生理、劳动者心理方面的因素等

③ 常见职业病的种类。根据《中华人民共和国职业病防治法》的规定，2013年12月23日国家卫生计生委、安全监管总局、人力资源社会保障部和全国总工会联合印发《职业病分类和目录》，新印发的《职业病分类和目录》将职业病分为10大类132种，职业病具体

种类如表10-8所示。

表10-8 职业病分类表

职业病分类		职业病种类
一、职业性尘肺病及其他呼吸系统疾病	（一）尘肺	1. 硅肺；2. 煤工尘肺；3. 石墨尘肺；4. 炭黑尘肺；5. 石棉肺；6. 滑石尘肺；7. 水泥尘肺；8. 云母尘肺；9. 陶工尘肺；10. 铝尘肺；11. 电焊工尘肺；12. 铸工尘肺；13. 根据《尘肺病诊断标准》和《尘肺病理诊断标准》可以诊断的其他尘肺病
	（二）其他呼吸系统疾病	1. 过敏性肺炎；2. 棉尘病；3. 哮喘；4. 金属及其化合物粉尘肺沉着病（锡、铁、锑、钡及其化合物等）；5. 刺激性化学物所致慢性阻塞性肺疾病；6. 硬金属肺病
二、职业性皮肤病		1. 接触性皮炎；2. 光接触性皮炎；3. 电光性皮炎；4. 黑变病；5. 痤疮；6. 溃疡；7. 化学性皮肤灼伤；8. 白斑；9. 根据《职业性皮肤病的诊断总则》可以诊断的其他职业性皮肤病
三、职业性眼病		1. 化学性眼部灼伤；2. 电光性眼炎；3. 白内障（含放射性白内障、三硝基甲苯白内障）
四、职业性耳鼻喉口腔疾病		1. 噪声聋；2. 铬鼻病；3. 牙酸蚀病；4. 爆震聋
五、职业性化学中毒		1. 铅及其化合物中毒（不包括四乙基铅）；2. 汞及其化合物中毒；3. 锰及其化合物中毒；4. 镉及其化合物中毒；5. 铍病；6. 铊及其化合物中毒；7. 钡及其化合物中毒；8. 钒及其化合物中毒；9. 磷及其化合物中毒；10. 砷及其化合物中毒；11. 铀及其化合物中毒；12. 砷化氢中毒；13. 氯气中毒；14. 二氧化硫中毒；15. 光气中毒；16. 氨中毒；17. 偏二甲基肼中毒；18. 氮氧化合物中毒；19. 一氧化碳中毒；20. 二硫化碳中毒；21. 硫化氢中毒；22. 磷化氢、磷化锌、磷化铝中毒；23. 氟及其无机化合物中毒；24. 氰及腈类化合物中毒；25. 四乙基铅中毒；26. 有机锡中毒；27. 羰基镍中毒；28. 苯中毒；29. 甲苯中毒；30. 二甲苯中毒；31. 正己烷中毒；32. 汽油中毒；33. 一甲胺中毒；34. 有机氟聚合物单体及其热裂解物中毒；35. 二氯乙烷中毒；36. 四氯化碳中毒；37. 氯乙烯中毒；38. 三氯乙烯中毒；39. 氯丙烯中毒；40. 氯丁二烯中毒；41. 苯的氨基及硝基化合物（不包括三硝基甲苯）中毒；42. 三硝基甲苯中毒；43. 甲醇中毒；44. 酚中毒；45. 五氯酚（钠）中毒；46. 甲醛中毒；47. 硫酸二甲酯中毒；48. 丙烯酰胺中毒；49. 二甲基甲酰胺中毒；50. 有机磷中毒；51. 氨基甲酸酯类中毒；52. 杀虫脒中毒；53. 溴甲烷中毒；54. 拟除虫菊酯类中毒；55. 铟及其化合物中毒；56. 溴丙烷中毒；57. 碘甲烷中毒；58. 氯乙酸中毒；59. 环氧乙烷中毒；60. 上述条目未提及的与职业有害因素接触之间存在直接因果联系的其他化学中毒
六、物理因素所致职业病		1. 中暑；2. 减压病；3. 高原病；4. 航空病；5. 手臂振动病；6. 激光所致眼（角膜、晶状体、视网膜）损伤；7. 冻伤

续表

职业病分类	职业病种类
七、职业性放射性疾病	1. 外照射急性放射病；2. 外照射亚急性放射病；3. 外照射慢性放射病；4. 内照射放射病；5. 放射性皮肤疾病；6. 放射性肿瘤（含矿工高氡暴露所致肺癌）；7. 放射性骨损伤；8. 放射性甲状腺疾病；9. 放射性性腺疾病；10. 放射复合伤；11. 根据《职业性放射性疾病诊断标准（总则）》可以诊断的其他放射性损伤
八、职业性传染病	1. 炭疽；2. 森林脑炎；3. 布鲁氏菌病；4. 艾滋病（限于医疗卫生人员及人民警察）；5. 莱姆病
九、职业性肿瘤	1. 石棉所致肺癌、间皮瘤；2. 联苯胺所致膀胱癌；3. 苯所致白血病；4. 氯甲醚、双氯甲醚所致肺癌；5. 砷及其化合物所致肺癌、皮肤癌；6. 氯乙烯所致肝血管肉瘤；7. 焦炉逸散物所致肺癌；8. 六价铬化合物所致肺癌；9. 毛沸石所致肺癌、胸膜间皮瘤；10. 煤焦油、煤焦油沥青、石油沥青所致皮肤癌；11. β-萘胺所致膀胱癌
十、其他职业病	1. 金属烟热；2. 滑囊炎（限于井下工人）；3. 股静脉血栓综合征、股动脉闭塞症或淋巴管闭塞症（限于刮研作业人员）

④ 职业病的防护。

a. 毒物防护。生产性毒物，是指在生产过程中产生的，存在于工作环境空气中的毒物。生产性毒物的种类繁多，影响面大，职业中毒约占职业病总数的一半。

预防生产性毒物必须采取综合性的防治措施，具体的防护措施如表10-9所示。

表10-9 生产性毒物防护措施表

毒物防护措施		具体说明
组织管理措施		◆重视预防职业中毒，在工作中应认真贯彻执行国家有关预防职业中毒的法规和政策，结合企业内部接触毒物的性质，制订预防措施及安全操作规程，并建立相应的组织领导机构
消除毒物		◆利用科学技术和工艺改革，使用无毒或低毒物质代替有毒或高毒的物质
降低毒物浓度	改革工艺	◆尽量采用先进技术和工艺过程，避免开放式生产，消除毒物逸散的条件 ◆采用远距离程序控制，最大程度地减少工人接触毒物的机会 ◆用无毒或低毒物质代替有毒物质等
	通风排毒	◆应用局部抽风式通风装置将产生的毒物尽快收集起来，防止毒物逸散 ◆常用的装置有通风柜、排气罩、槽边吸气罩等，排出的毒物要经过净化装置，或回收利用或净化处理后排空
	合理布局	◆不同生产工序的布局，不仅要满足生产上的需要，而且要考虑卫生上的要求 ◆有毒的作业应与无毒的作业分开，危害大的毒物要有隔离设施及防范手段

续表

毒物防护措施		具体说明
降低毒物浓度	安全管理	◆对生产设备要加强维修和管理，防止跑、冒、滴、漏污染环境
	个人防护	◆做好个人防护与个人卫生。除普通工作服外，还需对特殊工种的作业人员提供特殊质地的防护服。如接触强碱、强酸应有耐酸耐碱的工作服，对某些毒物作业要有防毒口罩与防毒面具等 ◆为保持良好的个人卫生状况，减少毒物作用机会，应设置盥洗设备、沐浴室及存衣室，配备个人专用更衣箱等
	增强体质	◆合理实施有毒作业保健待遇制度，因地制宜地开展体育锻炼 ◆注意安排夜班工人休息，组织青年进行有益身心的业余活动，以及做好季节性多发病的预防等
	监测检查	◆要定期监测作业场所空气中毒物浓度，将其控制在最高容许浓度以下 ◆实施就业前健康检查，排除职业禁忌证者参加接触毒物的作业 ◆坚持定期健康检查，早期发现工人健康情况并及时处理

b. 粉尘防护。生产性粉尘，是指在生产中形成的，并能长时间飘浮在空气中的固体微粒，如硅尘、煤尘、石棉尘、电焊烟尘等。生产性粉尘根据其理化特性和作用特点不同，对机体的损害也不同，可引起不同疾病。因此，应采取有效的预防措施控制生产性粉尘的产生。具体的防尘措施如表10-10所示。

表10-10 生产性粉尘防护措施表

防尘措施		具体说明
组织措施		◆加强组织领导是做好防尘工作的关键。粉尘作业较多的厂矿领导要有专人分管防尘事宜，建立和健全防尘机构，制订防尘工作计划和必要的规章制度，切实贯彻综合防尘措施，建立粉尘监测制度 ◆大型厂矿应有专职测尘人员，医务人员应对测尘工作提出要求，定期检查并指导，做到定时定点测尘，评价劳动条件改善情况和技术措施的效果 ◆做好防尘宣传工作，从领导到职工，让大家都能了解粉尘的危害，根据自己的职责和义务做好防尘工作
技术措施	改革工艺过程	◆革新生产设备，是消除粉尘危害的根本途径。应从生产工艺设计、设备选择，以及产尘机械在出厂前就应有达到防尘要求的设备等各个环节做起 ◆如采用封闭式风力管道运输、负压吸砂等消除粉尘飞扬，用无硅物质代替石英，以铁丸喷砂代替石英喷砂等
	湿式作业	◆湿式作业是一种经济易行的防止粉尘飞扬的有效措施 ◆凡是可以湿式生产的作业均可使用，例如，矿山的湿式凿岩、冲刷巷道、净化进风等，石英、矿石等的湿式粉碎或喷雾洒水，玻璃陶瓷业的湿式拌料，铸造业的湿砂造型、湿式开箱清砂、化学清砂等
	密闭、吸风、除尘	◆对不能采取湿式作业的产尘岗位，应采用密闭吸风除尘方法 ◆凡是能产生粉尘的设备均应尽可能密闭，并用局部机械吸风，使密闭设备内保持一定的负压，防止粉尘外逸 ◆抽出的含尘空气必须经过除尘净化处理，才能排出，避免污染大气

续表

防尘措施		具体说明
卫生保健措施	个人防护和个人卫生	◆对受到条件限制粉尘浓度达不到允许浓度标准的作业佩戴合适的防尘口罩 ◆开展体育锻炼，注意营养。此外应注意个人卫生习惯，不吸烟 ◆遵守防尘操作规程，严格执行未佩戴防尘口罩不上岗操作的制度
	就业前及定期体检	◆对新从事粉尘作业的工人必须进行健康检查，目的主要是发现粉尘作业就业禁忌证及作为健康资料 ◆定期体检的目的在于早期发现粉尘对健康的损害，发现有不宜从事粉尘作业的疾病时，及时调离

c. 物理有害因素防护。生产作业场所物理有害因素主要包括高温、高气压、振动、噪声、照度、紫外线、红外线、微波、电磁辐射（高频、超高频、微波）、工频等。物理有害因素的防治主要是加强个人防护和采用合理的工艺及其设备。具体的防护措施如表10-11所示。

表10-11 物理有害因素的防护措施表

防护内容	具体措施
噪声	◆如长期在超过86 dB（A）作业环境下作业时应加强对作业人员听觉器官的防护，正确佩戴防噪声耳塞、耳罩、防噪声帽等听力保护器 ◆采用无噪声或低噪声的工艺或加工方法，选用低噪声的设备，加强对设备的经常性维护 ◆降低设备运行负荷，使用消声器、隔振降噪等工艺措施
高温	◆控制污染，合理设计工艺流程，远离热源，利用热压差自然通风，切断污染途径 ◆隔热，通风降温、使用空调等个体防护 ◆合理安排作息时间，加强机体热适应训练，使用清凉饮料和高温防护服和防护帽
振动	◆长期使用振动工具可使皮肤感觉机能紊乱，血管张力改变，出现毛细血管痉挛，重者有"手套样"感觉障碍，手指苍白是振动病典型的表现 ◆在厂房设计与机械安装时要采用减振、防振措施 ◆对手持振动工具的重量、频率、振幅等应进行必要的限制，工作中应适当安排工间休息，实行轮换作业，间歇使用振动工具 ◆使用振动工具时应采用防振动手套，或者在振动工具外加防振垫
紫外线	◆任何材料加热到温度超过22 270 ℃即开始发射紫外线 ◆电光性眼炎是眼部受紫外线照射所致的角膜炎、结膜炎，常见于电焊操作及产生紫外线辐射的场所 ◆电焊作业人员作业时应佩戴好防护面罩。如室内同时有几部焊机工作时，最好中间设立隔离屏障，以免相互影响 ◆车间墙壁上可以涂刷锌白、铬黄等颜色以吸收紫外线。尽量不要在室外进行电焊作业，以免影响他人

续表

防护内容	具体措施
电磁辐射	◆在作业场所强磁场源周围设置栅栏或屏障，用铜丝网隔离，但一定要接地，这有助于阻止未经许可的人员进入场强超过国家暴露限值的区域 ◆远距离操作，在屏蔽辐射源有困难时，可采用自动或半自动的远距离操作，在场源周围设立明显标志，禁止人员靠近 ◆工作地点应置于辐射强度小的部位，避免在辐射流的正前方工作 ◆工作中要加强对作业场所电磁场环境的监测，明确电场、磁场的实际水平
不良气象条件	加强管理、改善作业环境，严格按照国家有关作业标准进行作业，合理安排劳动作息时间，让作业人员轮流休息

10.2.3 劳动保护

（1）女职工劳动保护

为保护女职工的合法权益和身体健康，减少和解决女职工在劳动中因生理特点造成的特殊困难，创造积极、健康、和谐的社会经济环境，我国对女职工实行特殊劳动保护制度。实行女职工特殊保护的法律依据为《劳动法》第五十八条，该条款明确规定：国家对女职工和未成年工实行特殊劳动保护。

① 女职工禁忌从事的劳动范围。《劳动法》对女职工禁忌从事的劳动范围进行了如表10-12所示的规定。

表10-12　《劳动法》对女职工禁忌从事的劳动范围的规定

规定适用对象	法律条款
女职工	第五十九条规定：禁止安排女职工从事矿山井下、国家规定的第四级体力劳动强度的劳动和其他禁忌从事的劳动
经期女职工	第六十条规定：不得安排女职工在经期从事高处、低温、冷水作业和国家规定的第三级体力劳动强度的劳动
孕期女职工	第六十一条规定：不得安排女职工在怀孕期间从事国家规定的第三级体力劳动强度的劳动和孕期禁忌从事的劳动
哺乳期女职工	第六十三条规定：不得安排女职工在哺乳未满一周岁的婴儿期间从事国家规定的第三级体力劳动强度的劳动和哺乳期禁忌从事的其他劳动

《用人单位职业健康监护监督管理办法》第十二条规定："用人单位不得安排未经上岗前职业健康检查的劳动者从事接触职业病危害的作业，不得安排有职业禁忌的劳动者从事其所禁忌的作业。用人单位不得安排未成年工从事接触职业病危害的作业，不得安排孕期、哺乳期的女职工从事对本人和胎儿、婴儿有危害的作业。"该条款也对用人单位不得安排有职业禁忌女职工从事其所禁忌的作业进行了规定。

依据法律规定，用人单位在安排女职工工作时，应当遵守女职工禁忌从事的劳动范围的规定，并应当将本单位属于女职工禁忌从事的劳动范围的岗位书面告知女职工。一般情况下，用人单位可根据《女职工劳动保护特别规定》附录中关于女职工禁忌从事的劳动范围的规定（见表10-13），合理安排女职工进行工作，防止违法及伤害女职工的事件发生。

表10-13 《女职工劳动保护特别规定》对女职工禁忌从事的劳动范围的规定

情况	禁忌从事的劳动范围
女职工	◆矿山井下作业 ◆体力劳动强度分级标准中规定的第四级体力劳动强度的作业 ◆每小时负重6次以上、每次负重超过20公斤的作业，或者间断负重、每次负重超过25公斤的作业
女职工在经期	◆冷水作业分级标准中规定的第二级、第三级、第四级冷水作业 ◆低温作业分级标准中规定的第二级、第三级、第四级低温作业 ◆体力劳动强度分级标准中规定的第三级、第四级体力劳动强度的作业 ◆高处作业分级标准中规定的第三级、第四级高处作业
女职工在孕期	◆作业场所空气中铅及其化合物、汞及其化合物、苯、镉、铍、砷、氰化物、氮氧化物、一氧化碳、二硫化碳、氯、己内酰胺、氯丁二烯、氯乙烯、环氧乙烷、苯胺、甲醛等有毒物质浓度超过国家职业卫生标准的作业 ◆从事抗癌药物、己烯雌酚生产，接触麻醉剂气体等的作业 ◆非密封源放射性物质的操作，核事故与放射事故的应急处置 ◆高处作业分级标准中规定的高处作业 ◆冷水作业分级标准中规定的冷水作业 ◆低温作业分级标准中规定的低温作业 ◆高温作业分级标准中规定的第三级、第四级的作业 ◆噪声作业分级标准中规定的第三级、第四级的作业 ◆体力劳动强度分级标准中规定的第三级、第四级体力劳动强度的作业 ◆在密闭空间、高压室作业或者潜水作业，伴有强烈振动的作业，或者需要频繁弯腰、攀高、下蹲的作业
女职工在哺乳期	◆孕期禁忌从事的劳动范围的第一项、第三项、第九项 ◆作业场所空气中锰、氟、溴、甲醇、有机磷化合物、有机氯化合物等有毒物质浓度超过国家职业卫生标准的作业

② 女职工夜班特别规定。《劳动法》第六十一条规定："对怀孕七个月以上的女职工，不得安排其延长工作时间和夜班劳动。"同时该法第六十三条规定："不得安排女职工在哺乳未满一周岁的婴儿期间延长工作时间和夜班劳动。"

《女职工劳动保护特别规定》第六条规定："对怀孕7个月以上的女职工，用人单位不得延长劳动时间或者安排夜班劳动，并应当在劳动时间内安排一定的休息时间。"同时该法第九条规定："对哺乳未满1周岁婴儿的女职工，用人单位不得延长劳动时间或者安排夜班劳动。"

由上述法律规定可知，用人单位不得安排怀孕7个月以上的女职工及哺乳未满1周岁婴儿的女职工延长工作时间和夜班劳动。

（2）未成年工劳动保护

未成年工是指年满十六周岁未满十八周岁的员工。根据《劳动法》第五十八条规定，我国对未成年工实行特殊劳动保护。未成年工的身体发育尚未完全定型，过重的体力劳动、不良的工作体位、过度紧张的劳动、不适合的工具等都会对未成年工的正常发育产生不良影响，因此出于保护未成年工的正常发育和安全健康的考虑，我国法律对未成年工在就业年龄、职业禁忌、健康检查、工作时间等方面给予了特殊保护。

① 就业年龄的限制。《劳动法》第十五条规定："禁止用人单位招用未满十六周岁的未成年人。

文艺、体育和特种工艺单位招用未满十六周岁的未成年人，必须依照国家有关规定，履行审批手续，并保障其接受义务教育的权利。"

同时该第九十四条规定："用人单位非法招用未满十六周岁的未成年人的，由劳动行政部门责令改正，处以罚款；情节严重的，由市场监督管理部门吊销营业执照。"

《中华人民共和国未成年人保护法》（以下简称《未成年人保护法》）第二十八条规定："任何组织和个人不得招用未满十六周岁的未成年人，国家另有规定的除外。"

青少年年龄越小，智力水平越低，自我保护意识越差。考虑到青少年的身体智力发展水平，保障他们在就业前有接受完整义务教育的时间，防止未成年上当受骗案件发生，我国确定用人单位招收未成年工的最低年龄为16周岁。而文艺、体育和特种工艺单位招用未满16周岁的未成年人，必须保障其接受义务教育的权利。

② 职业禁忌。身体发育还未成熟的未成年工，不能适应特别繁重及危险的工作，他们对有毒有害作业的抵抗力也较弱，因此我国法律对未成年的职业禁忌有特殊规定。用人单位应严格遵守以下法律法规中关于未成年职业禁忌的规定，防止侵犯未成年工合法权益的事件发生。

《劳动法》第六十四条规定："不得安排未成年工从事矿山井下、有毒有害、国家规定的第四级体力劳动强度的劳动和其他禁忌从事的劳动。"

《未成年工特殊保护规定》（劳部发〔1994〕498号）第三条规定："用人单位不得安排未成年工从事以下范围的劳动：

（一）《生产性粉尘作业危害程度分级》国家标准中第一级以上的接尘作业；

（二）《有毒作业分级》国家标准中第一级以上的有毒作业；

（三）《高处作业分级》国家标准中第二级以上的高处作业；

（四）《冷水作业分级》国家标准中第二级以上的冷水作业；

（五）《高温作业分级》国家标准中第三级以上的高温作业；

（六）《低温作业分级》国家标准中第三级以上的低温作业；

（七）《体力劳动强度分级》国家标准中第四级体力劳动强度的作业；

（八）矿山井下及矿山地面采石作业；

（九）森林业中的伐木、流放及守林作业；

（十）工作场所接触放射性物质的作业；

（十一）有易燃易爆、化学性烧伤和热烧伤等危险性大的作业；

（十二）地质勘探和资源勘探的野外作业；

（十三）潜水、涵洞、涵道作业和海拔三千米以上的高原作业（不包括世居高原者）；

（十四）连续负重每小时在六次以上并每次超过二十公斤，间断负重每次超过二十五公斤的作业；

（十五）使用凿岩机、捣固机、气镐、气铲、铆钉机、电锤的作业；

（十六）工作中需要长时间保持低头、弯腰、上举、下蹲等强迫体位和动作频率每分钟大于五十次的流水线作业；

（十七）锅炉司炉。"

③ 健康检查要求。《劳动法》第六十五条规定："用人单位应当对未成年工定期进行健康检查。"由此可见，对未成年工进行定期的健康检查是用人单位的一项法定义务，用人单位不得以任何借口加以取消。

根据《未成年工特殊保护规定》第六条规定，用人单位定期安排未成年工进行健康检查的时间要求如图10-5所示。

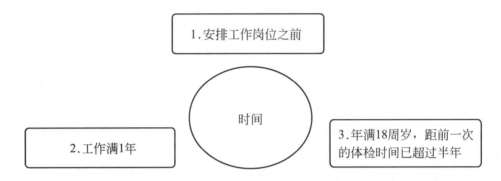

图10-5 未成年工定期健康检查的时间要求

同时根据《未成年工特殊保护规定》第八条规定，如果发现疾病或身体发育中的异常情况，应根据医务部门的证明，予以减轻劳动量或安排其他劳动。

④ 工作时间安排。《未成年人保护法》第二十八条规定："任何组织和个人依照国家有关规定招收已满十六周岁未满十八周岁的未成年人的，应当在工种、劳动时间、劳动强度和保护措施等方面执行国家有关规定，不得安排其从事过重、有毒、有害的劳动或者危险作业。"

尽管法律没有对未成年的具体工作时间进行规定，但为了保障未成年工的正常发育和继续完成文化技术学习任务，用人单位一般应对未成年工实行缩短工作时间制度，并且不宜安排其从事加班加点和夜班工作。

10.3 员工离职管理

10.3.1 员工离职处理

企业应建立完善的离职管理规章制度，以规范企业的离职管理。对员工进行离职管理，目的是规范员工离职工作，让员工离职有据可依，交接、结算清晰，以利于工作的延续性，使得工作正常进行不受影响。

员工离职通常包括以下几个步骤。

（1）辞职申请

员工因故辞职，一般情况下需事先提交《员工辞职申请表》或《离职申请表》并依次呈核相关领导审批。

（2）离职交接

人力资源管理部门收到员工的离职或辞职申请后，通知相关部门安排好辞职员工的工作交接工作。

① 办公用品交接。员工在用人单位工作期间，因工作职责需要由其保管或配备给其个人使用的办公用品和其他财物，都应当在离职前交还单位。用人单位应指定专人接收，并办理接收手续。

② 工作内容交接。员工在离职前必须履行岗位工作交接义务。工作交接包括两个方面的内容：一是离职员工向接替其工作的员工介绍本岗位的职责、工作范围、工作方法和业务运作的程序，以及本岗位上的各种设备设施情况等内容；二是向接替人员交待尚未完成的工作任务，如与客户之间未履行完毕的合同等。

对工作内容的交接，企业的人力资源部门、员工所属部门及其他相关部门应认真处理，交接完成后应由交接人员和负责人书面确认。

（3）离职面谈

离职面谈作为一种管理者与员工直接沟通的有效方式，通过离职面谈，有助于企业了解员工离职的原因，利于融洽企业与离职员工之间的关系，以促进公司不断改进。其面谈内容主要包括如图10-6所示的5个方面。

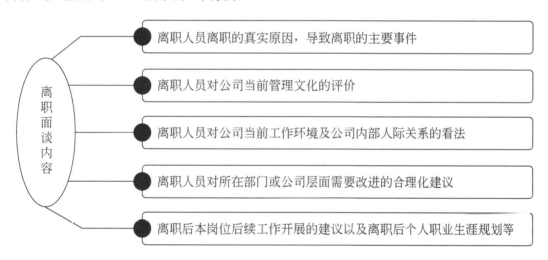

图10-6　员工离职面谈内容

（4）离职中的薪资结算

① 劳动报酬。员工为企业提供了劳动，有取得劳动报酬的权利，企业不得克扣或者无故拖欠劳动者的工资。

② 经济补偿金和赔偿金。员工离职时，劳动关系双方应当依据劳动法律法规、政策及双方的劳动合同约定，明确企业是否需要向员工支付经济补偿金及存在劳动关系的一方是否有向另一方支付赔偿金的义务。

（5）离职员工的档案管理

不论是员工主动要求与企业解除劳动关系，还是因为其他原因员工离开企业，只要企业批准了员工的离职请求，企业就有义务为员工办理必要的相关手续，包括为员工出具离职证明、转移员工个人人事档案等。

10.3.2 离职风险规避

对企业来说，员工离职会对企业的运营带来一定的风险，如商业秘密被竞争对手掌握、陷入各种劳务纠纷、核心员工流失等。为规避因员工离职带来的风险，企业要注意以下几个方面的内容。

（1）完善企业离职管理规章制度

企业要注重建立合理、规范的员工离职规章制度，并在制度中对员工离职的方式和离职工作交接做事先约定，明确违约责任，以便企业有更多有利的依据来约束员工离职行为，规避风险。

（2）运用劳动合同严密规范

劳动合同是劳动者与用人单位确立劳动关系、明确双方权利和义务的协议。签订规范的劳动合同，对用人单位与劳动者都具有重要的意义。

（3）加强员工离职时商业秘密的保护

对于掌握企业商业秘密（含经营信息及技术信息）的重要管理人员和专业技术人员及其他相关人员的离职，企业不仅要在处理员工离职过程中注意防范各种风险的出现，而且还应在劳动合同等文书中进行约定。例如，与员工签订保密协议以防止企业商业秘密被外泄。

（4）防范核心员工流失

① 加强人力资源信息管理。企业人力资源部门可以建立一个完善的信息库，通过其中的信息了解员工离职变动的情况及原因，从而有针对性地采取相应的措施加以解决或防范。

② 做好人才储备工作。为了有效地防范核心员工的流失，企业首先需做好人才储备的工作。

10.4 沟通与满意度管理

10.4.1 员工沟通管理

（1）员工沟通管理的作用

员工沟通是影响员工关系的一个重要因素。如果企业员工之间人际沟通不畅，缺乏必要的反馈，将会引起很多矛盾和冲突，进而导致员工工作热情和积极性下降，影响工作效率。不断进行的沟通将会促进良好员工关系的建立，从而减少冲突，增加员工对企业的信任。

（2）员工沟通管理内容

员工沟通管理在实践中通常包括8个方面的内容，具体如图10-7所示。

（3）员工沟通管理的关键要素

员工沟通要想顺畅，需要人力资源工作人员注意方方面面的情况，在实践中尤其要注意以下3个要素。

① 沟通的公平性。沟通中的公平性指的是个体感知到的自己在双方沟通关系中的投入产出比与对方的投入产出比的对等性。如果在接收和评价重要信息的过程中，员工发现这

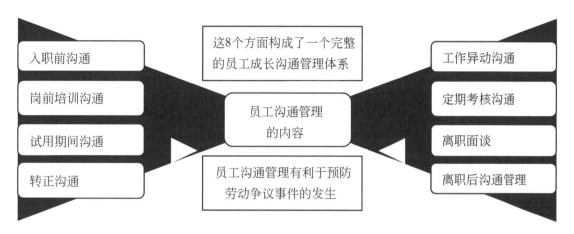

图 10-7　员工沟通管理的内容

是不公平的，则会产生不满，进而可能引发矛盾。

② 沟通的开放程度。沟通的开放程度是贯穿沟通过程中的重要因素。人际沟通的开放程度越高，彼此之间的了解越深，信息对称性越强，产生矛盾和冲突的概率就越小，从而有利于良好的员工关系的建立。

③ 沟通的媒介选择。对内容极为复杂的信息，若采用言语为沟通媒介，往往不易说清楚，接收者也不易听明白。对内容极为简单的信息，若选用文字图表作为媒介，则浪费时间和物力。而且，言语媒介会因为信息发送者的口齿不清、言语不通或模棱两可的表述而造成信息传递的错误；书面文字媒介可能会因表述不通顺或有别字而产生误解，从而给沟通带来困难，进而可能引起双方的互相误解，不利于积极的员工关系的建立。

10.4.2　员工满意度管理

（1）员工满意度管理的目的

员工满意度管理的目的主要有以下4个，具体如图10-8所示。

图 10-8　员工满意度管理的目的

（2）员工满意度管理的内容

企业进行员工满意度管理可以对企业管理进行全面审核，保证企业工作效率和最佳经济效益，减少和纠正低生产率、高损耗率、高人员流动率等问题。员工满意度管理主要包括5个方面的内容，具体如图10-9所示。

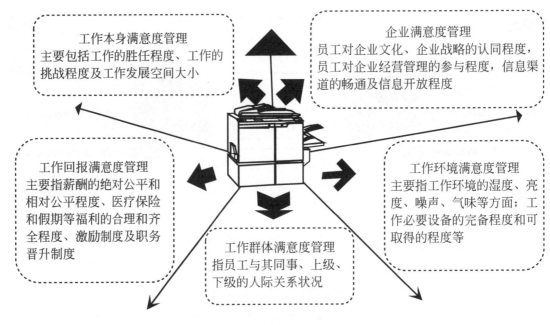

图 10-9　员工满意度管理的内容

（3）员工满意度调查的实施

员工满意度调查实施的具体步骤如表 10-14 所示。

表 10-14　员工满意度调查实施的具体步骤

序号	步骤名称	具体内容
1	明确调查目的与任务	员工满意度调查的目的不同，决定了所调查的范围、内容、方法的不同
2	确定调查项目	根据调查目的，选择相应的调查项目。目的不同，员工满意度调查的项目也不同
3	实施调查	员工满意度实施调查的方法主要有"工作描述指数法""明尼苏达工作满意度调查表""彼得需求满意调查表"
4	分析调查结果，实施改进	调查人员通过检验、归类、统计，形成用文字、图表表达的调查结果，并对现存问题进行评价分析。通过调查发现的问题，企业应提出具体的改进措施并实施
5	跟踪反馈效果	人力资源部还要对改进措施进行效果评估，以便总结经验和教训，更好地开展下一步工作

（4）员工满意度提升方法

① 员工激励，提高员工的工作积极性、创造性。

② 对员工工作实施再设计，提高员工工作积极性。

③ 创造公平竞争的公司环境。

④ 创造追求进步、自由开放、关爱员工的公司氛围。

10.5 劳动争议管理

10.5.1 争议范围与证据

劳动争议是劳动关系当事人之间因劳动的权利与义务发生分歧而引起的争议，又称劳动纠纷。其中有的属于既定权利的争议，即因适用劳动法和劳动合同、集体合同的既定内容而发生的争议；有的属于要求新的权利而出现的争议，是因制订或变更劳动条件而发生的争议。

（1）劳动争议处理范围

根据《中华人民共和国劳动争议调解仲裁法》（以下简称《劳动争议调解仲裁法》）第二条规定，劳动争议处理的范围包括以下6个方面的内容：

① 因确认劳动关系发生的争议；
② 因订立、履行、变更、解除和终止劳动合同发生的争议；
③ 因除名、辞退和辞职、离职发生的争议；
④ 因工作时间、休息休假、社会保险、福利、培训以及劳动保护发生的争议；
⑤ 因劳动报酬、工伤医疗费、经济补偿或者赔偿金等发生的争议；
⑥ 法律、法规规定的其他劳动争议。

（2）劳动争议处理的证据

发生劳动争议时，劳动争议当事人的证据主要包括劳动合同、员工手册和其他证据，具体内容如下。

① 劳动合同。劳动合同是主要证据，劳动合同中一般都明确了各方的权利和义务等内容。因此，劳动合同应该以书面形式做出明确，对法律规定中不清楚的方面进行补充。

② 员工手册。员工手册的相关内容要遵守法律和行政法规的要求，主要包括员工的不当行为、工作要求以及员工相关的福利等内容。

③ 其他证据。用于劳动争议的证据还应包括解聘函、工资签收单、病假的证明材料、医院的处方，等等。其中，解聘函一般是提前30天做出并通知员工，诉讼的时效与解聘函有直接关系，是劳动争议的有效证据之一。

（3）劳动争议处理方式

劳动争议处理方式具体如下所示。

① 协商。《劳动争议调解仲裁法》第四条规定："发生劳动争议，劳动者可以与用人单位协商，也可以请工会或者第三方共同与用人单位协商，达成和解协议。"

② 调解。根据《劳动争议调解仲裁法》有关规定，发生劳动争议，当事人不愿协商、协商不成或者达成和解协议后不履行的，可以向调解组织申请调解。

③ 仲裁与诉讼。劳动仲裁与诉讼是争议双发协商、调解都无法奏效后的两种处理方式，在现实中也较为常见。

10.5.2 争议协商调解

劳动争议协商，指劳动争议发生后，当事人就争议事项进行协商，在自愿、互谅的基础上达成和解协议，快速、简洁地解决争议的方法。而劳动争议调解，是指劳动争议调解委员会对发生的劳动争议，在查明事实、分清是非、明确责任的基础上，依照国家劳动法律、法规，以及依法制订的企业规章和劳动合同，通过民主协商的方式，推动双方互谅互让，达成协议，消除争议的一种活动。

劳动争议协商解决并不是劳动争议解决的必经程序，不愿协商或者协商不成的，不愿调解或调解不成的，当事人有权申请仲裁直至诉讼程序。

协商调解虽然不是劳动争议处理的必经程序，但却是劳动争议处理中的"第一道防线"，是我国劳动争议处理的重要组成部分。在现实中，出于缓和与员工之间的矛盾、维护良好形象、避免对簿公堂、快速妥善解决争议等原因，在发生劳动争议后，大多用人单位还是优选协商调解这一方式。

（1）劳动争议的处理程序

发生劳动争议后，用人单位或员工当事人可选择如图10-10所示的程序进行处理。

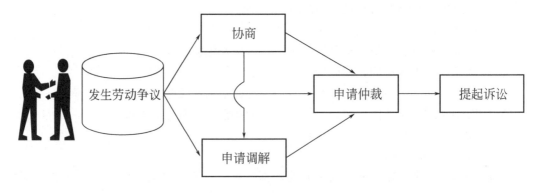

图10-10 劳动争议的处理程序

（2）劳动争议的协商调解原则

《劳动争议调解仲裁法》第三条规定："解决劳动争议，应当根据事实，遵循合法、公正、及时、着重调解的原则，依法保护当事人的合法权益。"

具体来说，用人单位必须把握如图10-11所示的四大原则，做好劳动争议协商调解工作。

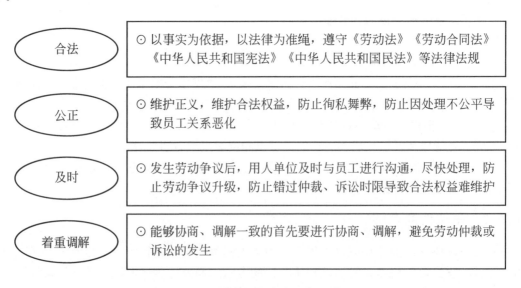

图10-11 劳动争议协商调解四大原则

（3）劳动争议调解组织

根据《劳动争议调解仲裁法》第十条规定，可以进行劳动争议调解的组织有3种，具体如图10-12所示。

① 企业劳动争议调解委员会
② 依法设立的基层人民调解组织
③ 在乡镇、街道设立的具有劳动争议调解职能的组织

图10-12　劳动争议调解组织

（4）劳动争议的调解程序

根据《劳动争议调解仲裁法》第十二条、第十三条、第十四条及第十五条规定，劳动争议的调解程序如下。

① 劳动争议一方当事人以书面申请或口头申请的方式向劳动争议调解组织申请调解。

② 劳动争议调解组织收到劳动争议调解申请后，应及时指派调解员对劳动争议进行全面调查，听取双方当事人对事实和理由的陈述，做好笔录并签名或盖章。

③ 劳动争议调解组织在查明事实、分清是非的基础上，依照有关劳动法律、法规、用人单位规章制度和劳动合同等，耐心疏导，公正调解，帮助其达成协议。

④ 经调解达成协议的，劳动争议调解组织制作一式三份的调解协议书，协议书应写明双方当事人的姓名（单位、法定代表人）、职务、争议事项、调解结果及其他需说明的事项，并由双方当事人签名或盖章，经调解员签名并加盖调解组织印章后生效。调解协议书签订后，对双方当事人具有约束力，双方当事人应自觉履行协议内容。自劳动争议调解组织收到调解申请之日起15日内未达成调解协议的，当事人可以依法申请仲裁。

10.5.3　劳动争议仲裁

劳动争议仲裁是劳动争议仲裁机构根据劳动争议当事人一方或双方的申请，依法就劳动争议的事实和当事人应承担的责任做出判断和裁决的活动。

（1）劳动争议仲裁委员会

根据《劳动争议调解仲裁法》第十九条规定，劳动争议仲裁委员会由劳动行政部门代表、工会代表和企业方面代表组成。劳动争议仲裁委员会组成人员应当是单数。劳动争议仲裁委员会下设办事机构，负责办理劳动争议仲裁委员会的日常工作。

劳动争议仲裁委员会依法履行如图10-13所示的几项职责。

《劳动争议调解仲裁法》第二十条规定："劳动争议仲裁委员会应当设仲裁员名册。"仲裁员应当公道正派并符合下列条件之一，具体内容如图10-14所示。

（2）劳动争议仲裁地点

《劳动争议调解仲裁法》第二十一条规定："劳动争议仲裁委员会负责管辖本区域内发生的劳动争议。"

劳动争议由劳动合同履行地或者用人单位所在地的劳动争议仲裁委员会管辖。双方当事人分别向劳动合同履行地和用人单位所在地的劳动争议仲裁委员会申请仲裁的，由劳动

```
┌───┬─────────────────────────────────┐
│ 1 │ 聘任、解聘专职或者兼职仲裁员    │
├───┼─────────────────────────────────┤
│ 2 │ 受理劳动争议案件                │
├───┼─────────────────────────────────┤
│ 3 │ 讨论重大或者疑难的劳动争议案件  │
├───┼─────────────────────────────────┤
│ 4 │ 对仲裁活动进行监督              │
└───┴─────────────────────────────────┘
```

图 10-13　劳动争议仲裁委员会的职责

```
┌───┬──────────────────────────────────────────────┐
│ 1 │ 曾任审判员的                                 │
├───┼──────────────────────────────────────────────┤
│ 2 │ 从事法律研究、教学工作并具有中级以上职称的   │
├───┼──────────────────────────────────────────────┤
│ 3 │ 具有法律知识、从事人力资源管理或者工会等专业工作满五年的 │
├───┼──────────────────────────────────────────────┤
│ 4 │ 律师执业满3年的                              │
└───┴──────────────────────────────────────────────┘
```

图 10-14　仲裁员需要符合的条件

合同履行地的劳动争议仲裁委员会管辖。"

（3）劳动争议仲裁申请和受理

根据《劳动争议调解仲裁法》第二十八条规定，申请人申请仲裁应当提交书面仲裁申请，并按照被申请人人数提交副本。书写仲裁申请确有困难的，可以口头申请，由劳动争议仲裁委员会记入笔录，并告知对方当事人。

仲裁申请书应当载明下列事项，具体内容如图10-15所示。

```
┌───┬──────────────────────────────────────────────┐
│ 1 │ 劳动者的姓名、性别、年龄、职业、工作单位和住所，用人单位的名称、住所和法定代表人或者主要负责人的姓名、职务 │
├───┼──────────────────────────────────────────────┤
│ 2 │ 仲裁请求和所根据的事实、理由                 │
├───┼──────────────────────────────────────────────┤
│ 3 │ 证据和证据来源、证人姓名和住所               │
└───┴──────────────────────────────────────────────┘
```

图 10-15　仲裁申请书需要载明的事项

《劳动争议调解仲裁法》第二十九条规定："劳动争议仲裁委员会收到仲裁申请之日起五日内，认为符合受理条件的，应当受理，并通知申请人；认为不符合受理条件的，应当书面通知申请人不予受理，并说明理由。对劳动争议仲裁委员会不予受理或者逾期未作出决定的，申请人可以就该劳动争议事项向人民法院提起诉讼。"

《劳动争议调解仲裁法》第三十条规定："劳动争议仲裁委员会受理仲裁申请后，应当在五日内将仲裁申请书副本送达被申请人。被申请人收到仲裁申请书副本后，应当在十日内向劳动争议仲裁委员会提交答辩书。劳动争议仲裁委员会收到答辩书后，应当在五日内将答辩书副本送达申请人。被申请人未提交答辩书的，不影响仲裁程序的进行。"

（4）劳动争议仲裁开庭与裁决

《劳动争议调解仲裁法》第三十一条规定："劳动争议仲裁委员会裁决劳动争议案件实行仲裁庭制。仲裁庭由三名仲裁员组成，设首席仲裁员。简单劳动争议案件可以由一名仲裁员独任仲裁。"

《劳动争议调解仲裁法》第三十二条规定："劳动争议仲裁委员会应当在受理仲裁申请之日起五日内将仲裁庭的组成情况书面通知当事人。"

《劳动争议调解仲裁法》第三十五条规定："仲裁庭应当在开庭五日前，将开庭日期、地点书面通知双方当事人。当事人有正当理由的，可以在开庭三日前请求延期开庭。是否延期，由劳动争议仲裁委员会决定。"

《劳动争议调解仲裁法》第三十七条规定："仲裁庭对专门性问题认为需要鉴定的，可以交由当事人约定的鉴定机构鉴定；当事人没有约定或者无法达成约定的，由仲裁庭指定的鉴定机构鉴定。根据当事人的请求或者仲裁庭的要求，鉴定机构应当派鉴定人参加开庭。当事人经仲裁庭许可，可以向鉴定人提问。"

《劳动争议调解仲裁法》第三十八条规定："当事人在仲裁过程中有权进行质证和辩论。质证和辩论终结时，首席仲裁员或者独任仲裁员应当征询当事人的最后意见。"

《劳动争议调解仲裁法》第四十条规定："仲裁庭应当将开庭情况记入笔录。当事人和其他仲裁参加人认为对自己陈述的记录有遗漏或者差错的，有权申请补正。如果不予补正，应当记录该申请。笔录由仲裁员、记录人员、当事人和其他仲裁参加人签名或者盖章。"

《劳动争议调解仲裁法》第四十三条规定："仲裁庭裁决劳动争议案件，应当自劳动争议仲裁委员会受理仲裁申请之日起四十五日内结束。案情复杂需要延期的，经劳动争议仲裁委员会主任批准，可以延期并书面通知当事人，但是延长期限不得超过十五日。逾期未作出仲裁裁决的，当事人可以就该劳动争议事项向人民法院提起诉讼。"

（5）劳动仲裁的时效

劳动争议仲裁时效指是劳动争议权利人在法定期间内不行使权利的事实持续至法定期间届满，便丧失胜裁权的制度，即劳动争议权利人需在法定的期限内向劳动争议仲裁机构提出仲裁申请，以获得劳动争议仲裁机构对其合法权益的保护；当相关权利人超过法定期限提出仲裁申请，劳动争议仲裁机构对其合法权益不予保护。《劳动争议调解仲裁法》第二十七条指出："劳动争议申请仲裁的时效期间为一年"，即劳动争议当事人需在一年的这一法定时限内向劳动争议仲裁机构提出仲裁申请，否则，其胜裁权丧失。

用人单位采用仲裁手段维护合法权益及应对仲裁案件时，需注意劳动争议仲裁时效的限制，具体来说需明确以下内容。

① 仲裁时效期间起始时间确定。《劳动争议调解仲裁法》第二十七条规定："仲裁时效期间从当事人知道或者应当知道其权利被侵害之日起计算。"此条款即表明劳动争议仲裁时效期限的起始时间可概括为两类，即当事人知道其权利被侵害之日和当事人应当知道其权利被侵害之日，具体说明如图10-16所示。

但是需要指出的是，对于劳动关系存续期间因拖欠劳动报酬发生争议的，员工提出仲裁申请的不受《劳动争议调解仲裁法》第二十七条管理仲裁时效期间起始时间的限制，即此情形下的仲裁时效期间起始时间不以"当事人知道或者应当知道其权利被侵害之日"为

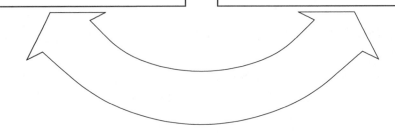

图 10-16　仲裁时效期间起始时间说明图

准，但是在劳动关系终止后，以劳动关系终止之日算起。

② 仲裁时效中断处理。仲裁时效中断是指在劳动争议仲裁时效进行过程中，因相关法定事由出现而使得已经履行的仲裁时效无效，而在时效中断事由消除后，重新计算仲裁时效的情形。对于仲裁时效中断事由的认定及仲裁时效中断后的处理，《劳动争议调解仲裁法》第二十七条做出以下规定，即"前款规定的仲裁时效，因当事人一方向对方当事人主张权利，或者向有关部门请求权利救济，或者对方当事人同意履行义务而中断。从中断时起，仲裁时效期间重新计算"。具体仲裁时效中断事由的说明如表10-15所示。

表 10-15　仲裁时效中断事由说明表

仲裁时效中断事由类别	事由说明	示例
当事人一方向对方当事人主张权利	当事人对对方当事人做出的相关处理有异议而明确要求对方履行相关义务以维护个人合法权益	员工对用人单位做出的罚款决定不认同，向用人单位提出申诉
当事人一方向有关部门请求权利救济	当事人就劳动争议向相关部门请求权利救济，以维护个人合法权益	员工就薪酬争议向用人单位所在区域的劳动保障部门反映情况，要求相关部门解决争议
对方当事人同意履行义务	对方当事人同意履行相关义务或同意提出的相关要求	用人单位向员工承诺在一个星期内补发所欠的加班工资

③ 仲裁时效中止处理。仲裁时效中止是在劳动争议仲裁时效进行过程中，因法定事由的出现而导致仲裁时效计算停止，并在时效中止事由消除后，继续计算仲裁时效的情形。对于仲裁时效中止法定事由的认定及仲裁时效中止后的相关处理，《劳动争议调解仲裁法》第二十七条进行了明确规定，即"因不可抗力或者有其他正当理由，当事人不能在本条第一款规定的仲裁时效期间申请仲裁的，仲裁时效中止。从中止时效的原因消除之日起，仲裁时效期间继续计算"。具体仲裁时效中止事由的说明如表10-16所示。

表 10-16　仲裁时效中止事由说明表

仲裁时效中断事由类别	事由说明
不可抗力	◎《中华人民共和国民法通则》第一百五十三条将不可抗力规定为"不能预见、不能避免并不能克服的客观情况"，如发生地震、洪水等
其他正当理由	◎无民事行为能力或者限制民事行为能力劳动者的法定代理人未确定，该事由依据《劳动人事争议仲裁办案规则》第十一条规定 ◎劳动争议当事人向企业劳动争议调解委员会提出调解申请，该事由依据《关于贯彻执行〈中华人民共和国劳动法〉若干问题的意见》第八十九条 ◎劳动争议仲裁委员会的办事机构对未予受理的仲裁申请逐件向仲裁委员会报告并说明情况，仲裁委员会受理审查期间，该事由依据《关于贯彻执行〈中华人民共和国劳动法〉若干问题的意见》第九十条 ◎法定代理人死亡、丧失代理权 ◎劳动争议当事人因患重大疾病而影响权利行使等

（6）劳动仲裁的注意事项

① 根据《劳动争议调解仲裁法》第十七条规定，劳动争议仲裁委员会按照统筹规划、合理布局和适应实际需要的原则设立。省、自治区人民政府可以决定在市、县设立；直辖市人民政府可以决定在区、县设立。直辖市、设区的市也可以设立1个或者若干个劳动争议仲裁委员会。劳动争议仲裁委员会不按行政区划层层设立。

② 根据《劳动争议调解仲裁法》第十八条规定，国务院劳动行政部门依照本法有关规定制订仲裁规则。省、自治区、直辖市人民政府劳动行政部门对本行政区域的劳动争议仲裁工作进行指导。

③ 根据《劳动争议调解仲裁法》第二十四条规定，当事人可以委托代理人参加仲裁活动。委托他人参加仲裁活动，应当向劳动争议仲裁委员会提交有委托人签名或者盖章的委托书，委托书应当载明委托事项和权限。

④ 根据《劳动争议调解仲裁法》第二十五条规定，丧失或者部分丧失民事行为能力的劳动者，由其法定代理人代为参加仲裁活动；无法定代理人的，由劳动争议仲裁委员会为其指定代理人。劳动者死亡的，由其近亲属或者代理人参加仲裁活动。

⑤ 根据《劳动争议调解仲裁法》第三十三条规定，仲裁员有下列情形之一，应当回避，当事人也有权以口头或者书面方式提出回避申请。其具体内容如图10-17所示。

① 是本案当事人或者当事人、代理人的近亲属的

② 与本案有利害关系的

③ 与本案当事人、代理人有其他关系，可能影响公正裁决的

④ 私自会见当事人、代理人，或者接受当事人、代理人的请客送礼的

图10-17　仲裁员回避的情形

10.5.4 劳动争议诉讼

（1）劳动争议诉讼的含义

劳动争议诉讼是劳动争议当事人对劳动争议裁决结果不满意，而在规定时间内向人民法院起诉的行为。

（2）劳动争议诉讼的适用情形

在我国现行的法律体系中，劳动争议实行先裁后审制度，即劳动争议仲裁是劳动争议诉讼的前置程序，对于未经过仲裁的劳动争议申诉案件，人民法院不予受理。

先裁后审主要包括两种情形，即确实经过仲裁前置程序的情形和视为经过仲裁前置程序的情形，具体说明如下。

① 确实经过仲裁前置程序的情形。确实经过仲裁前置程序的情形即劳动争议当事人向劳动争议仲裁委员会提出仲裁申请，而劳动争议仲裁委员会对劳动争议当事人申请的案件作出裁决。在此情形下，当劳动争议当事人对裁决结果不满意时，可向人民法院提出诉讼，具体说明如表10-17所示。

表10-17　劳动争议诉讼提起情形说明表

情形	情形说明	备注
劳动争议当事人对终局裁决结果不满意	◎劳动者对裁决结果不满意时，即可根据《劳动争议调解仲裁法》第四十八条的规定在收到仲裁裁决书后的一定时间内向人民法院提起诉讼 ◎用人单位有证据证明终局裁决结果存在下述问题时，可根据《劳动争议调解仲裁法》第四十九条的规定，在收到仲裁裁决书后的一定时间内向劳动争议仲裁委员会所在地的中级人民法院申请撤销裁决： （一）适用法律、法规确有错误的； （二）劳动争议仲裁委员会无管辖权的； （三）违反法定程序的； （四）裁决所根据的证据是伪造的； （五）对方当事人隐瞒了足以影响公正裁决的证据的； （六）仲裁员在仲裁该案时有索贿受贿、徇私舞弊、枉法裁决行为的。 仲裁裁决被人民法院裁定撤销的，当事人可以自收到裁定书之日起十五日内就该劳动争议事项向人民法院提起诉讼	终局裁决主要指《劳动争议调解仲裁法》第四十七条所规定的情形，即"下列劳动争议，除本法另有规定的外，仲裁裁决为终局裁决，裁决书自作出之日起发生法律效力： （一）追索劳动报酬、工伤医疗费、经济补偿或者赔偿金，不超过当地月最低工资标准十二个月金额的争议； （二）因执行国家的劳动标准在工作时间、休息休假、社会保险等方面发生的争议。"
劳动争议当事人对非终局裁决结果不满意	劳动争议当事人对于非终局裁决的劳动争议案件的仲裁裁决不服时，可在收到仲裁裁决书后的一定时间内向人民法院提出诉讼	根据《劳动争议调解仲裁法》第五十条

② 视为经过仲裁前置程序的情形。视为经过仲裁前置程序的情形是指劳动争议当事人向劳动争议仲裁机构提出仲裁申请，但劳动争议仲裁机构对相关案件不予受理或未在规

定时间内作出裁决的情形。在此情形下，劳动争议当事人可依《劳动争议调解仲裁法》第二十九条、第四十四条的相关规定向人民法院提出诉讼。

《劳动争议调解仲裁法》第二十九条规定："劳动争议仲裁委员会收到仲裁申请之日起五日内，认为符合受理条件的，应当受理，并通知申请人；认为不符合受理条件的，应当书面通知申请人不予受理，并说明理由。对劳动争议仲裁委员会不予受理或者逾期未作出决定的，申请人可以就该劳动争议事项向人民法院提起诉讼。"

《劳动争议调解仲裁法》第四十四条规定："仲裁庭裁决劳动争议案件，应当自劳动争议仲裁委员会受理仲裁申请之日起四十五日内结束。案情复杂需要延期的，经劳动争议仲裁委员会主任批准，可以延期并书面通知当事人，但是延长期限不得超过十五日。逾期未作出仲裁裁决的，当事人可以就该劳动争议事项向人民法院提起诉讼。仲裁庭裁决劳动争议案件时，其中一部分事实已经清楚，可以就该部分先行裁决。"

（3）劳动争议诉讼时效

劳动争议诉讼时效是指相关权利人在法定期间内不行使权利的事实至法定期间届满即丧失胜诉权的制度，即权利人未在法定时限内提前上诉的，法律对其合法权利不予保护。对于劳动争议诉讼时效，《劳动争议调解仲裁法》作出了明确的规定，具体说明如下所示。

《劳动争议调解仲裁法》第四十八条规定："劳动者对本法第四十七条规定的仲裁裁决不服的，可以自收到仲裁裁决书之日起十五日内向人民法院提起诉讼。"

《劳动争议调解仲裁法》第四十九条规定："用人单位有证据证明本法第四十七条规定的仲裁裁决有下列情形之一，可以自收到仲裁裁决书之日起三十日内向劳动争议仲裁委员会所在地的中级人民法院申请撤销裁决：

（一）适用法律、法规确有错误的；

（二）劳动争议仲裁委员会无管辖权的；

（三）违反法定程序的；

（四）裁决所根据的证据是伪造的；

（五）对方当事人隐瞒了足以影响公正裁决的证据的；

（六）仲裁员在仲裁该案时有索贿受贿、徇私舞弊、枉法裁决行为的。

人民法院经组成合议庭审查核实裁决有前款规定情形之一的，应当裁定撤销。

仲裁裁决被人民法院裁定撤销的，当事人可以自收到裁定书之日起十五日内就该劳动争议事项向人民法院提起诉讼。"

《劳动争议调解仲裁法》第五十条规定："当事人对本法第四十七条规定以外的其他劳动争议案件的仲裁裁决不服的，可以自收到仲裁裁决书之日起十五日内向人民法院提起诉讼；期满不起诉的，裁决书发生法律效力。"

第11章 人力资源服务

11.1 人才招聘服务

11.1.1 招聘服务的含义及作用

人才招聘服务是指人力资源服务机构根据用人单位的人才需求,通过自己的独特渠道和选拔操作,为用人单位提供符合其需要的专门人才的服务形式。

相对于企事业单位内部的招聘而言,人才招聘服务具有以下几个重要的作用。

① 满足用人单位特别的人力资源配置需求,提升人力资源工作效能。随着社会经济的发展和产业结构的调整,用人单位对人才的需求逐渐多样化,而且有时候还面临批量招聘的压力,通过人才招聘服务,用人单位可以快速满足自己的用人多样化需求,提升人力资源管理效能。

② 增加用人单位的招聘渠道。与内部招聘相比,人力资源服务机构的招聘服务属于外部招聘,而且其效率、专业性和渠道的广阔性往往不是一般的用人单位所能比拟的。

③ 提升用人单位的品牌价值。通过招聘服务,企业的品牌形象将会在受众群体当中广泛传播,这将大大提升企业的品牌价值,增加企业在市场上的影响力。

11.1.2 招聘服务业务类型

(1)网络招聘

网络招聘又称在线招聘,是指通过运用互联网技术向公众发布招聘信息,帮助用人单位完成招聘的过程。

人力资源服务公司可以运用网络招聘操作方式便捷、信息量大、招聘效率高、成本较低、不受地点和时间的限制等优势为个人及用人单位提供招聘服务。这一方式不仅可以为个人提供网上求职、简历中心、求职指导等个性化服务,还可以为用人单位"量体裁衣",提供以网络招聘为核心的人才解决方案。

(2)现场招聘会

现场招聘会是指在约定的时间和场地,组织用人单位和求职者进行洽谈、双向选择的人力资源交流活动。现场招聘会分为不定期招聘会和定期招聘会两种。

人力资源服务公司通过举办招聘交流会,使得用人单位和求职者之间可以面对面地进行交谈,节省了用人单位和求职者的时间。

大部分招聘会具有特定的主题,比如"应届毕业生专场""研究生学历人才专场"或"IT类人才专场"等,通过这种毕业时间、学历层次、知识结构等的区分,企业可以很方便地选择适合的专场设置招聘摊位进行招聘。

（3）代理招聘

代理招聘是第三方服务机构为企业提供整体招聘解决方案，快捷高效地为企业招募到所需要的人才。此项服务可满足企业需要在短时间内批量招聘具备相似技能的候选人的需求。

代理招聘这一方式主要通过强大的网络及报纸资源平台，在规定的时间内为企业提供高质量的简历供应，以帮助企业解决招聘人手短缺等问题。

（4）校园招聘

校园招聘是指由招聘代理单位的招聘人员到学校直接招募企业所需人员的招聘形式。其主要具有招聘时间集中、招聘范围大、候选人专业多样化的特点。由于招聘对象基本是应届毕业生，相对于社会上有经验的求职者，他们一般具有可塑性较强、学习能力强、专业知识丰富等优势，但应届毕业生在工作经验、职业定位、职业规划等方面具有不同程度的不足，因此通过校园招聘可以招聘一些专业技术人才及储备人才。

11.1.3 招聘服务商业模式创新

（1）招聘服务+共享经济

共享经济，一般是指以获得一定报酬为主要目的，基于陌生人且存在物品使用权暂时转移的一种新的经济模式。其本质是整合线下的闲散物品、劳动力、教育医疗资源。

针对招聘服务而言，即在一个共享的平台上，运用技术手段解决问题，利用AI人工智能技术做好信息的机器筛选和匹配，之后再由HR资深人士对机器优选的结果进一步优化，增加简历评语和推荐等信息。通过此种方式可以提升为企业招聘的效率。

此种方式实质是通过利用共享HR的方式调动社会闲置智力资源，来解决招聘求职双方痛点，是共享服务在招聘领域的完美应用。

（2）招聘服务+直播平台

直播平台是近年来兴起的利用互联网的优势进行交流的一种新型的社交媒体。

网络直播吸取和延续了互联网的优势，利用视讯方式进行网上现场直播，可以将产品展示、对话访谈、在线培训等内容现场发布到互联网上，利用互联网的直观快速、表现形式好、内容丰富、交互性强、地域不受限制、受众可划分等特点，加强活动现场的推广效果。现场直播完成后，还可以随时为读者继续提供重播、点播，有效延长了直播的时间和空间，发挥直播内容的最大价值。

这一方式也以其广泛的受众而受到人力资源服务业的青睐，利用这一方式发布招聘信息，可以通过短视频、讲解等详细介绍公司概况及招聘职位的信息，有助于求职者对公司及招聘职位有更清楚的了解，是目前较为盛行的招聘方式。

11.2 高级人才寻访服务

11.2.1 高级人才寻访服务的含义及发展

高级人才寻访，俗称猎头，英文是Executive Search，是指为客户提供咨询、搜寻、甄选、评估、推荐并协助录用高级人才的系列服务活动，是人力资源服务市场对高端人才进行市场化配置的重要业态。

高级人才寻访服务始于20世纪20年代的美国，经过近百年的发展，现在全球70%的高级人才通过高级人才寻访服务实现职业转换。高级人才寻访服务公司以成熟的人才渠道、专业化的运营流程，承担了企业招募"将才"中最困难的环节，已成为发达国家不可缺少的专业服务机构。我国高级人才寻访服务是在20世纪90年代伴随外资企业的进入而开始发展的。随着市场经济的发展，高级人才寻访服务机构迅速增长，队伍日益扩大。

11.2.2 高级人才寻访服务业务类型

（1）预付费模式

预付费模式是指在项目开始的前、中、后期分别收取1/3的费用。这一方法通常在独家委托时用到，一般在寻访人才级别较高、候选人库中名额较少、雇主公司希望低调进行招聘时采用。采用预付费模式的猎头一般为行业中行业声誉高及综合能力极强的顾问，他们一般具有极强的专业性，在与候选人的沟通过程中，会让候选人感觉到非常的舒适，有利于提高雇主在行业中的口碑。同时，这一模式也保证了寻访公司的收入，他们对候选人的评估会更加地公正和客观，力求推荐最符合雇主要求的候选人。

（2）按结果付费模式

按结果付费模式是指在项目成功完成后收取费用。目前大多数猎头公司均采用这一模式。如果招聘方对所招聘人员没有特殊要求或希望了解更多的候选人时，一般采用这一模式。

大多数情况下，招聘方会同时委托多家猎头公司进行招聘，最后对搜索到最合适候选人的公司进行付费。由于这一方式中，如果招聘不成功或战略调整取消职位，招聘方可以不用付费，有利于节约招聘方的成本。因此，这也是在无特殊要求的情况下，雇主较常采用的方式。

11.2.3 高级人才寻访服务商业模式创新

（1）高级人才服务+技术工具

随着互联网技术的迅猛发展，网络猎头横空出世。网络猎头指的是利用网络技术开辟"平台+工具+顾问"的服务模式，让用人企业与高级人才直接"面对面"的服务模式，是一种传播速度更快、佣金更低、周期更短、推荐更精准的新型招聘方式。

近年来，随着人工智能技术的飞速发展，一大批在线招聘创新企业随之诞生，网络招聘工具也有了新的发展，包括垂直类招聘、移动社交招聘、大数据招聘、机器智能招聘等招聘模式，有助于提升高级人才寻访的效率。

（2）高级人才服务+APP

APP是指可以在移动设备上使用，满足人们咨询、购物、社交、娱乐、搜索等需求的第三方应用程序。

随着移动互联网时代的到来，移动互联网应用获得了迅猛的发展，也催生了大量的猎头寻访APP，对猎头企业进行高级人才寻访提供了很大的便利。

11.3 人才测评服务

11.3.1 人才测评服务的含义及应用

人才测评服务，是指人力资源服务机构通过一系列科学的手段和方法，对人的基本素质及绩效进行测量和评定的活动，并将其应用在组织发展与人才管理等领域。

人才测评服务应用广泛，可以用于国家公务员录用，党政领导干部选拔、考核及评价，企事业单位人员招聘、培训、晋升、提拔、考核，毕业生就业指导，在职人员工作调动、职位变换、择业，以及企业领导班子经营业绩的评价、绩效考核等。我国人才测评服务近年来呈现出稳步发展的态势。统计显示，2017年各类人力资源服务机构共提供测评服务2 841.8万人次，比2016年增长11.8%。

11.3.2 人才测评服务的业务类型

（1）性格测评

性格测评主要用于了解个体对现实的态度和相应的行为方式中的比较稳定的、具有核心意义的个性心理特征。

招聘工作中会看重职位匹配度这一指标，而这一指标又可细分为如下两个方面的内容：一是知识、能力、技能与岗位要求的匹配度；二是性格、兴趣与岗位的匹配度。

通过性格测试，有助于提升招聘工作的有效性。下面提供了一些用于个体性格测试的工具。

① MBTI性格测试。MBTI性格测试是一种职业人格评估工具，用以衡量和描述人们在获取信息、作出决策、对待生活等方面的心理活动规律和性格类型。

MBTI将性格细分为4个维度，每个维度上包含相互对立的2种偏好，分别是：外向（E）和内向（I）、感觉（S）和直觉（N）、思考（T）和情感（F）、判断（J）和知觉（P）。

4个维度，两两组合，共有16种类型。4个维度在每个人身上会有不同的比重。4个维度上特定偏好的组合就构成一种特定的性格，譬如ISTJ代表"内向—感觉—思考—判断"型性格。

② DISC性格测试工具。DISC性格测验由24组描述个性特质的形容词构成，每组包含4个形容词，这些形容词是根据支配性（D）、影响性（I）、服从性（C）、稳定性（S）和4个测量维度以及一些干扰维度来选择的，要求被试测人员从中选择一个最适合自己和最不适合自己的形容词。由此，根据被测评者各量表的得分分析被测评者的人格特征。

③ 卡特尔16种性格因素测评量表（16PF）。卡特尔16种性格因素测评量表是通过让被测人员回答一系列问题，测算出16种因素的特征，根据这些特征测量人的人格特征和职业倾向。

根据测评者16个因素的结果，分析测评者在性格内外特性、心理健康状态、学习与适应新环境的成长能力、专业有成就的性格因素、创造能力的性格因素5个方面的表现。

④ DPA动态性格管理系统。DPA动态性格管理系统能够让人们更好地认识和了解自己，可以帮助企业降低员工流失率，是应用最广泛的测评工具之一。

DPA系统分为三大模块：DPA-WORKS工作动力系统，DPA-FAMILY家庭幸福系统和DPA-PERSON个人发展系统。

其中，DPA-PERSON个人发展系统，包含FunderStar创业者特质与行业分析、ManagerStar经理人测评模块、GraduateStar大学生职业能力系统、StudentStar学生状态测评系统、SchoolStar高中生专业选择系统五大模块。

（2）行为反应测评

行为反应是指人们在考虑问题和解决问题时表现出的不同的行为特点。比如：有的人处世稳健、有的人办事果断；有的人细致、有的人豪爽等，这些都属于行为风格。行为反应测评可以为企业招聘、选拔和评价人才提供科学依据。

可用于测试个体的行为反应的测评工具有如DSIC个性测验、PDP行为风格测试、基本人际关系行为倾向测试。这类测评工具与性格类测试工具在功能上有一定相似性，但又不尽然相同。它们主要是关注人的行为模式，通过对被测评人员面对事情的沟通态度、反应模式、强弱决心等方面的观察，以此做出评估。

（3）职业兴趣测评

职业兴趣是人们对某种工作或职业的积极态度，不同的人对同一职业可能会有积极的态度，可能会有消极的态度，也可能会有无所谓的态度。对于个人来讲，在择业时如果选择与兴趣相符的职业，可以充分地调动自己的潜能，有利于提高工作主动性。

职业兴趣测试（Vocational Interest Tests）是对个人最感兴趣的、从中得到成就感和满足感的工作进行的测试，它是用于了解个人兴趣方向和兴趣序列的一项心理测试方法。

用于职业兴趣测评的方法有很多，总体说来主要有以下4种。

① 兴趣表达法。兴趣表达法直接要求被试者回答自己的职业兴趣是什么，但由于有些人的自我认知不清晰，有些人根本不清楚自己的兴趣是什么，所以这种直接表达兴趣的方法有时不是很准确。

② 行为观察法。行为观察法是通过观察被试者参与活动的种类、数量、倾向和在各种情境中的行为来了解其职业兴趣。这种方法与事实记录法类似，一般情况下这种方法费时较长，不适宜用于大规模的人才测评。

③ 能力测验。能力测验是通过测试被试者掌握某种职业的词汇及相关知识的多少来推断其对某职业的兴趣高低，这种方法对于职业词汇及相关知识的设计要求较高，从而可以有效地测试被试者的兴趣倾向，此方法比较适用于选拔性测评。

④ 兴趣问卷。兴趣问卷是通过纸笔测验的形式来测量被试者的职业兴趣倾向，这种方法节约成本和时间，适用于对群体施测，且其信度和效度比较容易保证，在选拔性测评和配置性测评中的运用广泛。其中比较著名的兴趣问卷有霍兰德职业兴趣测验量表，斯特朗—肯贝尔兴趣问卷等。

（4）智商测评

智商，即智力商数，是衡量个人智力高低的标准。

下面介绍了两种智力测验量表。

① 比奈—西蒙量表。比奈—西蒙以测验年龄差异和一般心理能力为基础制订了比奈—西蒙量表。1905年的比奈—西蒙量表有30个由易到难排列的项目，其中既有对较低级的感知觉方面的测量，也有对较高级的判断、推理、理解等方面的测量。

1908年，比奈发表修订后的比奈—西蒙量表，使总数达到59个，并把测验题目按年龄分组，从3岁到15岁，每个年龄的儿童中有一半能通过的题目即属于这个年龄组的题目。1911年发布了修订版的量表。这次修订没有重大变化，只是改变了几种年龄水平分组，并扩展到成人组。

② 韦克斯勒—贝勒维智力量表。到20世纪30年代晚期，心理测验中没有完善的标准化成人智力测验。直到1939年心理学家D. 韦克斯勒编制了韦克斯勒—贝勒维智力量表（W—B）以后，这种情况才有所改观。W—B智力量表是由10个分测验组成，其中言语量表包括常识、理解、背数、算术、类同5个分测验；操作量表包括图片排列、图画、积木图

案、物体拼配和数字符号5个分测验。另外，它还有一个词汇分测验来作为其他分测验的备用测验。

（5）情商测评

情商又称情绪智力，是相对智商而言的心理学概念。情商测评是指对人的情绪智力进行检测。下面提供了3套情商测评工具。

① 情绪智力测试EQT。

a. 情绪智力测试EQT（Emotion Quotient Test）是测情绪智力方面的量表。

b. 本量表的理论基础是美国心理学博士丹尼·戈尔曼提出的情绪智力理论。

c. 本量表共分五大部分：情绪自我觉察能力、情绪自我控制能力、情绪自我激励能力、识别他人情绪能力、人际关系处理能力。

② EQ-I 2.0。EQ-I是第一个基于20年以上的研究，最具科学有效性且在全世界各地广泛应用的情绪智力测评工具。EQ-I2.0是EQ-I的升级修订版，是最全面的自评性情绪智力测评工具。

③ EQ 360 2.0。EQ 360 2.0是多个评价人参与的EQ-I 2.0，是从观察者的角度评估被评价人的情绪智力和社会能力。被评价者指定评价人完成评估，且自己完成自评。评价人和被评价人都完成评估后，被评价人将会得到一份详尽的评估报告。EQ 360 2.0 有助于被评价人从他人的角度了解自己的表现。

（6）能力测评

能力是一种个性心理特征，是顺利完成某项活动所必需的主观条件，能力的高低会影响一个人的学习效率和工作效率。

能力测验，又称认知测验，是指对个人或团体某种能力做出的评价或预测。其中涉及的能力可以是现有的实际能力或将来的潜在能力，可以是一般能力，如观察力、学习力、记忆力等，也可以是某种特殊的能力，如体育、音乐、绘画等方面的特殊能力。常见的能力测验有能力倾向测验、创造力测验等。

① 能力倾向测验。能力倾向是个体在不同能力因素上潜在的优势或劣势倾向，能力倾向测验是用于测量从事某项活动或某种职业的潜在能力的一种素质测评方法。它主要用于预测，它的测量结果是一组不同能力倾向的分数而不是总的IQ。

能力倾向测验按照内容可以分为一般能力倾向测验、特殊职业能力测验、创造力测验和心理运动机能测验等。

a. 一般能力倾向测验主要是测量个体的思维能力、想象能力、记忆能力、推理能力、分析能力、空间关系力和语言能力等，如普通能力倾向成套测验（GATB）、区分性能力倾向测验（DAT）。

b. 特殊职业能力测验主要是对除一般智力测验外的较为特殊和专门的能力进行测验，如对音乐能力、艺术能力、绘画能力等的测验，如明尼苏达办事员能力测验、飞行能力测验。

c. 创造力测验主要测量个体的各种创新思维能力，如南加利福尼亚大学测验。

d. 心理运动能力测验主要测量个体支配心理运动的能力和身体运动的能力。它是专门测量速度、协调性和运动反应等特性，如明尼苏达空间关系测验、明尼苏达秘书测验、奥卡挪手指灵活性测验等。

② 创造力测验。创造力测验主要测量个体的各种创新思维能力，创造力测验着重于对

未知的、新颖独特的答案或解决问题的方式进行测量。下面列举了3种测验个体创造力的方法。

　　a. 情境测验法。情境测验法是给被试者设置特定的情境，并控制或改变一些条件，然后要求被试者根据情境做出反应，最后依据被试者的反应结果来测量其创造力的一种测评方法。

　　b. 评定法。评定法就是由测评人员按照一定的标准对被试者的创造力作出评价的一种方法。根据评价的结果，来测量被试者的创造能力。

　　c. 量表测验法。量表测验法就是通过纸笔测验的形式对被试者的创造力进行测量的一种方法。这种方法一般会是采用标准化的题目，按照规定的程序对被试者进行测量，然后将测量结果与建立的常模进行比较，最后根据比较结果对被试者的创造力水平做出评价。

（7）知识测评

知识测评是采用合适的测评方法如笔试等，对被测评者的知识广度、知识深度、知识结构进行了解的一种方式。

知识测评的内容又可以细分为如表11-1所示的3个部分。

表11-1　知识测评的内容

内容	内容说明
基础知识测评	测评内容广泛，可以包括天文地理、文学艺术、数理化等方面，主要了解被测评者对基本知识的了解程度以及掌握的水平
专业知识测评	主要测评与应聘岗位有直接关系的专业知识
相关知识测评	主要测评应聘者对应聘岗位有关知识的了解程度

对个体进行知识测评，其测评方式有很多，如笔试、面试等。表11-2是一套用于测试招聘专员专业知识的笔试题，仅供参考。

表11-2　笔试题

---

1. 选择题（其中1～8题为单选题，9、10题为多选题）

（1）下面的（　　）不属于内部招聘的方法。

A. 员工推荐　　　B. 人才招聘会　　　C. 发布职位公告　　　D. 人力资源技能清单

（2）招聘的基本程序是（　　）。

① 招聘准备　② 招聘评估　③ 招聘信息的发布　④ 人员选拔　⑤ 录用决策

A. ①②③④⑤　　B. ③①④⑤②　　C. ①③④⑤②　　D. ③①⑤④②

（3）人员招聘的直接目的是（　　）。

A. 为企业做宣传　　　　　　　　　　B. 招聘最优秀的人才

C. 为企业做人才储备　　　　　　　　D. 招聘企业所需要的人才

（4）工作分析法不包括下面哪一种？（　　）

A. 工作日志法　　B. 问卷调查法　　C. 观察法　　D. 职业倾向法

（5）人才招聘会较适合于招聘（　　）类型的人才。

A. 高层管理者　　B. 专业人才　　C. 热门人才　　D. 无工作经验

(6) 在应聘人数众多时,为达到筛选人员的目的,一般采用(　　)方法。
A. 笔试　　B. 面试　　C. 评价中心　　D. 心理测验
(7) 影响招聘效果的外部原因之一是(　　)。
A. 企业的知名度　　　　　　　　B. 企业文化
C. 外部劳动力市场供求状况　　　D. 企业的发展阶段
(8) 《劳动合同法》规定:劳动合同期限一年以上不满三年,试用期不得超过(　　)。
A. 1 个月　　B. 2 个月　　C. 6 个月
(9) 根据人员来源渠道不同,招聘分为(　　)。
A. 内部招聘　　B. 员工推荐　　C. 外部招聘　　D. 猎头公司
(10) 招聘的基本原则有(　　)。
A. 能级对应　　B. 因岗择人　　C. 公平公正　　D. 协调互补
2. 名词解释
(1) 结构化面试;(2) 人力资源成本;(3) 工作分析;(4) 招聘的信度和效度;(5) 评价中心。
3. 简答题
(1) 简述招聘的主要渠道及各自的优缺点。
(2) 请列举招聘中常见的几种误区以及如何规避。
(3) 简述人才测评在人力资源中的应用。

11.3.3 人才测评服务商业模式创新

(1) 测评+招聘

人才测评就是企业通过科学合理的方法和标准,对员工的整体职业素养和工作绩效进行测量评定的过程。

人才测评被应用于企业管理的诸多领域,如人才招聘。人才测评在人员招聘过程中有非常重要的作用,通过人才测评,可以深入了解应聘者的基本能力素质、行为风格、兴趣偏好、稳定性等特点,考察应聘者的发展潜力、工作风格,工作内容、环境偏好、工作积极性等因素。因此,人才测评的实施可以有助于提高企业在人才招聘过程中甄选的效度和准确度,降低错误录用的风险与成本。

(2) 测评+培训

企业在培训管理工作中往往会遇到这样的情况:投入了不菲的培训成本,可员工对培训的评价却很低,且培训后也没有取得预期的效果。

通过实施人才测评,根据测评的结果来制订并开展培训计划,最后呈现的结果就会与上述的情形大不一样了。

人才测评可以对员工进行诊断,据此制订出有针对性的培训项目,并作为评估培训效果的工具。此外,人才测评系统还可以帮助员工分析自己的能力、动力、个性等方面的特性,进而协助员工解决职业定位发展等问题,帮助其更科学地进行职业生涯规划。

(3) 测评+人才盘点

人才测评是进行人才盘点工作前的重要一环。人才测评选用科学的方法,对员工的能力、职业兴趣、人格特质等要素进行具体量化,使其能更加清晰地认识自己,也助于企业更加了解员工的能力水平,进而构建起内部的人才梯队。

（4）测评+大数据

大数据技术被应用在人才测评工作中，可以有助于员工查找自身的不足，进行能力提升，从而更快地达到预设的职业目标。与此同时，企业也可以对员工的工作业绩作出预测，同时也为员工的进一步甄选提供有力参考。

此外，大数据技术通过结构化和非结构化的数据处理，还可以提高分析结果的客观性，有利于为企业管理者提供相对准确的测评结果，同时也提高了他们决策的科学性。这就避免了目前采用的测评方法易受到主观因素的影响而降低测评结果的信度这一问题。

（5）测评+VR

VR技术的发展会促使人才测评从选择何种经典测验走向更关注评估内容及后续发展的阶段。测评结果也将以更生动活泼的企业化的语言来展现，而不是某些晦涩的语言。

目前，一些公司推出了VR评估产品，用来评估被测试者某方面或多个方面的潜质。在测评过程中，人才测评服务方会采用虚拟情景构建虚拟的仿真情景，情景中预设考察点，测评方从中收集反馈信息并据此得出测评结果。

11.4　培训服务

11.4.1　人力资源培训服务的含义及发展

人力资源培训服务是指企业为开发员工潜能、提升工作绩效而为员工提供的培训。

近年来，我国人力资源培训服务业稳健发展。据统计，2017年全国各类人力资源培训机构举办培训班31.9万次，参加培训人数达1 362.4万人。

11.4.2　人力资源培训服务的业务类型

（1）公开课

公开课是部分人力资源服务公司面向某类人群推出的正式的、公开的课程讲授形式活动。企业可根据需求选择所需参加的课程项目，以便提高参训者的业务能力。

（2）企业内训

为了企业发展的需要，公司有时会从人力资源服务公司聘请经验丰富的培训讲师为企业做内训，以解决企业面临的问题。

（3）咨询式培训

咨询式培训，又称顾问式培训，是指培训公司作为外部顾问介入企业内部，首先要与企业商讨他们存在的问题及原因，进行培训需求和企业运营情况的调研，对企业的现状有了较为全面的了解。然后确定培训内容，而且完全按照该企业的个性问题设计培训方案并予以实施。

（4）在线培训

在线培训是将网络技术应用于人力资源开发领域而创造出来的一种培训方法和形式，主要包括两种方式。

① 同步培训：教师和学员同时上网，教师在网上指导学员学习。

② 非同步培训：教师把学习内容上传到网上，学员根据自己的时间安排学习。

11.4.3 人力资源培训服务商业模式创新

（1）培训+移动互联网技术

如今，移动互联网成为互联网的新贵，培训机构要在这种新趋势下把握机会，进而获得快速的发展。

在过去的时间里，培训机构要求培训讲师至少具备讲课的能力、开发课程的能力和培训运营的管理能力三种技能，在如今的移动互联网大行其道的时代，移动互联网技术为培训业务带来一些新的工具和方法，也对培训人员提出了更高的要求。下文列举了部分培训人员须具备的技能予以简要说明。

① 社群运营能力。随着互联网技术的兴起，新的传播社群也日新月异，例如微信社群、微博社群、QQ社群给人们生活带来便利的同时，也给企业的营销和推广提供了渠道，培训机构可以充分运用社群的力量来宣传公司的产品，推广自己的课程，扩展客户渠道等。

② "爆款"打造。爆款是指在商品销售中供不应求、销售量很高的商品。通常所说的卖得很多、人气很高的商品。培训机构的培训课程或培训方式也可以形成"爆款"，爆点营销，即打造一个或者多个爆款，吸引客户的注意力，让客流量持续增加，从而带来不知觉的口碑营销。

（2）培训+直播

培训对于企业来说是必不可少的，但是进行线下培训对时间和金钱都是一笔不小的开支。直播培训，突破了时空的限制，并且可以大大降低培训的支出，企业越来越倾向于选择这种成本低廉、部署便捷、稳定可靠的培训新形式。此外，这种方式还具有如下3个特点。

① 一键分享，培训覆盖面更广。直播培训可以一键分享到微博、微信、朋友圈等，让有需求的观众随时随地都可以学习。

② 培训还可设置参与权限。比如公司的关于高层战略管理的培训，有必要设置参与人员的权限，可以在直播间设置密码，只有有密码的高管才能进入直播间参加培训；另外还有学员分组、付费观看等功能，培训更加自主灵活。

③ 强效的互动机制。直播培训具备评论、红包、问卷、弹幕等多种互动功能，让授课充满乐趣，与时俱进的课程模式让学员爱上听课，即使错过了一场直播也不用担心，直播后的课程随时可以回看。

（3）培训+细分化

随着培训市场的日趋激烈，培训机构的生存压力逐渐增大，在这种情况下，谁能独树一帜，势必能够占领先机。因此差异化的竞争态势已经开始形成，培训细分化成为趋势。

越来越多的迹象表明，培训细分化成为趋势。而这一要求的实现需要培训机构运用多种手段来达成，如通过细分的课程设置，打破培训机构之间的同质化竞争格局。通过对课程内容、培训方式、培训人员的细分，逐步实现培训行业的细分化，进而提升培训质量和专业度。

11.5 咨询服务

11.5.1 人力资源咨询服务的含义及发展

人力资源咨询服务,是指围绕企业人力资源管理和操作过程提供的咨询服务,主要包括人力资源法律咨询服务和人力资源管理咨询服务。近年来,我国人力资源管理咨询服务稳健发展。据统计,2017年全国各类人力资源服务机构共为258万家单位提供了管理咨询服务,比2016年增长12.8%。

11.5.2 人力资源咨询服务的业务类型

(1) 人力资源法律咨询服务

企业在用人过程中一旦产生劳动纠纷,极有可能会给企业带来直接的损失和各种负面的影响。为了规避这一风险,企业除了需规范内部的用工管理外,还需知晓各种人事法规及如何规避用工风险。

一些人力资源服务机构推出的人力资源法律咨询服务,针对企业人力资源管理的法律问题,比如用工风险管控、劳动关系管理、内控制度搭建等,提供了解决之道,有助于企业做到对人力资源管理风险的预测与预防。

(2) 人力资源管理咨询服务

人力资源管理咨询服务即根据客户要求,依据其发展目标,进行内部、外部环境调研和分析,为其制订人力资源管理解决方案的过程。

结合企业在人力资源管理工作中出现的问题,人力资源管理咨询服务的业务包括但不限于如下7个方面。

① 人力资源战略。
② 工作分析。
③ 培训体系设计与开发。
④ 绩效考核体系设计。
⑤ 薪酬体系设计。
⑥ 人才测评。
⑦ 职业生涯规划。

11.5.3 人力资源咨询服务商业模式创新

(1) 人力资源管理咨询+信息化

互联网的发展及各行各业信息化水平的变化导致来自市场和客户需求的改变是人力资源管理咨询服务进行商业模式创新的驱动本质。市场经济下,绝大多数公司的存在价值就是为了有效地满足客户需求,管理咨询公司存在的价值就是为了满足客户解决经营管理的问题需求。根据市场情况,结合自身咨询服务经营范围,对于自身商业模式进行创新,引入信息化因素,乃至以信息化引导人力资源管理咨询服务的开展,已经成为众多人力资源咨询公司目前发展的重点工作内容。

(2) 人力资源咨询服务+互联网平台

互联网的发展由最初的社交工具,发展为交易平台,继而互联网作为云网端、大数据、云计算等基础设施，打破传统世界信息与数据在时间、地域、空间上的传播局限，实现了信息与数据的透明化，使得人类可以对互联网产生的大数据进行有效的整合利用。这一次次突破性的发展，对于各行业各企业来说危机与机遇并存。在进行人力资源咨询服务过程中合理运用互联网，调整经营过程中的关键资源及关键流程，不论是利用大数据强大的数据抓取及分析能力，还是运用互联网高效率的信息传播渠道都是能让咨询业务展现出新的生机的不错方式。

（3）人力资源咨询＋软件＋外部服务整合

人力资源管理咨询的最终目的是使企业的人力资源管理能够充分地配合企业的发展战略。如何解决企业发展中存在的人力资源管理相关问题，除了专业知识及经验支持，量体裁衣制订切合实际的方案帮助实施外，也可考虑根据企业目前状态进行人力资源管理信息化体系搭建工作，及提供专业的企业人力资源管理专业软件的开发和设计。如在有需要的情况下，可针对性地对企业的各项业务辅助进行评估，提供人力资源业务外包服务。

11.6 劳务派遣服务

11.6.1 劳务派遣服务的含义及内容

劳务派遣服务，一般也被称为人才派遣或租赁，在德国、日本的劳动法学界一般称为劳动派遣。通常是指劳动力派遣机构与派遣劳工签订派遣契约，在得到派遣劳工同意后，使其在被派遣企业指挥监督下提供劳动。

劳动派遣服务是一种针对企业需求灵活用工的人力资源配置方式，这种用工方式的特别之处在于雇用与使用的分离，其劳动过程由企业管理，员工的工资福利、社会保险费等待遇由企业提供给派遣单位，再由派遣单位支付给被派遣人员，并为其代办社会保险关系、管理人事档案关系等事务。

人才派遣的服务内容主要包括用退工申报、各类社会保险和公积金申报与缴纳、工资发放、人事档案传递和信息管理、各类人事相关证明出具等服务。截至2017年底，全国各类人力资源服务机构共为28.3万家用人单位提供了劳务派遣服务，同比增长0.7%；派遣人员893万人，同比增长2.0%；登记要求派遣人员565万人，同比增长2.4%。

2014年3月1日实施的《劳务派遣暂行规定》，要求用工单位使用的被派遣劳动者数量不得超过其用工总量的10%，并设置了两年过渡期，自2016年3月1日起，派遣劳动者数量超过用工总量的10%即为违法。

11.6.2 劳务派遣服务的业务类型

（1）完全派遣

完全派遣即由派遣公司负责整套员工派遣管理服务工作，包括人才招募、选拔、培训、绩效评价、报酬和福利、安全和健康等。

在完全派遣的模式下，企业只需将用人的条件向派遣公司提出来即可，具体的招聘、管理和培训工作将由派遣公司负责完成，而劳务派遣公司利用自己在劳动力市场中积累的资源，以及人力资源专业化管理的优势，使用工单位从烦琐的人事工作中解脱出来，在降低用工单位管理成本的同时，使用工单位专注于核心业务，提高用工单位的效率。因此，完全派遣的需求也越来越大。

① 完全派遣的积极意义。完全派遣中派遣公司承担一条龙服务，包括人力资源招聘、选拔、培训、绩效考核等，可保证派遣人员的质量，避免了人员素质参差不齐，方便用工单位和派遣公司的管理。

② 完全派遣服务的风险。

a. 完全派遣中派遣公司管理服务的工作量大，自然要面临和承担更多的风险，如法律风险、管理风险、财务风险、经营风险等。

b. 完全派遣中派遣公司要承担的成本较高，面临着收益风险。

（2）转移派遣

转移派遣即由用工单位自行招聘、选拔、培训应聘人员，再由劳务派遣公司与应聘员工签订劳动合同，并由劳务派遣公司负责这些员工的报酬、福利、绩效评估、处理劳动纠纷等事务。

① 转移派遣的适用情况。当用工单位面临兼并或重组产生大量人员岗位变动、调动的情况时，可以通过转移派遣将这些员工的劳动关系转移给劳务派遣公司，由劳务派遣公司与这些员工签订劳动合同，用工单位再返雇这些人员作为劳务工使用，以此帮助用工单位更加方便灵活地进行员工岗位调整和调动。

② 转移派遣的积极意义。

a. 转移派遣减轻了劳务派遣公司的工作量，派遣公司只需对派遣人员的劳动关系进行管理，免去了前期的招聘、面试、培训等流程。

b. 转移派遣降低了劳务派遣公司招聘、培训的费用和时间成本，派遣人员全部来自用工单位，派遣公司不需要发布招聘广告，也不需要进行员工培训。

c. 转移派遣可以消除劳务派遣公司派遣人员的录用风险，避免了来自用工单位招聘需求的压力，解决了人员的到岗率、及时率等一系列问题。

③ 转移派遣服务的风险。用工单位使用转移派遣的目的如果只是为了大量裁员以此降低用工成本和风险，就会导致劳务派遣公司在协议中承担各种不规范操作导致的风险，企业随意裁员退员，还存在大量纠纷的可能。

（3）短期派遣

短期派遣是指劳务派遣公司为用工单位临时需要一名或数名员工而提供的一种派遣服务，是人力资源外包服务的一种形式，这些派遣员工与劳务派遣公司签订劳动合同。

① 短期派遣的适用情况。一般来讲，短期派遣的形式主要有如下两种，具体内容如图11-1所示。

对于一些企业来讲，一年当中某些时段对人才的需求高于平时，例如业务部门因公司

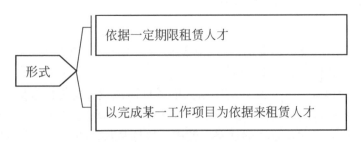

图11-1　短期派遣的形式

扩大宣传，需要适时补充人员来满足业务需求，此时，采取短期人才派遣的方式便可为企业在人力资源上省去一些成本。

此外，短期派遣员工可以取代那些因病假、事假、产假、休假等诸多原因而不能正常上岗的长期员工。

② 短期派遣的积极意义。

a. 相比传统单一的雇佣方式，短期派遣要更加方便灵活，因而成为不少用工单位弥补间接性人员短缺的最佳方式，劳务派遣公司提供短期派遣服务可以获得较大的收益。

b. 短期派遣为劳务派遣公司安置其他用工单位退回的派遣员工，提供了一条良好的解决途径。

c. 短期派遣一定程度上分散了劳务派遣公司安置其他用工单位退回的派遣员工所带来的风险。

③ 短期派遣服务的风险。

a. 短期派遣服务虽然对用工单位、提供派遣的劳务派遣公司、派遣员工本身来说都有一定的好处，但同时也存在很大的风险。

b. 用工单位退回的派遣员工安置，尤其是大量的派遣员工退回，不仅会增加安置成本，还存在大量纠纷的可能。

c. 大量的短期派遣员工，派遣服务质量是一个很大的考验。

（4）减员派遣

减员派遣即员工原劳动关系在用工单位，经用派单位和派遣公司协商，先将员工与用工单位的劳动关系解除，再由员工与派遣公司重新建立新的劳动关系，员工依旧在用工单位工作。

（5）项目派遣

项目派遣即根据用工单位的需求，以项目运作的方式派遣专业人才为用工单位提供阶段性的项目服务。项目完成后，派遣即告结束。

（6）晚间派遣

晚间派遣即劳务派遣公司为了满足用工单位利用晚上的特定时间，获得急需人才的需求而提供的一种服务。

（7）钟点派遣

很多行业都有钟点工需求，而为了更合理地节省成本，他们选择钟点派遣这一方式来满足自身的用工需求。

钟点派遣即劳务派遣公司以每小时为基本计价单位派遣特种人员到用工单位去工作。

（8）双休日派遣

双休日派遣是劳务派遣公司针对用工单位的某些需求而提供的一种服务，即劳务派遣公司以周六、周日为基本计价单位派遣人员到用工单位去工作。

11.7 外包服务

11.7.1 人力资源外包服务的含义及发展

人力资源外包服务是人力资源外包公司为有外包需求的企业提供的，承担解决一系列程序性强且重复性高的事务型工作的服务。2017年，我国各类人力资源服务机构为58万家用工单位提供了人力资源外包服务，同比增长7.6%，可见发展态势之猛。

11.7.2 人力资源外包服务的业务类型

根据企业需求不同，人员规模及业务性质不同，人力资源外包服务的业务类型也有所区别。人力资源外包服务，从总体上来讲可以分为招聘业务流程外包、薪酬外包、福利外包和整体性的人力资源事务外包等方面。

（1）人力资源事务外包

人力资源事务外包是指将企业整个人力资源管理过程中的事务操作性工作，外包给服务公司，如招聘人员信息的初步筛选、薪酬代发放、社保办理等，不涉及各模块方案开发性工作；以降低企业成本，实现效率的最大化。

人力资源事务外包，在一定程度上为企业人力资源工作人员提供了更多时间投入到人力资源核心业务上来，为企业发展提供更多的支持。

（2）招聘业务流程外包

招聘业务流程外包属于人力资源外包服务的一种方式，是包括招聘业务全流程的一站式服务，即从确定用人需求、与用人单位沟通用人理念、发布招聘信息、筛选简历、人员素质测评、面试、薪酬沟通到候选人员报到的全过程。

招聘业务流程外包，可以缩减用工单位的招聘时间，提高招聘效率。

（3）薪酬外包

薪酬外包是指企业与人力资源外包服务公司建立合作关系，由服务公司负责需求企业的薪酬管理日常工作，如职位评价、薪酬方案设计、薪资发放、代缴个人所得税、社保公积金等。

薪酬管理工作，涉及人力资源知识、财税知识、劳动法律知识等方面。做好薪酬管理工作，既要体现薪酬的激励价值，又要合理地降低和控制用工成本。薪酬外包服务业务的出现，有助于为企业面对市场的挑战提供灵活、可靠的解决方案。

（4）福利外包

福利外包是人力资源服务公司在深入分析企业员工福利需求的基础之上，结合企业福利经费计划，为企业制订个性化强、适用度高的福利解决方案，并加以实施，以节省企业的福利成本，提高福利发放的满意度，为形成良好的企业氛围和员工关系提供保障。福利外包是满足员工福利多样化需求，提升企业核心竞争力的一种重要举措。

11.7.3 人力资源外包服务商业模式创新

（1）人力资源资源外包+互联网

在互联网的带动下，移动技术、大数据分析、社交网络、云计算等新技术的兴起，不断促使整个人力资源外包服务行业创新人力资源外包产品和管理模式。

"互联网+"技术的应用，使一些传统的线下服务开始向线上延伸，很多人力资源服务企业将一部分可以与互联网技术相结合的外包业务搬到线上，一方面为客户提供更加便捷的服务，降低内部工作量；另一方面可以将特有的服务产品通过移动互联网与客户、与员工分别进行互动。

从总体上来说，与传统人力资源外包服务的服务内容和服务方式相比，借力"互联网

+"的人力资源外包服务会更加精准。因为嵌入互联网技术后，人力资源服务企业可以针对个人或企业提供的特定情况，运用大数据分析等信息技术手段量身定做服务方案，在服务方式和服务内容的设计上更加有针对性，客户对服务内容的满意度也会更高。

（2）薪酬外包+信息技术

随着市场薪酬水平的变化以及近年国家各项税收政策的完善，薪酬管理工作日益复杂。越来越多的公司倾向于选择人力资源服务公司协助完成薪酬管理工作。随着业务量日益增大，原有的处理方式存在数据零散、操作烦冗等缺点，严重制约了薪酬外包业务的发展。

介于目前计算机信息技术的迅猛发展和软件开发能力的日益强大，针对薪酬业务开发的相关软件产品也不断出现，这给薪酬外包项目的解决提供了强有力的支持，也为薪酬外包服务注入了新的活力。

（3）薪酬服务+C端增值服务

薪酬服务业务链上，B端为被服务公司，C端为在B端任职的工作人员，在薪酬服务的过程中，尤其是为C端人员服务的过程中，可能会给外包公司带来潜在的机遇，挖掘C端人员价值点成了薪酬外包服务的又一利益增长点。结合目前互联网发展速度，以及移动端平台的广泛运用，如何开展C端增值服务，是每个薪酬外包工作人员值得深思的问题。

11.8　人力资源信息化服务的含义及发展

11.8.1　争议范围与证据

人力资源管理信息化服务，是指为企业人力资源管理提供专业的信息系统服务，涵盖企业人力资源管理的各职能，主要包括人力资源管理核心功能、劳动力管理、薪酬与激励、招聘与选拔、人才管理、学习与发展等功能模块。

2017—2023年，全球核心人力资源管理信息化服务市场预计将以约8%的年复合增长率实现增长。人力资源流程的自动化、云部署的兴起和移动化渗透的增加是核心人力资源软件市场增长的主要因素。

在中国，传统人力资源管理信息化服务市场规模2017年增速约5%，达到11亿元，云服务的人力资源管理信息化服务市场规模2017年增长超过了60%，达到4亿元，发展加速尤为明显。新兴人力资源管理信息化服务创业机构几乎全部集中在云服务模式的市场里，一些传统厂商也通过技术开发、合作、并购等方式在向云服务模式转变。市场上99%的企业选择使用云服务，HR SaaS模式已成为市场共识。华为发布的全球产业愿景（CIV）预测，2025年85%的企业应用将部署在云端。

11.8.2　人力资源管理信息化服务的业务类型

（1）人力资源软件

人力资源软件简称HR软件，即电子化的人力资源管理，是指应用或引进各种IT手段和技术及利用人力资源管理业务的部分功能，协助进行公司人力资源管理的一个全新的信息化工具。

这是一种全新的提升公司管理水平及管理效率的人力资源管理模式，市面上目前有很多这样的软件产品。

（2）人力资源信息化服务

人力资源管理信息化服务是指利用信息技术和先进的人力资源思想相结合，依靠信息技术为企业人力资源管理提供专业的信息系统服务的一种方式。这一方式涵盖了企业人力资源管理的各项职能，主要包括人力资源管理核心功能、劳动关系管理、薪酬与激励、招聘与配置、培训与开发、人才管理、学习与发展等功能模块。

11.8.3　人力资源管理信息化服务商业模式创新

（1）人力资源管理信息化+移动云端服务

随着信息化技术的飞速发展，人力资源管理也由封闭式管理逐步向"云端化"转变。"云端化"是指人力资源管理系统在运作和实施过程中，通过网络技术沟通多台计算机，实现管理信息的传递与交互的一种方式。

这一方式既能为企业节约人工成本、提高工作效率，也能帮助企业快速实现信息交互，是提升企业整体工作效能的有效手段。

（2）人力资源管理信息化+SaaS服务

SaaS是英文Soft as a Service（软件即服务）的简写，是指利用互联网及云服务的发展，满足特定行业或企业的特定需求的一种专业型软件租赁使用模式。这一模式是指企业可以根据自身在人力资源管理方面诸如员工关系管理、客户关系管理、合同管理、费用管理等定制相应的软件。

同时，对企业而言，SaaS服务也具有成本低、无须下载、供应商提供专业维护服务等特点。

（3）人力资源管理信息化+数据服务

数据服务，也称数据即服务，是指利用大数据技术进行数据接入、处理、存储、查询、分析，最后将数据根据用户需要提供给不同的用户的一种方式。

随着大数据时代的到来，企业人力资源管理也逐渐由原来依靠经验进行管理向依靠数据的管理方式转变。通过利用先进的平台进行数据的获取和分析，为企业管理策略和规划的制订、精准化招聘、培训方式调整等提供了科学的参考依据。

第12章 人力资源规范化管理

12.1 人力资源规范化管理制度

12.1.1 组织结构设计管理制度

组织结构设计管理制度如表12-1所示。

表12-1 组织结构设计管理制度

制度名称	组织结构设计管理制度	编号	
		受控状态	

第1章 总则

第1条 目的
为了规范公司人力资源组织结构设计工作，特制订本制度。
第2条 职责划分
1. 总经理负责组织高层管理者对组织结构进行分析，并审批最终的结构设计方案。
2. 人力资源部根据公司发展战略与公司现状对组织构架设计方案进行分析、编制与修订。
3. 各部门积极配合人力资源部进行组织构架设计，明确职责分工、新的管理流程、业务流程等。

第2章 组织结构设计工作规划

第3条 组织结构设计的提出
公司在遇到下述5种情况时需提出组织结构设计事宜。
1. 公司创立时。
2. 公司经过一段时间高速发展，需进行规范管理时。
3. 公司经营环境发生较大变化时。
4. 公司业务发生重大转型时。
5. 并购、重组后。
第4条 组织结构设计工作原则
1. 有效性原则。组织构架设计需有利于组织发展目标的实现并能够达到较好的管理效果，同时组织结构设计的工作过程要高效、有序地进行。
2. 分工与协作原则。适度分工与恰当协作是实现组织目标的必然要求，因此，在部门划分和岗位设置上要体现分工的要求和协作的需要
3. 权责利对等原则。需保证部门或岗位权利与承担责任相对等，以提高工作效率，降低成本，激励员工发挥和提高自己的才能。
4. 协调原则。组织构架设计是一个有机整体，需保证组织内各部门之间的有机联系，使各部门能够相互协调和相互配合
5. 弹性结构原则。公司各部门、人员的职责和职位需具有弹性，能够根据环境的变化而作相应的调整与变动。

续表

制度名称	组织结构设计管理制度	编号	
		受控状态	

6. 合理管理幅度原则。每一个部门、每一位管理者都要有合理的管理幅度。管理幅度太大，无暇顾及；管理幅度太小，可能没有完全发挥作用。因此在组织结构设计时，要制订合理恰当的管理幅度。

第 3 章　组织结构设计程序

第 5 条　职能设计

1. 公司管理层需围绕核心业务和关键职能确定本公司的管理职能及其机构，并需根据公司生产经营管理的实际情况，运用组织理论基本知识，采取逐级分解的方法，将各项职能层分解到各项管理业务工作中。

2. 职能分解的基本原则为业务活动的独立性、业务活动的可操作性以及避免重复与脱节性。

第 6 条　职权设计

公司及其每一个部门必须也只能确定一个岗位或一人总体负责公司或部门的管理工作。

第 7 条　核算事务工作总量和分量

组织结构设计人员应对公司为达成确立的目标所要完成的事务工作做一个全面的清理和核算，从总量和分量上进行计量，并详细列出。

第 8 条　界定公司员工相互之间的事务工作关系

组织结构设计人员应根据公司规模和公司内部主要事务工作的性质等客观实际，分析、界定公司员工相互之间的事务工作关系，以最大限度地保证公司运行的效率。员工相互之间的事务工作关系，主要有以下 3 种。

（1）指挥与被指挥、控制与被控制的关系。

（2）相互支持和彼此配合的关系。

（3）相互依存和相互补充的关系。

第 9 条　设置单位、部门和岗位

人力资源部需根据不同事务工作之间的性质，及其不同事务工作量的大小，确定具体承担的单位、部门和岗位。

第 10 条　人员编制

1. 各部门经理需根据部门岗位结构需要及部门发展要求确定部门人员编制情况，并于每年的 12 月份报人力资源部批准后执行。

2. 各部门经理需严格执行确定后的人员编制计划；如确因业务发展需要调整的，需经人力资源部上报总经理审批后执行。

第 11 条　绘制组织结构图

组织结构设计人员构画出整个公司的组织结构图，提交总经理办公会审核后，提交董事会审批。

第 12 条　界定单位、部门和岗位的工作标准

组织结构设计人员需根据组织结构图，明确界定各岗位的工作标准，从而明确各单位、部门及岗位的工作职责、标准要求和履职条件，进而确保在公司整体目标要求的时间、质量、数量标准的范围之内，完成相应的工作。

第 13 条　管理规范设计

组织结构设计人员需针对本公司的管理流程、工作程序、工作标准和工作规范等，制订公司员工的行为规范与操作规范，从而实现管理的规范化、标准化。

第 14 条　相关文件与记录

1. 组织构架手册、岗位说明书。

续表

制度名称	组织结构设计管理制度	编号	
		受控状态	
2. 公司各项规章制度汇编。 第 4 章　附则 第 15 条　本制度由总经办制订，其解释权、修订权归总经办所有。 第 16 条　本制度由经总经理批准后颁布执行。			
编制人员		审核人员		审批人员	
编制时间		审核时间		审批时间	

12.1.2 微信招聘管理制度

微信招聘管理制度如表 12-2 所示。

表 12-2　微信招聘管理制度

制度名称	微信招聘管理制度	编号	
		受控状态	
第 1 章　总则 第 1 条　目的 为规范微信招聘管理工作，节约招聘时间与成本，使公司各部门、各岗位能及时、有效地补充到所需要的人才，特制订本办法。 第 2 条　适用范围 本办法适用于本公司招聘计划制订及网络招聘实施工作。 第 3 条　术语解释 本办法所指微信招聘是指使用微信平台作为招聘渠道，应用微信的功能属性完成招聘信息发布、潜在求职者在线管理等招聘工作，同时，还可以利用微信宣传本企业的品牌和形象。 第 2 章　微信招聘计划制订 第 4 条　招聘需求收集 招聘专员于每月 ____ 日前，收集公司各部门的招聘需求，明确各部门需招聘的职位名称、招聘人数、招聘岗位任职要求等信息。 第 5 条　招聘需求分析与汇总 招聘专员根据各部门的招聘需求，分析招聘的合理性；分析后，将招聘信息汇总，交招聘主管审核、人力资源部经理审核、人力资源总监审批。 第 6 条　编制微信招聘计划书 1. 公司各部门的招聘需求审批通过后，招聘主管编制微信招聘计划书，确定招聘职位、招聘人数、招聘时间、招聘小组成员等。 2. 招聘主管将微信招聘计划书报人力资源部经理审核、人力资源总监审核、总经理审批。 第 3 章　微信招聘实施程序 第 7 条　选择招聘方法 通过设立企业公众账号进行招聘。人力资源管理人员在公众号中发布招聘信息，所有关注人员均可收到相关信息。			

续表

制度名称	微信招聘管理制度	编号	
		受控状态	

第8条　招聘广告编写

选择合适的方法之后,招聘人员根据招聘的需要编写具有吸引力的招聘广告,主要包括企业简介、招聘岗位职责、任职资格、应聘需准备的资料等信息。

第9条　招聘信息发布

招聘人员编写完招聘广告之后,及时发布招聘信息。

第10条　简历筛选及邀约面试

1. 招聘人员收到应聘信息后,及时根据公司岗位招聘的要求进行简历筛选,并与筛选合格的应聘者约定面试时间。
2. 招聘人员与应聘人员约定面试时间后,将面试时间、公司具体地址和详细的乘车路线等内容通过微信告知应聘人员,以方便应聘人员求职。

第11条　面试

1. 初试。招聘人员对面试人员进行初步面试,面试时注意了解被试者的基本信息,并观察其行为表现等。
2. 复试。由相关人员对初试通过的人员进行复试,复试时主要对应聘人员的业务能力、团队协作能力等方面进行考查。
3. 面试评估。复试结束后,面试官根据应聘人员初试及复试的表现,填写"面试评估表"。

第12条　人员录用

1. 招聘主管根据面试评估表,对复试合格的应聘人员进行岗位和待遇的复核,拟定录用人员名单,报人力资源部经理、人力资源总监、总经理审批。
2. 总经理审批后,招聘主管安排录用人员的聘用事宜。

第4章　附则

第13条　本办法由人力资源部负责解释及修订。

第14条　本办法自颁布之日起开始执行。

编制人员		审核人员		审批人员	
编制时间		审核时间		审批时间	

12.1.3　面试实施管理制度

面试实施管理制度如表12-3所示。

表12-3　面试实施管理制度

制度名称	面试实施管理制度	编号	
		受控状态	
第1章　总则			

第1条　目的

为达到以下目的,特制订本面试操作管理制度。

1. 确保招聘面试工作的规范、及时和有效,提高招聘质量和效率,降低招聘成本。
2. 确保招聘面试为公司提供合乎岗位要求、高质量的人员。

续表

制度名称	面试实施管理制度	编号	
		受控状态	

3. 确保在涉及不同用人部门的招聘面试工作中协调各部门、管理者的关系，规范各个部门在招聘面试中的行为。
4. 降低人才甄别风险。
第2条　适用范围
有关本公司应聘者面试事项，均按照本制度的相关规定处理。
第3条　管理职责
1. 人力资源部招聘管理部为面试流程归口管理部门，负责整个面试流程的统筹、安排，及时处理各面试环节中各项事宜。
2. 用人部门负责对应聘人员专业知识和技能的面试工作，并提出录用建议。
3. 总经理对录用决策进行审核。
第4条　面试原则
1. 公平公正、平等竞争原则。
2. 择优录取原则。

第2章　面试工作管理

第5条　面试考官的确定
面试考官一般由人力资源部工作人员、用人部门主管、公司高层领导、外部聘请专家等人员担任，一个合格的面试官应具备如下条件。
1. 具备良好的个人品格和修养。
2. 了解面试流程，掌握一定的面试技巧，注重一些基本礼仪。
3. 熟练运用各种面试技巧，能准确简捷地对应聘人员做出判断。
4. 面试考官应对应聘者在面试中的表现做出客观、公正的评价。
第6条　面试的种类
根据本公司状况，面试可分为下列两种。
1. 初试：初试通常在人事部门实施，初试的作用是过滤那些学历、经历和资格条件不合格的应聘人员，通常初试的时间约15～30分钟。
2. 评定式面试：经过初试，如果发现有多人适合这项工作，这时就要由部门主管或高级主管做最后一次评定式面试，这类面试通常约30～60分钟。
第7条　面试的形式
1. 面试一般包括一对一面试，一对多面试、小组面试、管理评价中心（小组讨论、个人演说、公文筐处理、行为事件访谈、情景模拟、角色扮演等）等形式。
2. 一般情况下宜选取一对一的面试形式，招聘量较大时也可由人力资源部门同用人部门组成小组面试。对于重要岗位，有条件可以辅以管理评价中心的办法，效率会更高。
第8条　面试的方法
面试采取多轮考核的方法，具体包括以下4个步骤。
1. 初试：一般由人力资源部负责，淘汰一部分学历、工作经验及工作能力等明显不符合岗位要求的应聘者，测试的时间一般为15～20分钟。
2. 复试：一般由用人部门负责人与人力资源部工作人员一同对应试者进行考察，测试的时间约20～60分钟。
3. 集体面试：面试考官一般为3～5人，主要是对中高层职位人员的选拔，测试时间约为45～90分钟。

续表

制度名称	面试实施管理制度	编号	
		受控状态	

4. 评价中心：评价中心面试方法是针对中高层管理人员的选拔，测试时间一般较长。

第3章　附则

第9条　面试注意事项

1. 面试准备工作要充分，如：面试应尽可能地选择在面试双方都有充足时间的时候；面试场地要安静，尽量不要受到外界的干扰；面试相关工具的准备要到位等。

2. 面试时，必须杜绝外界的干扰，包括电话、文件的审批等事务。

3. 对于应聘者所表现出来的优点或缺点要用中肯的眼光看待，不能"以偏概全"。

第10条　本制度由公司人力资源部制订与解释。

编制人员		审核人员		审批人员	
编制时间		审核时间		审批时间	

12.1.4　员工试用管理制度

员工试用管理制度如表12-4所示。

表12-4　员工试用管理制度

制度名称	员工试用管理制度	编号	
		受控状态	

第1章　总则

第1条　目的

为达到以下目的，特制订本制度。

1. 规范试用期员工管理，为新员工指导、培训与考核提供依据，同时也为用人部门有效了解新员工的能力和素质提供指导。

2. 使新员工更好地了解并融入公司文化，明确岗位要求，促使其更快地适应工作环境和工作岗位，促进员工的发展同公司的发展目标有效结合。

第2条　管理职责

1. 用人部门管理职责如下所示。

（1）及时为新员工安排指引人或带导师，并向其讲解岗位职责与要求、详细的岗位考核细则。

（2）部门主管或相关负责人全程跟踪新员工在试用期的工作情况，查找不足及时纠正，对明显不符合岗位要求的要及时反馈给人力资源部门。

（3）在试用期满或试用员工表现优秀时，向人力资源部报送转正材料，为新进员工转正提供依据。

2. 人力资源部管理职责具体如下所示。

（1）解释、修订、监督执行本制度。

（2）受理用人部门提交的转正申请书以及有关申报资料，并根据考核结果做出转正决策。

（3）为转正人员办理相关手续。

第2章　试用期期限、工资及待遇管理

第3条　试用期限规定

劳动合同期限三个月以上不满一年的，试用期不得超过一个月；劳动合同期限一年以上不满三年

续表

制度名称	员工试用管理制度	编号	
		受控状态	

的，试用期不得超过二个月；三年以上固定期限和无固定期限的劳动合同，试用期不得超过六个月。

第 4 条　试用期间工资

试用期间的工资根据双方事先之约定，按正式工资的 ____% 支付，补贴另计。

第 5 条　试用期员工福利

1. 试用期间，新员工享有同正式员工同等的法定带薪休假待遇。
2. 试用期员工同正式员工中同级别员工的餐补和交通补助相同。
3. 试用期员工的过节补贴及福利按照职级确定，等同正式员工。

第 3 章　试用期培训与考核管理

第 6 条　入职培训

新员工的入职培训，按照公司《培训管理制度》中的相关规定实施。用人部门应配合人力资源部门，共同做好新员工的培训工作。

第 7 条　培训考核

人力资源部及新员工所在部门相关负责人应在新员工阶段性培训结束后对其进行阶段性评估，根据评估结果查找不足，并及时调整培训计划。

第 8 条　试用期满考核

试用期满，由部门相关负责人填写"试用期考核表"以及"试用员工转正意见表"，经部门经理、人力资源部经理审批，超出权限的应由分管副总或总经理进行审批，审批通过后，正式入职。

第 4 章　试用期限特殊情况说明

第 9 条　提前转正情况

新员工在试用期间工作表现突出、业绩显著的，可由用人部门向人力资源部提交"新员工提前转正申请"，通过者，可减少试用期，提前转正。提前转正必须具备如下条件。

1. 试用期满一个月以上，且无任何负面记录。
2. 试用期间无迟到、早退、因私外出、事假三天以上（含三天）记录。
3. 工作积极主动，精神饱满，业绩显著。

第 10 条　延后转正情况

若在试用期届满考核后，新员工未达到工作岗位所需要求，由新员工提出申请，经公司同意，可延长试有期（包括在原岗位延长试用期及岗位调整）。

编制人员		审核人员		审批人员	
编制时间		审核时间		审批时间	

12.1.5　企业福利管理制度

企业福利管理制度如表 12-5 所示。

表 12-5　企业福利管理制度

制度名称	企业福利管理制度	编号	
		受控状态	

第 1 章　总则

第 1 条　目的

为了规范公司福利管理工作，在保证公司正常支付能力的前提下，通过员工福利水平的提高，促

续表

制度名称	企业福利管理制度	编号	
		受控状态	

进员工工作积极性的提高。

第 2 条　制订原则
1. 严格控制福利开支，提高福利服务效率，减少浪费。
2. 根据员工的需要和企业特点提供多样化的福利项目。

第 2 章　福利类别

第 3 条　法定福利
国家相关法律法规规定的必须由企业为员工提供的福利项目，包括社会保险（包括养老保险、失业保险、工伤保险、生育保险、医疗保险）、住房公积金、带薪年休假、法定年节假日及其他节假日等。

第 4 条　企业自主福利
企业的福利项目包括节假日津贴、带薪培训、外出旅游、住房补贴等。

第 3 章　福利标准及执行

第 5 条　法定福利标准及执行
法定福利的标准根据国家规定的相关标准执行，如社会保险、公积金、各种节假日等根据国家规定的标准计算、发放或执行。

第 6 条　企业自主福利标准及执行
根据企业所设置的福利项目的计划实施时间和内容执行，具体内容如下表所示。

企业自主福利发放标准

福利项目	实施时间	预算标准	实施对象	备注
节假日津贴	法定年节假日	平均 ＿＿ 元／人	所有员工	根据员工工龄具体确定每人标准
住房补贴	月度	＿＿ 元／月	所有员工	—
带薪培训	每季度	＿＿ 元／人	部分员工	结合绩效考核结果确定受训人员
外出旅游	每年 3 月份	＿＿ 元／（人·天）	部分员工	结合绩效考核结果确定享受人员
工作餐	工作日	＿＿ 元／（人·天）	所有员工	
体检	每年 6 月份	＿＿ 元／人	所有员工	—

第 7 条　福利预算及调整
员工享受的企业福利费用结合年度经营管理状况，提取企业年度利润的 ＿＿% 作为员工下年度企业福利项目的预算标准，并结合往年执行情况对各福利项目的费用标准进行调整。

第 4 章　附则

第 8 条　本制度由公司人力资源部制订，修改亦同。
第 9 条　本制度自总经理审批后实施。

编制人员		审核人员		审批人员	
编制时间		审核时间		审批时间	

12.2 人力资源规范化管理流程

12.2.1 招聘计划管理流程

招聘计划管理流程如图12-1所示。

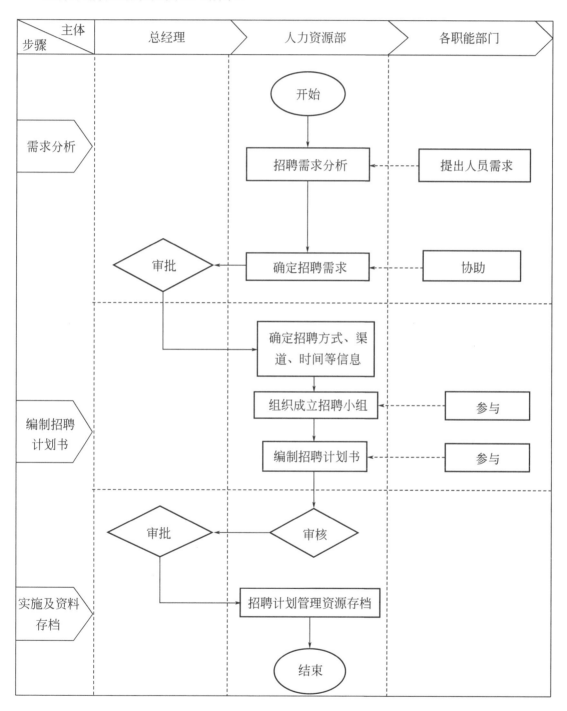

图12-1 招聘计划管理流程

12.2.2 社交网络招聘实施流程

社交网络招聘实施流程如图12-2所示。

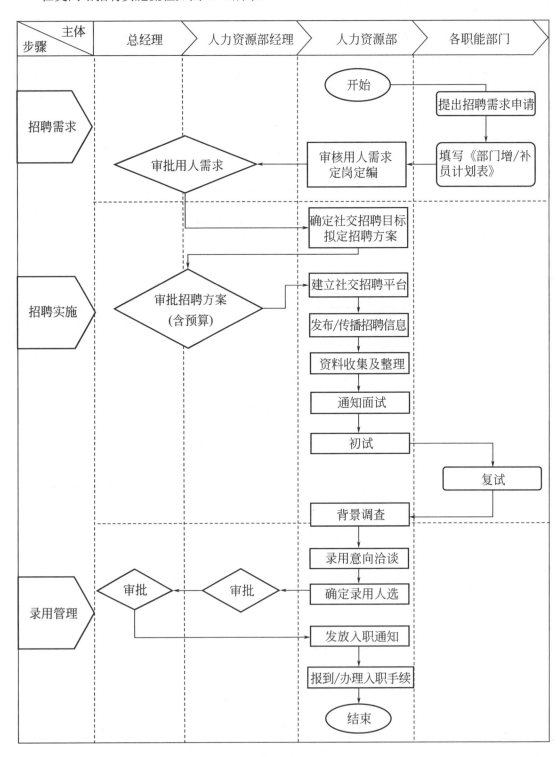

图12-2 社交网络招聘实施流程

12.2.3 面试实施工作流程

面试实施工作流程如图12-3所示。

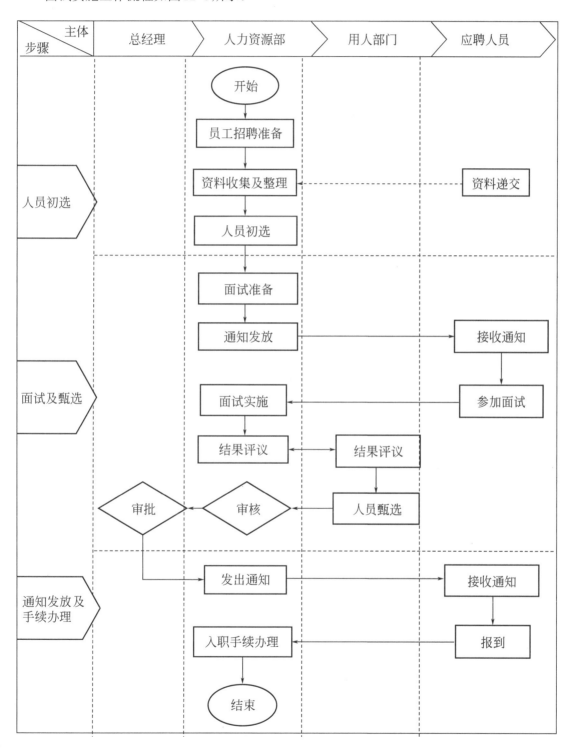

图12-3 面试实施工作流程

12.2.4 员工职业通道设计流程

员工职业通道设计流程如图12-4所示。

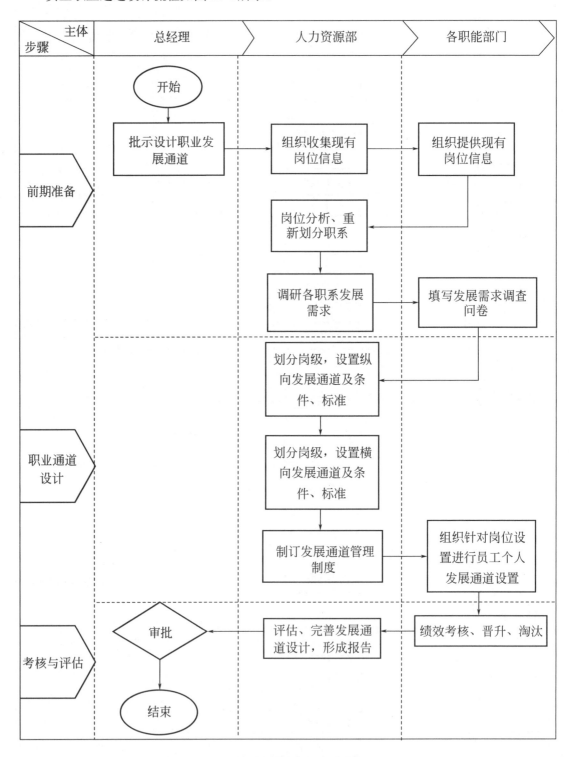

图12-4 员工职业通道设计流程

12.2.5 绩效考核实施流程

绩效考核实施流程如图12-5所示。

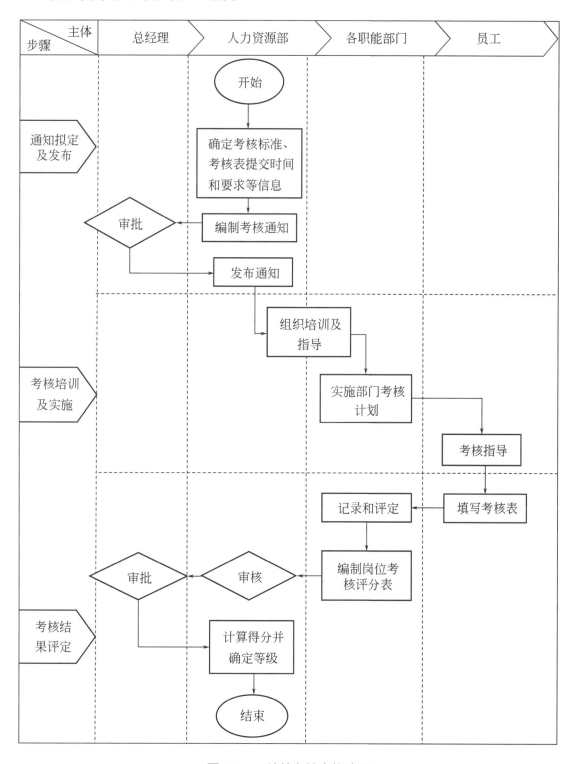

图 12-5　绩效考核实施流程

12.3 人力资源规范化管理方案

12.3.1 结构化面试实施方案

市场部经理结构化面试实施方案如表12-6所示。

表12-6 市场部经理结构化面试实施方案

方案名称	市场部经理结构化面试实施方案	编号	
		受控状态	

一、方案背景
为加速公司发展,树立品牌,提升品牌价值,公司决定面向社会招聘一名市场部经理。
二、组建招聘小组
(一)招聘小组组成
为更科学、客观、准确地确定市场部经理的岗位任职资格,公司聘请了2位外部专家与人力资源部共同组建一个招聘小组,开始市场部经理招聘工作。
(二)招聘小组的要求
招聘小组需本着客观、公正和为公司负责的态度进行人员的招聘和选拔。
三、明确面试评估标准
(一)收集与整理信息
1. 招聘小组根据市场部经理的工作说明书,收集一部分岗位任职资格要求信息。
2. 招聘小组设计调查问卷,由市场部主要负责人及相同岗位的人员填写。
3. 招聘小组与市场部主要负责人和总经理交流沟通,一方面确认信息的真实性、准确性,另一方面了解公司状况,明确公司对市场部经理的要求。
(二)确认岗位资格条件
招聘小组通过对以上信息进行整理,确定市场部经理的任职资格要求,具体内容如下表所示。

市场部经理任职资格要求表

任职要求		具体要求
教育程度	最低学历	本科
	专业要求	市场营销、企业管理等相关专业
	外语要求	大学英语四级及以上
	计算机要求	熟练使用各种办公软件
业务知识	市场分析	根据国家相关政策和行业特征,明确公司发展方向
	产品管理	了解公司产品特征、品牌建立和维护等
	价格管理	根据竞争对手、替代产品信息管理公司产品市场价格
工作经验	工作年限	五年以上市场部相关工作经验
能力素质要求	领导能力	通过激励、授权等方式领导下属的能力
	计划执行能力	制订可行的计划方案并能付诸执行

续表

方案名称	市场部经理结构化面试实施方案	编号	
		受控状态	

续表

任职要求		具体要求
能力素质要求	判断决策能力	对市场有较高敏感度并能及时作出准确判断和决策
	目标管理能力	制订明确目标，拥有整体把握、纠正偏差的能力
	开拓能力	积极开拓市场、发现潜在商机的能力
	客户服务意识	能灵活运用多种技巧解决客户问题并提供满意服务
	沟通能力	与客户、媒体及其他相关部门的沟通和协调能力
个性特征	影响力	具有较强的影响和改变他人心理和行为的能力
	富有激情	有很强的调动下属工作热情的能力

（三）制订评估标准

招聘小组通过研究讨论，根据市场部经理岗位任职资格条件，制订评估标准。

四、实施结构化面试

（一）寒暄

应聘者到来后，招聘小组应用如下问题作为开场白，以缓解应聘者的紧张情绪。

1. 您今天过来交通还方便吧，我们公司的地址容易找吗？
2. 您来自哪里？（可以简单地与应聘者聊聊家乡）
3. 您是如何获知招聘信息的？

（二）面试开始

对市场部经理结构化面试的具体内容，如下表所示。

市场部经理结构化面试内容列表

考核指标	面试问题
工作经验	请描述一下您的主要工作职责，在工作中有何收获
领导能力	作为一个部门的领导，您如何让您的下属尊敬并信任您
计划执行能力	您是如何准备这次面试的
	您如何计划和安排重要项目
判断决策能力	若事情发展的结果与计划有较大偏差，您如何处理
	若您购物时发现一件外观精致，但无太大使用价值的商品，您如何抉择
	在以前做出重大决策时，您如何实施，请举例说明
目标管理能力	您是怎样鼓励员工达到工作目标的
	您如何确保公司目标融入到员工个人目标中去
开拓能力	请举例说明在一个新环境下，如何发现潜在商机

续表

方案名称	市场部经理结构化面试实施方案	编号	
		受控状态	

续表

考核指标	面试问题
客户服务意识	请举例说明如何成功处理客户问题，使客户满意
人际沟通能力	在长途旅行的火车或飞机上，您如何与周围的陌生人相处
影响力	当与领导意见不一致时，您通常是如何解决的

（三）面试结束
招聘小组可以采用以下几段话来结束面试。
1. 您对本公司或者工作还有什么需要了解的吗？
2. 我们对您的情况已有基本了解，我们下一步的工作安排是这样的。
3. 非常感谢您能来参加我们这次面试。
五、结构化面试结果
招聘小组根据应聘者在面试中的表现，根据事先制订的评分标准，对每一位应聘者进行评估，并编制"评估报告表"，上报总经理审批。

编制人员		审核人员		审批人员	
编制时间		审核时间		审批时间	

12.3.2 新进人员培训方案

新进人员培训方案如表12-7所示。

表12-7 新进人员培训方案

方案名称	新进人员培训方案	编号	
		受控状态	

一、方案目的
1. 让新进员工全面学习并了解本公司的企业文化。
2. 让新进员工充分掌握本公司管理模式，提高工作质量。
3. 让新进员工熟悉本公司各种设备、设施的功能，降低事故发生率。
4. 让新进员工掌握各类岗位职责、岗位技能及岗位管理手册。
5. 通过全面阶段性的职业培训，提高新进员工的工作素质。
二、适用范围
本公司全体新进入职员工。
三、培训方式及负责人
1. 各岗位培训内容由各部门负责推荐主管级以上员工主讲。
2. 培训工作总体由人力资源部负责，先由各部门预先填写"培训计划表"、并在每次培训前一

续表

方案名称	新进人员培训方案	编号	
		受控状态	

周向人力资源部主管提交"培训申请表",人力资源部主管跟进配合安排培训进度、培训人员、培训材料、培训考核等。

四、培训程序设计

1. 人力资源部首先集中新进员工对其进行一周的整体培训,来帮助新进员工熟悉公司的整体运行情况。完成整体培训后要对新进员工进行测验,不合格者于15天内进行强化训练,直到合格为止。

2. 新进员工培训合格后,由部门的相关负责人对其进行部门内工作引导。工作引导培训完成后,部门负责人应对新进员工进行测验,不合格者在30日内须进行有针对性的重修,如30天内仍不合格者,对其予以推迟转正。

3. 在进行新员工部门内工作引导的同时,新进员工所在部门负责人,依其所担任的工作性质及职责,带领新进员工到相关部门进行部门间交叉引导,按部门间交叉引导内容的规定对新进员工进行讲授。

五、新进员工入职培训内容

(一)共同培训内容

共同培训内容由培训主管主讲,大致包括以下6个方面的内容。

1. 公司的企业文化、宗旨及工作方针。
2. 公司组织架构及各主要负责人。
3. 各相关部门工作关系介绍。
4. 公司各项规章制度、员工手册、管理手册等。
5. 公司基本的财务政策。
6. 公司培训手册内容。

(二)各岗位培训内容

1. 生产部管理岗培训内容。

生产部管理岗培训包括全面设备管理,生产管理系统,生产计划与控制的基本内容和方法,作业管理的基本内容和目标,员工自我管理,物料需求计划,最优生产技术,计划工艺规划,质量管理工具方法,企业资源计划等。

2. 生产部作业岗位培训内容。

生产部作业岗位培训包括生产部管理手册,各类工作制度,各类岗位职责,各种设施设备操作方法,车间规章制度,交接班制度,紧急情况处理流程,安全作业守则,设备运行记录方法,设备检修报告方法,生产物件申领制度,对外服务礼仪及沟通技巧,节能意识等培训。

3. 财务部培训内容。

财务部培训包括财务部管理手册,公司各类财务制度,各类财务法律法规,各类付款、报销流程,控制财务成本等培训。

4. 人力资源部培训内容。

人力资源部培训包括人事、行政管理手册,公司各类人事制度,各类人事法律、法规,员工招聘、培训、奖惩、晋升、解聘等考核流程,控制员工数量及用工成本等培训。

5. 客户服务部培训内容。

客户服务部培训包括客服服务部管理手册,各类工作制度,各类岗位职责,交接班制度,对外服务礼仪及沟通技巧,客户投诉处理流程,客户相关服务手续办理,紧急事件处理流程等培训。

六、新进员工培训教材

新进员工培训使用的教材主要包括公司员工手册、相关专题培训教材、各部门内训教材、员工

续表

方案名称	新进人员培训方案	编号	
		受控状态	

培训须知等。

七、新进员工培训跟踪与考核

1. 为提升和确保培训的效果，培训实施过程或培训工作结束后，人力资源部通过座谈、问卷调查、测试等方式与评估对象进行交流，并对培训组织、培训内容、培训效果等方面进行评估。

2. 如员工评估合格，则开具培训证明，予以转正，如不合格，则不予转正，再对不合格的员工进行为期30天的培训考核。完成上述过程后，人力资源部将新进员工培训记录归档。

八、培训评估

培训人员需要跟踪受训人员的工作表现及学员提交的"受训报告"，并结合其工作业绩及其培训的评价来评估此次培训项目。

编制人员		审核人员		审批人员	
编制时间		审核时间		审批时间	

12.3.3 薪酬福利年度调整方案

薪酬福利年度调整方案如表12-8所示。

表12-8 薪酬福利年度调整方案

方案名称	薪酬福利年度调整方案	编号	
		受控状态	

一、薪酬福利现状分析

近几年来社会平均工资持续上涨，本公司所在地区工资水平已较去年增长_____%，导致本公司的薪酬水平市场竞争力相对减弱。结合公司上年度绩效考核结果，与预期效果存在一定的差距，主要原因是绩效考核制度不完善，工作绩效与员工工资相脱节，对员工激励效果不明显。

二、薪酬福利调整依据

本次薪酬福利调整主要参照以下依据。

（一）社会物价因素的变化幅度。

（二）本年度公司的赢利水平。

（三）本行业薪酬福利水平的变化。

（四）本地区薪酬福利水平的变化。

（五）竞争对手的薪酬福利结构。

（六）公司的各项工作考核结果及达标情况。

（七）国家相关法律法规的变化。

三、薪酬福利调整内容

本次调整主要包括薪酬福利总额调整、薪酬福利项目调整和薪酬福利水平调整3个方面的内容。

（一）薪酬福利总额调整

1. 总体调整

鉴于社会居民生活水平、物价指数等逐年上涨，结合本公司实际经营情况，公司应适当增加薪酬福利总额，增加幅度为较去年预算额增加10%。

续表

方案名称	薪酬福利年度调整方案	编号	
		受控状态	

2. 个别调整

（1）个别调整包括提薪和降薪两种情形。

（2）结合公司各种考核结果，对于综合表现突出为公司带来重大贡献的员工，公司将重点给予提薪、晋升、增加福利项目或额度的奖励。反之，对于表现不好的员工将给予降薪、降职或减少福利项目或一定额度的惩罚。

（二）薪酬福利项目调整

1. 公司应在原有薪酬福利项目基础上增加全勤奖项目，额度为200元，用于奖励出勤率达到100%的员工。

2. 在保持原有福利项目的前提下，为满足不同员工的不同需要，公司增设可选择性的福利项目包括意外保险、公费教育培训、国外旅游等项目，员工可根据自己的实际需要选择合适的福利项目。

（三）薪酬福利水平调整

1. 实行计件工资制的员工，计件工资标准上调0.5元。

2. 除实行计件工资制以外的员工，每一职等的基本工资上调50元。

3. 调整午餐补助额度，由原来的每人每天12元调整到每人每天15元。

4. 各项扣款标准不变，仍按原规定执行。

5. 加班工资、各类津贴仍按原规定执行。

6. 养老保险、失业保险、医疗保险和住房公积金仍按原规定执行。

7. 严格执行加班审批程序，未经审批而加班的不计发加班工资。

四、调整实施步骤

（一）结合公司实际情况确定公司的薪酬总额和薪酬水平。

（二）调整薪酬结构，明确各薪酬要素的大致比例关系，并分析调整的合理性。

（三）制订与各部分薪酬相对应的绩效考核制度。

（四）将调整方案提交给公司员工讨论和领导审批，并根据员工和领导的意见及时修改。

（五）具体实施调整方案。

五、操作注意事项

（一）公司在进行薪酬福利调整过程中应遵守《劳动法》《劳动合同法》及其他相关法律法规和规定。

（二）调整幅度应合理，全面考虑员工的接受能力和收支水平。

（三）对公司的薪酬福利调整进行充分宣贯讲解，确保得到员工的理解和支持。

（四）为员工提供必要的法律咨询服务，避免在薪酬福利调整过程中发生劳资纠纷。

编制人员		审核人员		审批人员	
编制时间		审核时间		审批时间	

12.3.4 核心员工流失防范方案

核心员工流失防范方案如表12-9所示。

表12-9 核心员工流失防范方案

方案名称	核心员工流失防范方案	编号	
		受控状态	

一、核心员工界定与分类

核心员工是指能帮助公司实现公司战略目标，保持和提高公司竞争优势，或能够直接帮助主管提高管理业务能力、经营能力，抵御管理风险能力的员工。核心员工可以分为以下3类。

（一）具有专业技能的核心员工，拥有某领域专业技能的人才，其工作效果关系着公司的正常运转。

（二）具有广泛外部关系的员工，拥有公司所需的广泛外部关系资源，是公司与外部交流的桥梁。

（三）具有管理技能的专业员工，能帮助公司抵御经营风险，节约成本，其工作绩效与公司发展密切相关。

二、核心员工特点分析

核心员工具有极其鲜明的个性特点，追求事业的发展，自主意识强，拥有相对独立的价值观，因此公司对员工进行激励时需考虑到其个性偏好和心理预期。

三、核心员工流失原因分析

公司核心员工流失的主要原因包括以下5种。

（一）现有体制使员工无归属感。

（二）现有薪酬体系使员工感到不公平。

（三）缺乏合理的激励机制。

（四）缺乏科学的管理体制。

（五）缺乏必要的职业生涯规划。

四、核心员工状态的监控与预警

（一）日常观察与预测

人力资源部应对员工的动向进行细致观察，注意分析其工作状态、请假状况等，及时发现其离职的倾向并采取预防措施。

（二）建立核心员工流失预警机制

1. 按照核心员工岗位的重要程度划分为初、中、高三个层级，每一层级内部按照核心员工在本公司任职时间的不同划分不同的预警级别。

2. 依据现状盘点的基本信息，参照以往经验和理论分析，预测可能存在的核心员工流失风险源，实时监控各风险源。

3. 一旦发现核心员工出现流失倾向便立即发出警报，以便于人力资源管理工作及时跟进，做出主动应对与调整，并随之启动核心员工流动反馈机制。

五、核心员工流动反馈评估

（一）有离职倾向核心员工的反馈评估

1. 目的：留住有离职倾向的核心员工。

2. 沟通迅速，立即启动反馈评估工作，有效疏导员工的不满情绪，打消员工的离职想法，保留住对公司发展至关重要的人才。

（二）即将离职核心员工的反馈评估

1. 目的：搜集具体详细的信息，作为对公司各项工作进行评估的依据。

续表

方案名称	核心员工流失防范方案	编号	
		受控状态	

2. 离职面谈沟通的主要内容是引导其说出对公司各项制度、工作本身、工作环境、团队间合作情况的真实看法和感受。

（三）已离职员工的反馈评估

1. 目的：获取公正、客观、不带偏见的反馈信息和建设性意见。

2. 建立离职核心员工档案，与之保持经常性的联系，于他们离职后3个月后与之联系。

（四）各阶段反馈评估结果的分析与应用

1. 检验沟通反馈所获信息的效度，尽量剔除不真实信息。

2. 对所获得信息进行汇总，分析核心员工的离职原因并与相应的管理工作一一对应，作为相关工作绩效考核的依据。

3. 对已发现的管理漏洞和相关问题，人力资源部提请相关部门改进工作，并负责监督。

六、工作内容激励

公司可有意识地在公司内部进行岗位轮换，实施内部流动制度，通过工作内容丰富化、夸大化消除核心员工对工作的厌烦情绪，激发核心员工的积极性和主动性。

七、致力于核心员工的培训与开发

对于高素质的核心员工，培训机会比薪酬更具吸引力，公司培训机制需为核心员工提供一个不断学习、发展的空间，这是吸引、保留核心员工的有效途径。

八、动态评估绩效，提供有竞争力的薪酬

（一）核心员工希望在公司充分发挥能力，自身工作能够及时得到认可，在事业上有成就感和满足感，公司需建立一套完整的绩效评估体系，及时对核心员工的工作进行评价。

（二）核心员工的绩效水平应在薪酬上得到体现，薪酬的设定首先要体现出核心员工所作的贡献，同时还要考虑市场上该岗位的平均水平。

九、职业生涯规划设计

公司要为本公司核心员工规划职业生涯，提供职业生涯机会评估，帮助员工设定职业生涯目标，制订具体的行动计划和措施，在公司与员工互动的过程中营造公司与员工共同成长的组织氛围，使核心员工清楚地看到自己在组织中的发展道路，对未来充满信心和希望。

十、情感管理

（一）核心员工渴望能力的充分发挥和自我价值的实现，与公司更多地实现一种"双赢"关系，共同创造，相互信任和尊重，共享成果。

（二）公司应加强与核心员工的沟通与交流，了解他们的需求和期望，及时发现问题并给予解决，创造良好的工作环境，无形中提高核心员工对公司的认同与忠诚。

（三）通过情感管理创造核心员工与公司之间的信任关系，提高工作效率及效果。

编制人员		审核人员		审批人员	
编制时间		审核时间		审批时间	

参考文献

［1］人力资源工作网. 人力资源管理工作手册. 北京：化学工业出版社，2018.

［2］余利娜，赵雪. 人力资源规范管理制度范本. 北京：化学工业出版社，2013.

［3］李作学，孙宗虎. 人力资源管理流程设计与服务工作标准. 北京：人民邮电出版社，2020.

［4］李作学. 人力资源管理业务流程与制度. 北京：人民邮电出版社，2018.

［5］李艳. 人力资源管理实操全书 从入门到提升到精通. 北京：人民邮电出版社，2019.